L'EUROPE

ou

PRINCIPES ET MAXIMES

DE

DROIT DES GENS

LA FORCE DE GARDER

Les Études du droit

FRÉDÉRIC LE GRAND

CODE DIPLOMATIQUE

DE L'EUROPE

OU PRINCIPES ET MAXIMES

DU DROIT DES GENS MODERNE.

I.

CODE
DIPLOMATIQUE

DE

L'EUROPE

OU

PRINCIPES ET MAXIMES

DU

DROIT DES GENS

MODERNE

PAR M. LE COMTE DE GARDEN

ancien Ministre plénipotentiaire

Auteur de l'*Histoire générale des Traités de Paix*

«C'est une règle générale qu'il faut choisir
les esprits les plus transcendants pour les employer aux négociations.»

FRÉDÉRIC-LE-GRAND.

TOME PREMIER

PARIS : AMYOT, RUE DE LA PAIX

EXPOSITION.

« Que serait-ce s'il fallait énumérer ici tout ce que la science diplomatique exige ! Certes son apprentissage n'est l'œuvre ni d'une âme vulgaire, ni d'un jour… D'une part, voisine des sciences naturelles, elle choisit elle-même sa base parmi les matériaux qu'une observation savante lui présente ; d'autre part, c'est une science ou plutôt un jeu tout de spontanéité et de génie, et à la hauteur duquel les inspirations des plus fiers hommes d'État ont peine à s'élever. »

Le *Droit des Gens* ou *Droit international* et la *Diplomatie* constituent la base fondamentale d'un vaste système de connaissances que *Wicquefort* a nommé la *Science de l'Ambassadeur*, mais dont *Grotius* avait, le premier, révélé les principes dans son livre immortel du *Droit de la Guerre et de la Paix*.

Il est donc utile de rassembler dans un même cadre, de réunir en un seul corps de science toutes les *notions pratiques* admises jusqu'à ce jour sur le *Droit public extérieur*, et tous les *précédents* acceptés pour la gestion *des affaires internationales* ; c'est-à-dire l'ensemble des *lois* qui régissent les rapports mutuels des États souverains, ainsi que les *procédés* convenus, les *formes* usitées pour *négocier*, pour *traiter* des intérêts de ces États, et mettre à exécution les *règles* qu'ils reconnaissent comme obligatoires.

C'est en effet de cet ensemble de principes et de maximes, de préceptes et de formules que se compose le *Code diplomatique de l'Europe.*

Afin d'exposer avec clarté les détails si nombreux et si variés d'un pareil sujet, il est nécessaire d'y introduire un ordre qui puisse le simplifier, et faire ressortir d'une bonne distribution cet enchaînement logique capable de lier sans efforts les principes à leurs conséquences et les règles à leur application.

Dans cette vue, le *Code diplomatique* est divisé en dix parties ; savoir, un titre préliminaire, et neuf livres subdivisés en titres, sections et articles. Une bibliographie spéciale ou catalogue raisonné des meilleurs ouvrages à lire ou à consulter, et divers documents d'un haut intérêt servent à compléter l'ouvrage.

Au *Titre préliminaire*, nous étudions d'abord les généralités du *Droit des Gens européen*, pour en indiquer les sources, pour montrer comment il s'est formé, dire quels ont été ses progrès, et quelles sont ses autorités. Nous précisons le terme de Droit des Gens européen, non-seulement parce que l'Europe, où ce Droit a pris naissance, restera longtemps encore, nous devons l'espérer, à la tête de la civilisation, mais aussi « parce que les nations chrétiennes de l'Europe (*), unies par une communauté de religion, de civilisation, et, jusqu'à un certain point, de langage, ont formé peu à peu entre elles une espèce de société régie par les principes d'un Droit des Gens qui en est, pour ainsi parler, le *Code non écrit* (**). »

A la suite de ces généralités, nous définissons la Diplomatie ainsi que le caractère des Agents politiques, et nous donnons un aperçu des principales époques de la Diplomatie européenne.

Après ces prolégomènes, nous traitons, dans le *livre premier*, de l'organisation sociale. Cette partie, comme on l'a remarqué, n'appartient pas essentiellement au Droit de Gens dans son acception commune; mais tous nos devanciers, avant de déterminer les rapports, les droits, les obligations, les intérêts de nation à nation, ont jugé nécessaire d'indiquer ce que l'homme est présumé avoir été dans son état originel ; ce qu'il est dans l'état de civilisation ; quels sont ses droits, ses devoirs, ses avantages

---

(*) Parmi lesquelles sont naturellement comprises les autres nations chrétiennes *d'origine européenne*; c'est ainsi que tous les gouvernements réguliers de l'Amérique suivent les règles de ce Droit : les États-Unis (21 novembre 1777) et le Brésil (6 août 1822) l'ont d'ailleurs reconnu par des déclarations expresses.

(**) Baron L. de Viel-Castel.

comme membre d'une société politique ; et quelles sont enfin les différentes organisations de cette société. Ce livre premier comprend donc les généralités sur les sociétés civiles, leur formation, le gouvernement en général, l'administration, la souveraineté, l'inviolabilité du chef de l'État, les diverses formes de gouvernement, les États héréditaires et électifs, la liberté, la propriété, l'égalité, l'esclavage, les divers pouvoirs de l'État, la loi en général, les lois civiles, les lois criminelles, les délits, les peines, le droit de faire grâce, la police, la force publique, l'armée et l'art de la guerre, la population, les impôts, l'agriculture, l'industrie, le commerce, l'éducation et l'instruction, les mœurs et la morale, le patriotisme, la religion et le culte, et enfin les troubles et les séditions.

Avec le deuxième livre commence l'étude des DROITS DES NATIONS DANS LEURS RAPPORTS MUTUELS. Après des considérations sur les États souverains en général, et des notices statistiques sur chacun d'eux, nous exposons les DROITS ABSOLUS DES ÉTATS SOUVERAINS, c'est-à-dire les droits qu'ils tiennent uniquement de la nature et de leur propre existence ; nous les étudions dans l'ordre des différentes branches du Gouvernement et du système administratif, et nous faisons voir ce qu'une puissance doit, à cet égard, aux puissances étrangères et à leurs sujets, et quels effets, en vertu de la coutume et des traités, résultent, même hors de son territoire, des actes de souveraineté qu'elle exerce chez elle. Parmi ces droits, nous avons particulièrement distingué ceux qui sont relatifs au commerce extérieur, maritime et colonial, et par une transition naturelle, nous arrivons aux Consulats; nous examinons la nature et les avantages de leur établissement, et nous traçons l'ensemble des fonctions et attributions des Consuls, ainsi que leurs immunités et priviléges.

Les Droits absolus des États se rapportent aux trois chefs suivants :

Droit de propre conservation. — Système de l'Équilibre. — Droit de nécessité.

Droit d'indépendance : examen de ce droit sous les différents points de vue qui présentent des exceptions ou des circonstances particulières. — Participation de la personne régnante à l'indépendance. — Droit d'intervention. — De l'indépendance considérée dans les différentes branches du gouvernement.— Lois et priviléges. — Juridictions volontaire, contentieuse; dénis de justice. — Lois criminelles. — Extradition. — Police. — Impôts. — Douanes. — Droits d'étape. — Droits d'aubaine, de retraite, de détraction. — Monnaies. — Postes. — Théorie des conventions postales. — Mines, forêts et chasse. — Droit littoral. — Droits de naufrage et de sauvement. — Protection territoriale. — Droit de service territorial, — Institution des fonctionnaires. — Collation et reconnaissance de titres. — Instruction publique ; presse ; propriété littéraire. — Religion.

Commerce des nations européennes. — Commerce maritime et colonial. — Abolition de la traite des Noirs. — Traités de commerce. — Consulats.

Droit d'égalité. Cérémonial diplomatique. — Honneurs royaux. — Titres des Souverains. — Titres de possession. — Épithètes. — Titres de parenté. — Titres de courtoisie. — De la préséance. — Disputes sur les rangs. — Rang des Papes, des Souverains couronnés et des autres Princes. — Ordre des places d'honneur. — Égalité ou contestation de rang.

Relations personnelles des Souverains. — Notifications. — Présents et décorations. — Réception des Princes étrangers, leur exterritorialité.

Les livres suivants sont consacrés aux droits que les puissances n'ont à faire valoir que dans des circonstances déterminées, et qui ont une origine spéciale, c'est-à-dire, les DROITS CONDITIONNELS ou HYPOTHÉTIQUES.

Ainsi le troisième livre a pour objet le *Droit de propriété d'État.* — Moyens de l'acquérir. — Territoire de l'État. — Frontières ou limites. — Accessions et disposition du territoire. — Admission des étrangers sur le territoire. — Servitudes. — Aliénation, engagement, déréliction de territoire. — Prescription.

Océan. — Liberté des mers. — Cérémonial maritime.

Le quatrième livre contient le DROIT DES TRAITÉS. — Traités et conventions en général. — Conditions requises pour la validité d'un traité. — Lésion. — Effet des traités. — Inviolabilité des traités ; traités réels et personnels. — Objets des traités et leurs différentes espèces. — Articles. — Alliances et leurs différentes espèces; offensives et défensives. — Moyens d'assurer l'exécution des traités. — Otages. — Gages et engagements. — Garantie. — Confirmation et renouvellement des traités. — Bons offices et médiation. — Arbitrage. — Accession. — Protestation. — Interprétation des traités. — Cessation de la validité des traités. — Rédaction et forme des traités et conventions. — Ratifications. — Cartels. — Capitulations. — Suspensions d'armes.

Transactions par écrit entre les puissances. — Considérations générales sur le *style diplomatique* ;

correction et pureté du style; qualités logiques; convenances; cérémonial; fautes contre l'étiquette; redressement.

Classification des écrits politiques. — Actes publics. — Déductions. — Manifestes; exposés de motifs; déclarations. — Proclamations. — Lettres patentes. — Réversales, etc.

Tout ce qui appartient au DROIT DES NÉGOCIATIONS est compris dans le cinquième livre :

Du Ministère des Affaires Étrangères et des Ambassades. — Diplomates illustres des temps modernes.

Des Agents diplomatiques en général. — Droit d'envoyer et de recevoir des ministres.

Différents ordres des ministres. — Ministres du premier ordre; caractère représentatif; ambassadeurs, cardinaux, légats, nonces. — Ministres du second ordre; Envoyés, ministres plénipotentiaires, internonces du Pape, internonce autrichien à Constantinople, Envoyés extraordinaires et ministres plénipotentiaires. — Ministres du troisième ordre; ministres-résidents. — Chargés d'affaires. — Résidents, agents, commissaires.

Détermination de l'ordre des ministres; choix de la personne du ministre; famille du ministre; ambassadrices; luxe et magnificence des ambassadeurs.

Conseillers et secrétaires d'ambassade et de légation; auditeurs de nonciature; attachés d'ambassade et de légation; aumôniers, chanceliers d'ambassade et de légation, directeurs de chancellerie; secrétaires-interprètes; secrétaires particuliers; courriers, officiers de la maison du ministre.

Cérémonial d'ambassade; audiences des ambassadeurs; cercle diplomatique.

Discours des ambassadeurs. — Réponses des Souverains.

Audience des ministres du second et du troisième ordre.

Visites et rang entre les ministres; disputes de cérémonial.

Prérogatives honorifiques; titre d'*Excellence*.

Légitimation des ministres. — Lettres de créance. — Pleins pouvoirs. — Instructions. — Exemples *inédits* développant la politique traditionnelle de la France. — Instructions de *Louis XIV* à son ambassadeur à Rome, le prince de *Monaco,* duc de *Valentinois*. — Instructions de *Louis XIV* à son ambassadeur à Turin, le comte de *Briord*. — Instructions de *Louis XIV* à son ambassadeur près le roi d'Angleterre, le comte de *Tallard*. — Lettre servant d'instruction, et instructions de *Louis XIV* à son am-

Art de négocier. — Étude pratique et maximes à l'usage des négociateurs.

Écrits relatifs aux fonctions diplomatiques. — Mémoires. — Notes et offices. — Contre-mémoires. — Correspondance ministérielle. — Dépêches et relations.

Du chiffre ; art de l'écriture secrète. — Exemple curieux de l'incorrection d'un signe, extrait des actes de la couronne conservés dans les archives de Berlin. — Nouveau système d'un chiffre diplomatique impénétrable. — Table de soixante-treize signes où le nombre des permutations du nombre seize s'élève à près de quatre milliards. — Cartes mystiques pour les agents secrets de M. de *Vergennes.*

Droits et priviléges des ministres ; inviolabilité ; exterritorialité.

Exemption de la juridiction civile. — Origine de l'acte du Parlement britannique pour conserver les priviléges des ambassadeurs. — Mémoire de la cour de Versailles pour justifier le refus de passeports à un ministre étranger.

Exemption de la juridiction criminelle ; délits privés ; crimes d'État.

Juridiction des ambassadeurs.

Immunités des impôts.

Franchise de l'hôtel d'ambassade ; droit d'asile.

De la paix préliminaire et de la paix définitive.

Modes de négociations. — Congrès. — Formes observées à Munster, à Osnabruk, à Nimègue, à Ryswick, à Utrecht, à Aix-la-Chapelle, à Teschen, à Rastadt, à Amiens, à Prague, à Chatillon, à Vienne.

Conclusion de la paix ; bases de négociations ; *uti possidetis; status quo ante bellum;* compensations.

Instrument de la paix ; articles généraux et particuliers ; amnistie ; protestation.

Exécution des traités de paix.

Des moyens de garantir la paix générale. — Bases du nouveau système politique de l'Europe. — Traités de Paris, du 30 mai 1814. — Acte final du congrès de Vienne, du 9 juin 1815. — Seconde paix de Paris, du 20 novembre 1815. — Acte de la Sainte-Alliance, du 26 septembre 1815. — Quintuple Déclaration d'Aix-la-Chapelle, du 15 novembre 1818.

Dans tout le cours de l'ouvrage dont nous venons d'esquisser le sommaire, nous nous sommes appliqué à faire marcher de front la partie positive de la science et la doctrine ; nous avons rapporté les solutions notables données par les auteurs les plus estimés, et nous avons cité les précédents et les faits historiques les plus mémorables.

Quant aux formules, ou modèles des principales

compositions diplomatiques, nous avons choisi les écrits dont la rédaction nous a paru la plus claire et la plus précise, et qui, offrant à l'œil le moins exercé toutes les formalités réunies, pouvait aider la mémoire à se les rappeler sans effort.

Ces documents sont tous émanés des chancelleries européennes du premier ordre, et leur étude sera d'autant plus profitable qu'ils renferment, pour la plupart, le développement d'un point de Droit ou de politique.

Mais ce qui captivera surtout l'attention du lecteur, ce sont les *Instructions de Louis XIV à ses ambassadeurs*. Ces pièces, qui sont publiées pour la première fois, formeraient à elles seules un recueil précieux, car elles dévoilent le secret des opérations politiques du *grand Roi*, et contiennent les révélations les plus curieuses sur les principales Cours de l'Europe.

Le Code Diplomatique est terminé par une table générale, dressée suivant l'ordre alphabétique, et qui renvoie à chacun des articles où se trouve une définition, un principe, une maxime ou un fait historique, de manière à former une sorte de dictionnaire, un véritable *Répertoire de la Science Diplomatique*.

CODE DIPLOMATIQUE

DE

L'EUROPE.

TITRE PRÉLIMINAIRE.

ORIGINE ET PROGRÈS DU DROIT DES GENS EUROPÉEN ;
APERÇU HISTORIQUE DE LA DIPLOMATIE.

> « Sine scripto jus venit quod usus appro-
> bavit, nam diuturni mores, consensu uten-
> tium comprobati, legem imitantur.
>
> (*§ 9. Inst. de jure nat. gent. et civ.*)
>
> « Les usages diplomatiques ont précédé la
> connaissance et l'examen des principes. Par-
> tout la pratique a donné naissance à la théo-
> rie ; et c'est sur les faits recueillis, rappro-
> chés et comparés, que les publicistes se sont
> accordés à établir leurs systèmes. »
>
> (*Mémoire sur les immunités diplomatiques
> tiré à* UN *exemplaire* pour l'EMPEREUR SEUL).

1. — On désigne sous les noms collectifs de *nation,
peuple, société civile* ou *politique*, la réunion d'un
certain nombre de familles fixées dans un pays, avec
l'intention et sous la convention expresse ou tacite
de se maintenir réciproquement dans la jouissance
de tous leurs droits naturels, et sans aucun projet de
lésion de ces mêmes droits contre une association
du même genre.

2. — L'ensemble de ces conditions est d'obligation absolue pour la constitution d'une société politique ; l'absence d'une seule suffirait pour lui enlever ce caractère.

3. — Ainsi, propriété territoriale, et respect pour la justice dans l'ordre universel de nos rapports avec les autres hommes, tels sont les caractères essentiels et constitutifs d'une nation.

« La société civile est le résultat de deux éléments constitutifs, *l'agrégation* et *l'ordre*. L'agrégation, c'est la réunion d'un nombre plus ou moins grand de familles dans un lieu donné et pour un but commun ; l'ordre, c'est le principe qui vivifie et légitime ce fait, la loi qui régit l'association.

Le fait de l'agrégation produit par ses variétés les différences extérieures qui distinguent une société de l'autre ; c'est de la loi constitutive de l'association que résultent les différences intimes, les organisations variées qu'on reconnaît dans les diverses sociétés civiles.

L'agrégation peut avoir lieu entre hommes de races diverses ou d'une seule et même race, elle peut être plus ou moins nombreuse, se distinguer de toutes les autres par la nature du climat, par l'étendue et les qualités du sol qu'elle occupe, par ses habitudes méditerranées ou maritimes, par les travaux auxquels elle doit se soumettre, par les habitudes qu'elle est obligée de contracter pour pourvoir à sa subsistance et aux conditions de sa défense.

La loi organique de l'agrégation peut offrir des diversités encore plus intimes. Et d'abord, selon qu'elle réalise le principe de l'égalité civile ou qu'elle fonde et sanctionne le privilége, elle donne naissance à deux ordres de sociétés civiles qu'un abîme sépare, à deux grands faits sociaux dont l'un domine l'histoire du monde ancien, tandis que l'autre, grâce à l'initiative et aux forces civilisatrices de la France, travaille à la conquête des sociétés modernes. Si le principe de l'égalité civile n'admet guère de profondes variétés dans ses applications sociales, le principe du privilége au contraire peut donner naissance aux organisations les plus diverses et en apparence les plus opposées.

Écrite ou non, stipulée par un pacte, imposée par un acte de pouvoir, ou demeurée à l'état de coutume, la loi organique de la société règle les conditions fondamentales de l'association et les droits de chaque associé, en tant que membre de la même communauté ; elle trace ainsi les limites que la justice et les exigences de l'ordre social imposent à l'activité individuelle et donne à l'État, comme à l'individu, la garantie des droits qui leur sont maintenus ou réservés.

Du fait de l'agrégation d'un nombre plus ou moins grand d'êtres libres, intelligents et responsables, et du principe d'ordre qui l'anime et l'organise, résulte l'*état*, avec sa personnalité, son action, ses droits, ses obligations, sa responsabilité morale. En présence de l'État est l'*individu*, lui aussi essentiellement libre, actif, responsable. L'État ne serait point si la réunion dans un but commun et sous une commune loi d'un certain nombre d'individus actifs, libres, moraux, ne lui donnait naissance; l'individu manquerait des moyens indispensables au développement de sa nature et se trouverait placé hors des voies régulières de l'humanité, s'il ne trouvait secours et protection dans l'État.

Si la personne morale, l'État, exagérant ses droits, exerçant un pouvoir illimité, absorbe les activités individuelles et tend à transformer les individus en purs instruments, quels que soient le nom et les formes extérieures d'une semblable association, il y a *tyrannie*. L'abus des principes d'ordre et d'unité immobilise, pétrifie la société. L'homme individuel disparaît alors devant une abstraction, ou bien il s'abdique au profit d'un intérêt égoïste qui se cache sous le voile du bien public. Ce fait s'est souvent réalisé dans les États du monde ancien. L'individu n'y était guère respecté : l'État était un dieu impitoyable dont les autels étaient trop souvent arrosés de sang humain ; le mépris de la vie de l'homme est un des traits distinctifs de l'ancien monde, de ce monde que les lumières du christianisme n'avaient pas encore éclairé.

Si au contraire l'indépendance personnelle l'emporte sur les droits de l'État et le place par ses résistances dans l'impossibilité de prêter force au droit et d'appliquer aux affaires humaines les mesures d'utilité générale compatibles avec les lois de la justice, il y a *anarchie*. C'est ainsi que les invasions des peuples du Nord brisèrent les fondements de l'État romain : les principes de l'individualité et de l'indépendance personnelle se substituèrent aux principes d'ordre et d'unité politique : la reconstruction de l'État ne redevint possible que lorsque les traditions romaines, les principes civilisateurs du christianisme et l'unité de la société religieuse enlacèrent les races indisciplinées du Nord et contraignirent la liberté de l'individu à se concilier avec l'ordre social.

Fixer les conditions essentielles de cette transaction entre l'individu et l'État, préciser pour les diverses manifestations de la liberté humaine leur point d'intersection avec le droit de la société, c'est là poser les bases de l'organisation sociale, déterminer les droits publics des membres de l'État, fonder le Droit constitutionnel du pays. »

(Comte Rossi).

4. — Ce n'est donc pas une nation qu'une multitude d'hommes réunis, et parqués comme un troupeau par la force du hasard ou par le hasard de la force, qui n'ont d'autre conformité entre eux que celle d'habiter le même sol, de respirer le même air, de vivre sous l'influence du même climat. Il n'y aurait, dans un tel pays, qu'un agrégat d'unités physiques, et non des parties d'un tout organisé.

5. — Ce ne serait pas non plus une nation qu'une association d'hommes réunis sous le même gouvernement, quelle que soit la nature de ce gouvernement.

Supposons un gouvernement, comme il en a existé, et comme il en existe encore dans l'Orient, un Prince qui ne gouverne que par des volontés particulières, et dont les volontés particulières soient des passions ou des caprices, qui place le but de l'association dans sa personne, et ne voie dans le peuple qu'un moyen ou un instrument plus ou moins docile, qui tourne la force dont il est investi contre l'ordre social, au lieu de la faire servir à le maintenir et à le perfectionner ; supposons en même temps que ces hommes, réunis sous ce gouvernement, soient différents d'origine, de langage, de religion. Formeront-ils une nation ? quel intérêt les réunirait, les confondrait en une seule masse ? serait-ce un gouvernement auquel personne d'eux ne peut s'intéresser ? La crainte, le seul ressort qu'un gouvernement pareil puisse mettre en jeu, isole toujours les individus.

6. — Une nation est une *unité morale,* composée d'éléments très-hétérogènes. Une unité morale est une unité artificielle ; quel est le moyen de créer des unités de ce genre ?

Un gouvernement qui soit l'expression de la raison ; un gouvernement qui voie dans la force la garantie de la justice ; dans la justice, la sauvegarde de la liberté ; dans la liberté, la condition du développement de toutes les forces ; dans le développement harmonique de toutes les forces, la perfection de l'humanité : un gouvernement pareil, marchant au but de l'ordre social, et reposant sur l'intérêt général des gouvernés, peut seul leur servir de point de ralliement. Il s'occupe d'eux et eux s'occupent de lui ; il est le centre auquel tous les intérêts particuliers vont aboutir. Si ce gouvernement crée et conserve des institutions qui donnent aux gouvernés une certaine liberté politique, et qui assurent le jeu des forces par des contre-poids habilement ménagés ; s'il a des formes caractéristiques et originales qui le distinguent de tous les autres, et qui tiennent, par leurs racines, à l'histoire et aux habitudes d'un peuple, il sera une véritable unité morale, et donnera à une nation, non-seulement un intérêt commun, mais une empreinte particulière.

7. — Au défaut du gouvernement, c'est-à-dire d'un bon gouvernement, l'identité d'origine, l'identité de religion, l'identité de langage, peuvent au besoin

donner à une nation une espèce d'unité morale. Ces causes agissent même sur les peuples dont le gouvernement marche dans un sens tout-à-fait contraire à l'ordre social ; à plus forte raison doivent-elles agir sur les peuples dont le gouvernement n'est pas étranger à ses devoirs et ne perd jamais de vue le but de l'ordre social. L'unité morale la plus forte, la plus durable, et celle qui donne le plus à la physionomie morale et intellectuelle d'un peuple un caractère particulier, c'est l'*identité du langage*. Tous les autres moyens de créer, dans une association d'hommes, une unité artificielle, sont peu de chose à côté de celui-là ; et, indépendamment de tous les autres, seul il conserve encore de l'influence et de l'activité : on en voit la preuve en Allemagne et en Italie. Cependant il ne faut pas croire que l'identité de langage suffise pour constituer une nation ; on peut être isolé en parlant la même langue que d'autres. Mais il est sûr que, tant qu'un peuple conserve sa langue, il conserve une espèce de *moi* commun, et il peut encore devenir ou redevenir une nation ; il possède encore un grand moyen de tradition, et l'expression du génie et du caractère des pères sera un point de ralliement pour les enfants.

8. — Une nation n'est véritablement une nation, dans le sens le plus éminent du mot, que lorsqu'elle réunit le plus d'identités possibles, surtout celles de gouvernement et de langage. Alors seulement les individus de cette nation peuvent avoir une empreinte vraiment nationale de *l'individualité*.

9. — Mais qu'est-ce que l'individualité? Un individu est un être distinct de tous les autres êtres, un être dont l'existence est achevée, complète, parfaite, qui est ce qu'il est, qui a sa sphère propre et particulière, sa place à lui ; entre cette place et celle de tous les autres, il y a une ligne de démarcation nette, tranchante, ineffaçable, qui empêche les invasions réciproques.

10. — Une nation aura donc de l'individualité en tant qu'elle sera un tout organique et qu'elle aura des traits caractéristiques qui la distinguent des autres nations. Elle ne sera jamais différente des autres sous tous les rapports, et surtout elle ne pourra ni ne devra se séparer d'elles ; mais l'individualité ne consiste pas dans l'isolement. Aucun être dans l'univers n'est isolé ni séparé de tous les autres. Soit que l'on considère l'univers comme un immense tout, composé d'êtres coexistants, ou composé d'êtres successifs, il est impossible de concevoir une existence isolée.

11. — Ainsi, pour avoir de l'individualité, il suffit de former un tout organique et d'avoir une empreinte distincte et particulière. Quand il s'agit d'une nation, cette empreinte distincte et particulière est ce qu'on nomme *caractère national :* et ce caractère national se compose du caractère de l'esprit, du caractère de la volonté, du caractère de la sensibilité, ou des idées et des principes, des actions et des habitudes, des affections et des goûts, qui circulent et dominent le plus dans une nation : en un mot, suivant l'expres-

sion de *Stahl, le caractère national est la vocation
divine d'une nation* (*).

12. — Un peuple réuni en corps social forme, avons-
nous dit, une *personne morale*, et ainsi assimilé à
une personne physique, il a des droits et des obligations. Or, de même que du droit de la personne
physique à son existence, résulte pour elle un droit
à des actions et à l'usage de certains objets à sa portée, et par conséquent celui de prendre des engagements et d'acquérir une propriété; de même cette
faculté d'acquérir et de contracter résulte, à l'égard
d'un peuple, du droit qu'il a d'exister comme un
État. Ces droits appartenant à la communauté, et
non individuellement à ceux qui la composent, ne
peuvent être exercés ni par l'individu, ni contre l'individu. Ils se fondent sur le droit de tous de se réunir en un seul corps, et la lésion de ces droits est une
offense faite à chacun en particulier.

13. — On ne saurait donc contester l'existence de
certains *droits* entre nations, et quoique souvent l'injustice et l'astuce s'en fassent un jeu, ces droits ne
laissent pas d'être universellement reconnus. Non-
seulement les opprimés les réclament, non-seulement
ceux qui sont neutres dans le débat, jugent d'après
les lois de l'équité, les différends des puissances entre
elles; mais l'agresseur lui-même les reconnaît tacitement; cherchant à se voiler d'un prétexte spécieux,
il se voit contraint, par là même qu'il affecte de pren-

____

(*) STAHL. Philosophie des Rechts. T. I, p. 236.

dre l'apparence de l'équité, à leur rendre l'hommage qui leur est dû. D'ailleurs, une politique astucieuse, quelque habile qu'elle se croie ou qu'elle paraisse au vulgaire, manque pourtant assez souvent son but. La ruse est la ressource d'un génie borné, qui sait ne pouvoir atteindre par d'autres voies à la suprématie et à la renommée. Peut-elle espérer en imposer toujours, ou se mettre à jamais au-dessus des lois que la raison et la justice ont également consacrées ? Il n'est pas difficile en développant soigneusement les rapports qui existent entre les hommes et l'influence qu'ils exercent les uns sur les autres, de montrer jusque dans les individualités, que l'injustice est toujours au détriment de l'homme injuste : l'histoire en fournit une multitude d'exemples ; jamais État n'a péri en suivant les règles de la justice ; combien se sont perdus en s'en écartant !

14. — L'homme, en sa qualité d'être raisonnable, jouit du libre exercice de ses facultés. Il est dans l'obligation de défendre intérieurement cette liberté contre ses passions, et il a le droit de la maintenir extérieurement contre toute oppression arbitraire. Cette indépendance peut donc être considérée sous deux rapports différents, et divisée en liberté intérieure et en liberté extérieure. Or, comme la morale, en tant que métaphysique des mœurs, est la doctrine de la liberté en général, l'*Éthique* a pour objet la liberté intérieure, comme la *Jurisprudence* se rapporte à la liberté extérieure, et c'est uniquement pour le maintien de cette liberté extérieure qu'est institué l'*État.*

15. — On ne peut donc douter du devoir juridique qui est imposé aux peuples ; mais le devoir éthique, comme tel ne saurait les assujettir à une obligation. Le premier ne peut être rempli, ni violé qu'au dehors ; le second ne consiste que dans la disposition de l'esprit ; l'un veut soumettre les actions à des règles conformes à la dignité du droit, l'autre tend à donner à l'esprit une vertu, une sanction intérieure.

16. — Or, on ne saurait attribuer à des peuples, à des personnes morales, dont l'existence ne repose que sur des actions extérieures, un esprit et des sentiments intérieurs tels qu'on les attribue à un individu. Un devoir moral qui ne peut être violé ou rempli que dans l'intérieur de notre âme, n'existe donc pas pour eux ?

17. — Lorsque le législateur suprême grava ses commandements dans nos cœurs, pouvait-il avoir d'autre vue que le bonheur de ses créatures ? Le bonheur, il est vrai, ne peut être considéré comme le fondement de la morale, mais il en devient la récompense. L'homme qui aspire au bien-être et à une existence paisible n'obtiendra jamais ces avantages d'une manière plus facile et plus sûre qu'en suivant ces divins commandements. La sincérité, l'humanité, la grandeur d'âme, en nous faisant nécessairement acquérir la confiance et l'estime d'autrui, nous protégent en même temps qu'elles sont utiles à nos semblables. Dans les négociations entre les puissances, la loyauté triomphe plus facilement que la ruse, parce que l'astuce de la partie adverse n'y est point préparée. La

fausseté ne sait combattre que la fausseté. La *politique* doit donc, dans son propre intérêt, prendre pour règle les lois de la morale.

18. — Il résulte de ce que nous venons de dire, qu'il peut exister une *science du droit des nations*. C'est en réalité la *science des droits juridiques des peuples entre eux,* et elle se distingue aussi du *Droit public*, proprement dit, qui développe seulement les droits du pouvoir suprême dans l'État. Le Droit public sépare le corps social en deux parties, le Souverain et le peuple. Le Droit des Gens les embrasse tous deux sous l'idée générale d'une personne morale, et considère ses rapports avec d'autres personnes morales, dont l'existence lui est étrangère.

Il importe de bien préciser les diverses acceptions du mot *Droit public* (Öffentliches Recht). Dans le sens restreint, il comprend les rapports entre les citoyens et les autorités d'un même État social, d'un même pays, entre les gouvernés et les gouvernants. Dans le sens le plus étendu il sert à désigner le *Droit des Gens,* qui règle les rapports de nation à nation, de Gouvernement à Gouvernement; c'est ainsi que l'on dit *Droit public de l'Europe* ou même simplement Droit public. — De là, deux grandes sections du Droit public; le Droit public interne ou constitutionnel, Droit politique ou de l'État proprement dit (Staatsrecht); et le Droit public extérieur ou international (Völkerrecht).

19. — Des idées du Droit, appliqué à un peuple formant un État, on pourrait développer les principes d'un *Droit des Gens naturel,* que l'on nomme aussi *primitif, absolu, nécessaire, universel, interne* ou *philosophique.*

C'est la thèse qu'a soutenue avec talent M. Mill, dans l'*Encyclopédie britannique,* et que Rayneval avait déjà défendue d'une manière remarquable. « Il n'arrive que trop souvent, dit le célèbre publiciste, qu'on veut fonder le Droit des Gens sur des faits : de cette manière, chaque fait nouveau, chaque nouveau traité peut introduire une nouvelle doctrine, donner de nouvelles règles aux nations; en sorte que si cette méthode était admise, il faudrait diviser le Droit des Gens en ancien, ou plutôt suranné, et en moderne : mais les préceptes éternels de la justice ne se plieront jamais à ce néologisme ; ils conserveront toujours leur priorité en dépit des novateurs. Sans doute il peut s'introduire des maximes nouvelles, de nouveaux usages ; mais s'ils touchent au sort des nations, à leur indépendance, à leur conservation, à leur prospérité, c'est au Droit des Gens à les caractériser, c'est à lui à décider s'ils sont justes, ou s'ils sont des abus, des actes de prépotence : voilà ce que ne devraient jamais perdre de vue ceux qui veulent prêcher de nouvelles doctrines d'après les faits ; ils devraient considérer le danger de régler les principes sur les circonstances : les puissances ne sont en général que trop portées à les accommoder selon leurs vues ; il importe donc de ne point détruire la faible digue qui peut quelquefois arrêter celles qui n'ont point abjuré tout sentiment de justice et d'équité, qui n'ont point pris leur volonté pour règle unique de leur conduite. Pour exprimer plus clairement ma pensée, je dis que les faits ne doivent être cités dans la théorie du Droit des Gens, que pour faire connaître l'application des principes consacrés par la raison, et non pour en établir de nouveaux. Il ne se présente rien dans la pratique du Droit des Gens qui n'ait été prévu et préjugé par la théorie, par les préceptes éternels de la justice : la comparaison de l'une avec l'autre fait voir que la déviation de la route tracée par la justice, conduit à une ruine plus ou moins éloignée, mais toujours inévitable, et que l'homme le plus porté à s'en écarter est effrayé quand l'histoire lui en expose les conséquences ; d'un autre côté, le tableau comparatif des faits et des principes doit faire pressentir à celui qui s'est permis des déviations, la possibilité et même la probabilité de la rétorsion, c'est-à-dire, qu'il doit prévoir qu'on lui opposera ses propres maximes, ses propres erreurs, et qu'elles serviront de titre contre lui-même, sans qu'il lui soit permis d'invoquer en sa faveur les véritables principes qu'il aura méprisés. — Voilà à quoi servent et doivent servir les faits, voilà leur utilité : mais qu'on ne porte pas plus loin leur application ! qu'on ne les regarde point comme une source où il soit permis de puiser une doctrine nouvelle, une doctrine contraire à celle que la raison nous a enseignée depuis que les hommes vivent en société.

Mais une métaphysique du Droit ne nous enseignerait pas plus à juger les affaires de la vie, que le peintre ne peut, sans sujet, sans couleurs, sans pinceaux, produire un tableau, aidé seulement de la métaphysique du beau.

La théorie est l'ensemble systématique d'une science ou d'un art quelconque. Elle ne fait par conséquent que combiner des notions ou idées générales, tandis que dans la réalité et dans la pratique, on ne rencontre que des individus. Ces notions ne peuvent être que les *produits de la raison pure* ou les *résultats de l'expérience et des faits*. Admettons qu'il y ait une raison pure qui puisse fournir à l'homme des principes indépendants de l'expérience et antérieurs à ses leçons; dans ce système, les notions ne seront que des formes vides de toute espèce de contenu, si on les sépare des cas particuliers auxquels on les applique. Elles ne signifieront donc rien, ne prouveront rien, et formeront des théories purement nominales. Si au contraire nous regardons les notions sur lesquelles la théorie repose, et avec lesquelles elle opère, comme des faits généralisés ou des expériences ramenées à la plus grande unité possible, la théorie ne sera plus vide de sens, et elle répandra la plus vive lumière sur les objets qu'elle traite.

20. — Par suite d'acquisitions, de transgressions et de pactes, naissent des rapports divers qui, en se mêlant, pourraient rendre douteuses les bornes du Droit. Toutes ces relations sont arbitraires, par conséquent reposent sur des données et sur des faits. Le jugement ne saurait les fixer d'après les notions de la raison, avant que l'entendement ait saisi et examiné ce qui s'y trouve d'historique. Ces rapports, ces circonstances particulières, ces vues diverses, exigent une application différente des notions que le Droit indique, et la connaissance de toutes ces différences doit former, pour les peuples, comme pour les individus, une *science historique du Droit*.

21. — Il faut encore considérer que le Droit, dans le sens absolu, et rigoureusement observé, causerait

la ruine réciproque de ceux qui voudraient s'en prévaloir. Les deux parties prétendent toujours avoir
raison; en voulant, pour vider leurs querelles, employer sévèrement ce qui leur paraîtrait conforme
aux règles de la justice, elles iraient toutes deux au-
devant de leur perte. C'est ainsi que le besoin général fait place à l'*équité,* qui *tempère,* d'après les
principes de l'éthique, l'exercice des droits juridiques. On cède des deux côtés, on *transige,* et même
dans le cas où des *conventions particulières* ne l'ex-
primeraient pas, chacun peut prétendre à ce que,
jusque-là, tous s'accordaient mutuellement; la marche que tracent les *mœurs, usages* et *coutumes* est
alors regardée comme *réciproquement obligatoire* et
tacitement consentie.

22. — C'est ainsi que s'établissent entre les citoyens d'un État, comme entre les peuples qui se
trouvent en contact, des *droits coutumiers* qui diffèrent suivant les temps, les lieux, les circonstances;
c'est ainsi que s'est formé un *Droit des nations positif,* qui se rapporte au *Droit naturel* de la même
manière que tout autre Droit positif.

23. — Qu'on suppose une Diète de peuples réunis pour travailler à un *code* commun, les droits que
la coutume aurait introduits seraient toujours,
comme ils le sont à l'égard des citoyens, la base de
la législation. La première idée d'ambassades pour
faciliter les relations des peuples entre eux n'aurait
pas pris naissance dans cette Diète, de même que
l'invention des lettres de change n'est pas due au lé-

gislateur; mais la nature de ces deux moyens ne saurait être altérée, car elle repose elle-même sur des coutumes préexistantes. Une sage législation peut seulement régler ce que celles-ci ont produit par suite de besoins réciproques.

Cette supposition n'est point tout-à-fait chimérique, « car depuis deux siècles, dit Réal, les souverains se sont assemblés et s'assemblent fréquemment par leurs plénipotentiaires, en diverses Cours, en diverses contrées; tous les jours, ils concluent des traités, signent des conventions, établissent des usages (ils statuent même par voie réglementaire, comme ils l'ont fait au congrès de Vienne, pour le rang entre les agents diplomatiques, et pour la navigation des fleuves), et le Droit des Gens a ses corps de Droit, ses traités, ses diplômes, ses jurisconsultes, comme le Droit civil a les siens. »

24. — Cependant il est évident qu'on ne saurait former un Droit positif de l'ensemble des conventions particulières des peuples, quelque semblables qu'elles fussent. Ces pactes ne peuvent servir de matériaux pour édifier la science, s'ils ne montrent ce que l'on y a reconnu pour *base,* et cette base n'est autre chose que la *coutume;* celle-ci, ou les inductions que l'on en tire pour les appliquer à des cas semblables, sont donc la véritable source du *Droit international (Jus inter gentes),* que les auteurs appellent Droit des Gens *volontaire, conventionnel, positif, pratique, externe, secondaire, hypothétique* ou *arbitraire.*

C'est Bentham qui a proposé de substituer la dénomination de *Droit international* au terme consacré de *Droit des Gens;* mais ce dernier nom, malgré son impropriété, puisque le mot français *gens* est une traduction infidèle du mot latin *gentes,* a continué de prévaloir dans le langage des Cabinets. C'est également sous le titre officiel de Droit des Gens que sont instituées les chaires académiques.

25. — Les coutumes, il faut en convenir, sont

sujettes à varier comme toute chose en ce bas monde, quoique la plupart du temps cependant elles soient plus durables que les lois ou les traités, car un besoin réciproque les a fait naître et un intérêt mutuel les maintient; mais c'est précisément cette variabilité des coutumes qui rend le Droit des nations plus susceptible d'être perfectionné; et il se perfectionne d'autant mieux qu'il devient plus conforme aux règles dictées par la franchise, l'humanité, la grandeur d'âme et l'intérêt commun.

26. — On atteint ce but à mesure que la civilisation fait des progrès, car les lumières d'un peuple influent nécessairement sur l'action du gouvernement au dedans et au dehors.

27. — Le degré de civilisation auquel est parvenue chaque nation, en particulier, détermine la manière dont elle se comporte envers les étrangers; et entre plusieurs nations qui ont des rapports mutuels, leur conduite respective est d'autant plus sociable, qu'elles se rapprochent davantage quant au degré et au genre de leur culture. *La haine nationale n'aveugle que les peuples grossiers.* Un esprit éclairé défend avec zèle l'intérêt de sa patrie, et dédaigne tout acte hostile qui excite le ressentiment sans procurer un avantage certain. La langue et la religion, les sciences et les arts, les mœurs et les usages rapprochent ou éloignent les peuples.

28. — Les nations qui ont eu une influence marquée sur la civilisation de l'Europe décèlent, dans leur histoire, un éloignement extrême pour les peu-

ples dont la culture était différente de la leur, et une propension involontaire pour ceux qui en avaient une analogue.

29. — Les Israélites étaient, par leur religion, absolument distincts de tous les peuples, même avant le temps où toutes les nations de la terre devaient être sanctifiées dans la postérité d'*Abraham*. Voilà pourquoi, d'après nos idées, le Droit des Gens en usage chez eux nous paraît extrêmement dur; et pourtant *Moïse*, génie immense qui construisit une législation singulière peut-être par l'amalgame adroit de toutes les idées religieuses, politiques et morales, *Moïse*, disons-nous, fut le fondateur d'un Droit des Gens beaucoup plus généreux que celui qui existait alors. Il mit un frein à cette barbarie qui faisait massacrer les étrangers et périr dans les tourments les prisonniers de guerre. Il interdit de monter à l'assaut avant que la ville eût été sommée de se rendre, ou, après l'avoir prise de vive force, de tuer les femmes et les enfants. Il défendit également d'opprimer l'étranger, en rappelant aux Hébreux qu'ils avaient été eux-mêmes étrangers en Égypte.

30. — En guerre et pendant la paix, les Grecs agissaient plus rudement envers les barbares qu'ils ne le faisaient envers leurs rivaux, ou des ennemis d'origine grecque, auxquels ils tenaient par leurs dieux, leur idiome, leurs mœurs et des jeux communs. Les Amphyctions veillaient également à maintenir les convenances réciproques entre les différents peuples de la Grèce.

31. — Rome, dont l'Europe reçut son Droit civil, était plus indulgente envers les habitants de l'Italie et les Grecs qu'envers les autres peuples. Au reste, nous lui devons fort peu sous le rapport du Droit des Gens. On la vit rarement, dans les siècles où son empire s'étendait sur l'univers, tempérer sa sévérité dans ses rapports avec d'autres nations, quoique le même mot latin ne désignât plus, comme jadis, un étranger et un ennemi; sa culture gagna plus en éclat extérieur qu'elle n'acquit de valeur réelle. Les *Féciaux* apportèrent, dans les relations politiques, des formes légales plutôt que des principes généreux ou même équitables. Un État, devenu aussi formidable que l'était Rome, garde peu l'apparence de la générosité, puisqu'il ne se trouve aucune puissance qui ose réprimer ses entreprises, surtout dans des temps où les communications éloignées étaient si difficiles. Ces peuples de l'antiquité n'ont eu donc sur notre Droit des Gens que l'influence indirecte de leur civilisation.

Cependant, il faut reconnaître qu'en général, « les Romains avaient apporté dans les rapports internationaux une observation du Droit naturel plus exacte que tous les anciens peuples. Ils avaient, sous le nom de *Féciaux*, des pontifes, magistrats qui présidaient à la guerre et à la paix, et ce que nous appelons le *Droit des Gens* était connu chez eux sous le nom de *Droit fécial.* Mais ce Droit lui-même était très-borné dans ses règles et dans son application. Tous ceux qui n'étaient pas soumis à l'empire des Romains étaient considérés par eux comme des ennemis, et tout ce qui nous est resté de leurs principes se réduit à peu près à quelques maximes précieuses sur la loyauté avec laquelle la guerre doit être faite et le respect dû aux ambassadeurs. »

(Voyez, OMPTEDA, Literatur des Völkerrechts, Th. 1, § 31-44. — KAMPTZ, Neue Literatur des Völkerrechts, § 36, 39.—HEFFTER, De antiquo jure gentium. Bonn, 1823.—OSENBRUGGEN, De jure belli et pacis

Romanorum, Kiliæ, 1836. — WACHSMUTH, Jus gentium quale obtinuerit apud Græcos ante bellorum cum Persis gestorum initium, Kiliæ, 1822. — WEISKE, Considérations historiques et diplomatiques sur les ambassades des Romains comparées aux modernes. Zwickau, 1834.)

32. — Le système du Droit des Gens que les puissances de l'Europe reconnaissent aujourd'hui, quoique cette reconnaissance générale n'empêche pas les transgressions particulières, est unique dans l'histoire; mais aussi la culture, dans toutes ses contrées, est sortie si uniformément des mêmes sources, les notions de Droit de presque tous les peuples qui l'habitent sont devenues tellement analogues par des rapports, des besoins, des occupations semblables, qu'en aucun temps et en aucune partie du monde, il ne pourrait s'en trouver un exemple. Enfin, les points de contact entre les différents pays de l'Europe moderne se sont tellement multipliés, que les liaisons où il s'agissait de questions de Droit devaient également prendre une forme toute particulière.

Ce système du Droit des Gens moderne « a dû particulièrement son développement aux écrits des jurisconsultes publicistes qui l'ont pour ainsi dire *codifié,* et qui ont donné la plus grande autorité aux principes en les proclamant. Il a pris naissance dans l'Occident de l'Europe ; il s'est formé par les relations entre la France, l'Angleterre et l'Empire ; il s'est étendu à mesure que des rapports plus fréquents se sont établis entre la partie Nord-Ouest de l'Europe et les États méridionaux ; il est devenu complet, lorsque les peuples situés au Nord-Est ont reçu le bienfait d'une civilisation plus étendue, et ont pris place dans la société des nations européennes.

» C'est donc avec le *Système politique de l'Europe* que le Droit des Gens européen a constamment marché, et qu'il s'est développé et successivement perfectionné. »

(P. ROYER-COLLARD.)

33. — Ce fut la *religion chrétienne* qui fit principalement éclore la culture chez la plupart des nations

de l'Europe. Nous lui devons en grande partie la propagation de l'écriture, cette modeste mère de toutes les sciences. Cette religion, par son essence même, convient aux peuples civilisés ; le sauvage grossier ne soupçonne pas même les besoins de l'âme qu'elle satisfait ; car, en nous enseignant des vérités que la métaphysique la plus abstraite chercherait seulement à découvrir comme ses derniers résultats, elle ne s'appuie point sur les investigations d'un esprit subtil ; mais elle les annonce aux doctes et aux simples comme des révélations faites, dans les temps reculés, aux Envoyés de Dieu. C'est ainsi qu'elle dut mettre en vigueur la philosophie, l'histoire et toutes les sciences, pour triompher pendant dix-neuf siècles des attaques de ses ennemis, et faire renaître et inspirer ce que les beaux-arts peuvent produire de chefs-d'œuvre, pour exprimer dignement les sentiments d'un cœur qu'elle anime.

34. — Son esprit d'indulgence et de modération devait imprimer son divin caractère à tous ceux qui apprenaient à la connaître ; elle nous enseigne à aimer dans un ennemi un frère pour lequel aussi Jésus-Christ expira sur la croix. Les *cultes de l'antiquité*, au contraire, divisaient d'autant plus les hommes que chaque peuple avait ses dieux particuliers, que la religion entrait dans le Droit politique, et que dans le conflit où non-seulement les peuples, mais leurs Rois mêmes, se trouvaient les uns à l'égard des autres, elle donnait encore l'apparence de la piété. Il n'en est pas ainsi du christianisme qui embrasse

tous les hommes comme enfants du même père, et préfère le généreux Samaritain à l'insensible compatriote, quoiqu'il rende en même temps les devoirs envers la patrie d'autant plus sacrés, qu'il nous montre le gouvernement comme représentant la Divinité sur la terre, et comme institué par elle.

35. — A l'exception d'une seule, toutes les nations de l'Europe professent la religion chrétienne, et même les États, comme tels, sont chrétiens, puisque dans tous cette religion est également reconnue et respectée comme une révélation divine. Quant à leurs relations avec les peuples païens, les chrétiens ont naturellement montré moins d'indulgence pour ceux-ci que pour leurs co-religionnaires, et, il faut en convenir, souvent même d'une manière peu conforme aux préceptes de l'Évangile. La *Réformation* fit craindre d'abord une scission des différentes communions dans l'application du Droit des Gens; l'égarement cessa dès qu'on s'aperçut que ce n'était pas la religion, mais une politique astucieuse, qui tendait à amener cettte séparation.

36. — La capitale de l'Empire d'Occident, après le partage fait par *Théodose*, répandit le christianisme dans tous les pays de l'Europe, à l'exception de l'extrémité orientale; c'est pourquoi, abstraction faite de quelques aberrations occasionées dans les premiers temps par l'Arianisme, on y reconnaît généralement l'Église latine et ses institutions. Ces peuples adoptèrent aussi, comme un héritage de Rome mourante, le même idiome; d'abord pour le culte divin et les

sciences, et ensuite pour les affaires publiques. L'usage commun de la langue latine contribua beaucoup à rapprocher les nations, les hommes se regardant comme moins étrangers les uns aux autres lorsqu'ils parlent la même langue. Ce qui produisit à cet égard un effet encore plus marqué, ce furent la communauté d'un chef suprême de l'Église , et ces conciles dans lesquels chaque nation recevait des instructions uniformes en matière de croyance, des préceptes de piété semblables, et où chacune était appelée à donner son avis sur des objets d'un intérêt général. On voit par là quelle influence le christianisme dut avoir sur la formation de notre Droit des Gens.

37. — La plupart des pays qui suivaient le rite de l'Église d'Occident avaient été ou des provinces romaines, ou étaient habités par les peuples nombreux originaires de la Germanie. Là, par la fondation d'empires qui subsistent encore, les Germains avaient introduit leurs mœurs : ici les Romains avaient mêlé leur culture aux mœurs indigènes. C'est ainsi qu'existait et qu'existe partout en Europe, ce mélange de coutumes romaines et allemandes qui, sous la direction d'une même Église, devaient se développer uniformément.

38. — Les relations et les besoins, les conventions et les affaires devinrent partout semblables ; et, par une conséquence naturelle, les notions du juste et de l'injuste, dans ces différents rapports, se ressemblèrent également. Le Droit romain et le Droit canon furent conservés dans les Codes écrits ; le Droit germain se perpétua dans les mœurs et dans les chroniques. Des

peuples, dont les droits civils avaient tant de rapports, s'entendirent plus facilement sur les principes du Droit qui devait régner entre eux comme nations.

39. — La religion et la jurisprudence devinrent ainsi le lien des nations chrétiennes de l'Europe. Le Pape était le dépositaire suprême des dogmes religieux, comme l'Empereur était en quelque sorte le conservateur suprême du Droit. La dignité impériale, en Occident, ajoutait tellement au respect que l'on portait aux Rois allemands, qu'ils présidaient dans les Conseils, commandaient dans les croisades de préférence aux autres Rois, et qu'ils distribuaient des couronnes aux Princes. Le Pape et l'Empereur semblaient tenir, l'un le glaive spirituel, l'autre le glaive temporel, mis par Dieu même entre leurs mains pour protéger la chrétienté.

40. — Fondée sur la religion et sur le Droit, l'unité du système du Droit des Gens se développa par les événements suivants : les croisades, l'agrandissement du commerce, et la lutte continuelle et commune contre la suprématie menaçante de quelques puissances.

41. — Les *croisadés* entreprises dans le but de chasser des barbares, usurpateurs des contrées où s'étaient accomplis les saints mystères, rapprochèrent d'abord les peuples. La cause commune, un égal enthousiasme, formèrent plus d'un lien d'amitié entre des Souverains et parmi des particuliers nés dans des pays fort éloignés les uns des autres ; des familles habitant des contrées diverses s'unirent par des mariages ;

une association générale de chevalerie, des corporations semblables entre les artisans; même point d'honneur, mêmes usages; un caractère uniforme imprimé, par la Grèce et par l'Orient, aux arts, à l'instruction et au luxe; une poésie presque pareille chez toutes les nations et propre à réveiller par ses charmes les plus nobles sentiments; un esprit de galanterie chevaleresque : toutes ces causes réunies tempérèrent universellement la rudesse du siècle et des combats. Malheureusement, la culture de l'esprit humain ne peut jamais subjuguer entièrement les passions.

42. — Tant que le *commerce* fut aux prises avec le Droit du plus fort, et que les Princes l'encourageaient uniquement à raison des impôts qu'ils prélevaient sur lui, il ne put établir qu'insensiblement des liaisons entre les peuples. Cependant depuis les croisades le luxe augmenta toujours, et l'on sait qu'il contribue constamment au développement social, s'il n'est pas le partage exclusif de quelques individus, mais s'il se répand dans une gradation proportionnée parmi toutes les classes. Ce fut précisément à cette époque, où l'Allemagne et d'autres pays jouirent de cette paix générale, qui mit un terme à ces débats où la force remplaçait le Droit, qu'eurent lieu ces deux grandes découvertes qui, par l'importance qu'elles donnèrent au commerce, influèrent si puissamment sur le rapprochement des nations européennes.

43. — Par une erreur funeste à la prospérité des peuples en particulier, on attache trop souvent, il est

vrai, un moindre prix au commerce intérieur qu'au commerce extérieur, parce que le premier met à la fois de moindres capitaux en circulation ; et qu'on ne calcule pas la multitude infinie de petits achats qui ont lieu continuellement ; tandis que le second, au moyen d'audacieux spéculateurs, allant chercher au loin des marchandises précieuses, impose par de fortes sommes dans les comptes réciproques. Il est également certain que le commerce extérieur amène une concurrence qui dégénère souvent en une rivalité envieuse, et, loin d'augmenter les richesses, en tarit quelquefois les sources ; mais il faut convenir aussi que ce genre de commerce, en multipliant les communications entre les nations, a donné au Droit des Gens ce caractère de noblesse et d'équité qui convient à l'homme civilisé.

44. — Autrefois les produits de l'Inde, devenus depuis les croisades un besoin pour les Européens, passaient, en traversant la mer Rouge et l'isthme de Suez, des mains des Arabes dans celles des Italiens. A la fin du xve siècle, les Portugais, *en doublant l'extrémité sud de l'Afrique,* trouvèrent une route à la fois plus sûre et moins dispendieuse. Navigation hardie, qui leur acquit la gloire attachée aux grandes entreprises et la splendeur que procurent d'immenses richesses. Les Hollandais leur enlevèrent par la suite cet avantage, et de nos jours c'est la Grande-Bretagne qui se l'est approprié.

45. — L'Amérique fut découverte à la même époque ; ses produits, jusqu'alors inconnus en Europe,

fournirent de nouveaux aliments au luxe et à la cupidité. Des métaux précieux, et principalement l'or, se répandirent de ce continent dans le nôtre avec une abondance dont auparavant on n'avait aucune idée, tandis que la soif de s'enrichir, ou des sujets de mécontentement dans leur patrie, y entraînèrent une foule d'aventuriers qui devinrent d'utiles colons, et y firent fructifier avec un grand succès, au profit du commerce, les productions mêmes du Nouveau-Monde. C'est pourquoi la *découverte de l'Amérique* influa si puissamment sur les relations commerciales, sur les conquêtes et les guerres en Europe.

L'antiquité, en aucune manière, n'aurait pu concevoir un commerce d'une si grande étendue ; il suffit de considérer, pour s'en convaincre, l'immense consommation qui se fait de nos jours de produits dont elle ignorait l'existence. Quelle quantité de café, de sucre, de cacao, de thé, etc., n'est-elle pas transportée des contrées les plus lointaines dans nos palais et dans nos cabanes ! Quoique par suite d'une jalousie insensée, ce commerce ait souvent causé des animosités et des guerres, d'un côté il a été le lien, en confondant leurs intérêts, d'un grand nombre de familles habitant différents pays. L'activité d'un seul homme, à l'Occident, peut procurer le bien-être à l'extrémité de l'Orient, et la ruine d'une seule maison à Cadix peut occasionner celle de plusieurs autres en Russie. L'erreur de ceux qui croient au prétendu avantage d'un système fondé sur ce qu'on appelle *la balance du commerce* entre les nations, fera place un jour à des vues plus saines auxquelles chaque État sera ramené par ses besoins. Cette liaison entre les particuliers dans tous les pays, et cet intérêt réciproque qui force chaque gouvernement, pour son propre avantage, à observer envers les étrangers, à défaut de générosité, les lois de l'équité, dureront autant que la culture des peuples.

46. — Aussi longtemps que le pouvoir royal, paralysé par les grands vassaux, fut trop faible pour s'opposer au droit du plus fort dans l'intérieur du pays soumis à sa domination, chaque État fixait uniquement son attention sur ses voisins, et prenait une part moins active aux entreprises des puissances éloignées. Mais les Rois, une fois raffermis sur leur trône, virent bientôt jusqu'à quel point les événements qui se passaient loin d'eux pouvaient les intéresser. L'exemple de l'ancienne Rome leur apprit qu'un État, après avoir soumis ses voisins, peut devenir dangereux pour la tranquillité générale, et que, lors même qu'il n'étend pas ses conquêtes, l'oppression que, pour son propre avantage, il fait peser sur d'autres nations, est souvent pire que la conquête même. *Le système d'un équilibre* entre les puissances, plus raisonnable en lui-même et plus avantageux dans ses effets que celui qui propose de mettre de niveau la balance du commerce, avait occupé des hommes d'État et des publicistes éclairés; il devint, à une époque plus rapprochée, l'objet de vaines discussions et d'un mépris insensé jusqu'au moment où l'on dut entrevoir les périls que nos pères avaient redoutés sous le nom de *monarchie univer-*

selle, et qu'ils s'étaient efforcés de prévenir par un ordre de choses fondé sur l'équilibre entre les puissances. On reconnut alors que la réunion des puissances menacées est le moyen le plus efficace, et même le seul, d'opposer une digue aux envahissements d'une ambition démesurée. Au reste, comme dans la lutte du faible contre le fort, il est rarement douteux de quel côté est le bon droit, une politique franche, énergique et sage, prescrit d'embrasser toujours la cause de l'opprimé contre l'oppresseur.

47. — Pour ne rien omettre de ce qui influa, soit directement, soit indirectement, sur le Droit des Gens, il faut mentionner une ancienne coutume, principalement en vigueur chez les nations germaniques. *La mésalliance* entre souverains et particuliers était odieuse à nos pères ; les familles de ceux-ci ne pouvaient donc pas attacher au trône leur intérêt privé, obtenir des faveurs au détriment de leurs concitoyens, ni sacrifier au leur l'avantage de l'État. De là se forma, entre toutes les maisons régnantes de l'Europe, un lien de parenté qui en fit pour ainsi dire une seule famille ; chacune d'elles retrouvait dans les autres quelques membres dont elle descendait. La parenté, il est vrai, n'exclut ni la haine ni l'injustice, mais elle ennoblit les formes. Des monarques, prisonniers en Europe, ne sont pas traités comme le sont en pareil cas les sultans en Asie ; et en temps de paix, mainte concession qu'exige la justice, et qu'on demande néanmoins comme un acte de

complaisance, ne pourrait être convenablement refusée entre parents.

48. — Enfin, il faut surtout signaler ici les avantages que le Droit des Gens doit à l'*imprimerie*. Elle
servit à répandre promptement dans le monde civilisé les événements publics et les actes du pouvoir;
sans louer, sans blâmer, elle devint la dispensatrice
de la gloire ou du mépris. L'injustice et la méchan-
ceté la redoutent. Jadis un tyran craignait seulement
le jugement de la postérité; maintenant ses actions
perverses, qu'il croyait dérober à la connaissance publique, sont connues et jugées par ses contemporains.

49. — C'est ainsi que le Droit de Gens de l'Europe s'est principalement perfectionné depuis le
xvᵉ siècle, si toutefois il peut être question de grandes améliorations, lorsqu'une instabilité continuelle
fait tantôt avancer, tantôt rétrograder la civilisation.
Cependant l'usage des *légations permanentes*, presque
généralement introduites en Europe depuis la paix
de Westphalie, a donné plus de fixité aux principes
qui règlent les différentes relations existantes entre les gouvernements; puisque aussitôt que l'un
d'eux les enfreint, il est devenu plus facile aux autres de faire à cet égard des représentations et de
prévenir ainsi la suite des écarts.

50. — On avait compris de bonne heure la nécessité de réunir en un corps de science les coutumes que les nations observaient dans leurs rapports
et leurs transactions réciproques, mais la confusion
qui régna dans cette science avant que l'on eût par-

faitement saisi l'idée qui lui sert de base, est digne de remarque.

51. — Les peuples souverains ne forment pas entre eux un État, bien que l'on ait souvent désigné leur liaison par la dénomination de *république des nations;* ils sont placés l'un envers l'autre comme le seraient les individus s'il n'existait pas d'État. Or, ne considérant point le *Droit naturel* comme une métaphysique du Droit, et croyant pouvoir y puiser des principes réels et applicables à différentes circonstances de la vie privée, on ne distingua pas le Droit des Gens du Droit naturel; et cela devait être ainsi, puisque les notions sur ce dernier étaient très-vagues, et que l'on traduisait par Droit des Gens le *Jus gentium* des Romains.

On a déjà vu «qu'il ne faut pas confondre ce que les Romains nommaient *Jus gentium* avec ce que nous appelons Droit des Gens ou Droit international, bien que Tite-Live (*) et Salluste (**) aient quelquefois employé les mots *Jus gentium* dans le sens de Droit international. Le *Jus gentium* était, dans les idées romaines, l'ensemble de ces préceptes de Droit qu'ils trouvaient en vigueur chez les peuples civilisés. Quoique des jurisconsultes romains aient dit du *Jus gentium* que c'était le Droit *quod naturalis ratio apud omnes gentes constituit,* ils n'ont cependant pas entendu l'assimiler au Droit naturel tel que les modernes l'ont conçu. Le *Jus gentium* était un Droit positif; seulement, au lieu d'être spécial à tel ou tel peuple, il était commun à toutes les nations, et les citoyens romains eux-mêmes en subissaient les dispositions toutes les fois que l'application n'était pas incompatible avec les principes privilégiés du Droit civil romain. Le *Jus gentium* était

______

(*) « Proditoribus extemplo in vincula conjectis, de Legatis paululùm » ad dubitatum est, et quanquam visi sunt commisisse ut hostium loco » essent, *Jus* tamen *gentium* valuit. » (*Hist.* II, 4). « Legati contra *Jus* » *gentium* arma capiunt. » (V, 6.)

(**) « Fit reus magis ex æquo bonoque quam ex *Jure gentium* Bomilcar, » comes ejus qui Romam fide publicâ venerat. » (*Bell. Jug.,* XXXIX.)

le Droit des étrangers; Gaïus, I, 92, l'appelle positivement *Leges moresque peregrinorum;* c'était, en quelque sorte, le Droit commun au genre humain. L'affluence des étrangers à Rome était considérable, les populations de l'Italie très-nombreuses et leurs relations avec les citoyens romains très-multipliées. Ces relations et les contestations qu'elles engendraient étaient nécessairement régies par d'autres règles que celles du *Jus civile,* puisque l'application de ces dernières ne pouvait avoir lieu qu'entre citoyens romains. C'est pour ce motif que fut institué, en l'année 508 de Rome, le préteur *peregrinus,* magistrat dont la juridiction embrassait toutes les contestations où des étrangers se trouvaient engagés. Dès lors ce préteur dut aussi poser les règles et les principes du *Jus gentium,* c'est-à-dire suivant lesquels il serait prononcé envers les *peregrini,* ses justiciables. Il en fut de même, à plus forte raison, par rapport à l'*edictum provinciale.* Cet état de choses eut une influence capitale sur le développement ultérieur du Droit romain. Les règles du *Jus gentium,* plus larges et plus équitables, finirent, grâce surtout à l'intervention des préteurs, par s'insinuer dans le *Jus civile* et par en expulser les dispositions étroites et jalouses. L'édit du préteur *urbanus* fit plus d'un emprunt à celui du préteur *peregrinus;* cette infiltration du *Jus gentium* dans le *Jus civile* est un des phénomènes les plus intéressants de l'histoire interne du Droit romain. La distinction du Droit en *Jus civile* et *Jus gentium* se fait sentir, même dans notre Droit français, et y exerce une assez grande influence sans qu'aucun texte positif l'ait consacrée. »

(ESCHBACH.)

52. — On croyait impossible de se faire une idée nette du Droit naturel, à moins de supposer une époque où il n'aurait existé ni corps d'État, ni rapport social entre les hommes, et on désignait ce genre de vie par la dénomination d'*état naturel,* quelque peu conforme qu'il fût à la nature humaine. Mais en niant avec raison, une telle existence à une époque quelconque, c'était à tort cependant que l'on rejetait les principes du Droit naturel, comme si l'on voulait repousser les vérités démontrées par la géométrie, sous prétexte que nulle part

on ne rencontre de ligne géométrique. C'est ainsi que les partisans de ce système ne voulaient admettre aucun Droit entre les nations, parce qu'ils ne considéraient comme Droit que celui qui émanait d'un législateur. Invoquer Dieu comme le souverain dispensateur de la loi naturelle, ne leur paraissait pas une preuve suffisante ; car ne pouvant distinguer en Dieu le naturel de l'arbitraire, la divinité agissant seule en lui, et les hommes ne pouvant vouloir ce qui est divin, il faut que l'idée du juste et de l'injuste, de ce qui est saint et moralement bon, soit devenue claire à notre intelligence avant que nous puissions nous élever à la connaissance de la divinité.

53. — Ceux qui reconnaissaient un Droit naturel, et en même temps un Droit des Gens en général, ne pouvaient cependant s'accorder sur ses limites. Plusieurs publicistes pensaient qu'à l'aide de leur science, ils trouveraient une réponse satisfaisante à toutes les questions que l'on pourrait élever sur les rapports les plus compliqués des nations et des individus. Mécontents d'une politique si souvent injuste, ils prétendaient décider d'après leur idéal et rejetaient tout droit positif entre nations.

54. — Mais bientôt apparut *Grotius* et le Droit des Gens fut élevé à la hauteur d'une véritable science. A partir de cette époque (1625), on verra se dessiner deux écoles ; la première *historique, positive,* tout en admettant les grands principes abstraits de la justice universelle, puisera dans la politique pratique des temps modernes, dans l'usage et dans les traités, le

systèmes des règles qui doivent diriger les nations dans leurs relations mutuelles (*).

55. — La seconde école, *philosophique, spéculative* procédant *à priori,* ne s'attachant qu'à l'examen de ce qui devrait être, déduira le Droit international exclusivement des préceptes du Droit naturel. *Puffendorf* (1672) est le créateur de cette école où le suivirent *Wolf, Vattel, Burlamaqui, Formey, Luzac, Félice, Vicat,* et en dernier lieu, comme nous l'avons dit, *Rayneval,* imité depuis par *Courvoisier, Perreau, Cotelle,* etc.

Ayant à faire connaître les ouvrages de tous ces auteurs dans la *Bibliographie diplomatique,* nous nous abstenons d'en donner ici les titres. Nous ferons néanmoins une exception pour les trois premiers écrivains, afin de consigner le jugement qu'en a porté le comte A. M. d'HAUTERIVE, Directeur des Archives du Ministère des Relations Extérieures. Voici les notes relatives à ces publicistes :

§ Ier.

1° Les ouvrages de PUFFENDORF, c'est-à-dire,

Éléments de la Jurisprudence universelle ;

Introduction à l'Histoire des principaux États qui sont actuellement en Europe.

Traité du Droit naturel et des Gens.

« Je crois devoir vous avertir que les ouvrages de PUFFENDORF, vieillis aujourd'hui par les progrès qu'on a faits dans l'art de développer et de simplifier les discussions dogmatiques, sont presque devenus entièrement hors d'usage. Cet auteur est obscur, dissertateur, métaphysicien et mauvais écrivain. Ses ouvrages sont remplis d'erreurs de faits, et sont écrits d'un style barbare.

2° Les ouvrages de BARBEYRAC.

(*) Voy. une étude fort remarquable sur GROTIUS et MACHIAVEL, par M. le Premier Président TROPLONG, insérée dans la *Gazette des Tribunaux,* mai 1846.

» Il a traduit les ouvrages de Puffendorf, qui étaient écrits en latin.

» Il a traduit les ouvrages de Grotius sur les Droits de la Guerre et de la Paix.

» Il a fait l'Histoire des anciens Traités qui se trouvent épars dans les auteurs grecs et latins jusqu'à Charlemagne.

» Barbeyrac n'écrit guère mieux en français que Puffendorf en latin : cependant les deux derniers ouvrages, et surtout l'avant-dernier, doivent être placés dans la Bibliothèque d'un Agent diplomatique.

3° Les ouvrages de Wolf.

» Cet auteur a principalement écrit sur les sciences exactes : il a cependant donné un Droit de la nature, en huit volumes in-4°, et un Droit des Gens, en un volume in-4°. Ces deux ouvrages ont été abrégés et traduits en français par M. Formey, sous le titre de Droits de la Nature et des Gens, en trois volumes in-12.

» Le style de Wolf est plus dur et plus incorrect, s'il est possible, que celui de Puffendorf. J'ajoute qu'il est d'une diffusion qui rend la lecture de ses écrits insupportable. M. Formey, en abrégeant ses ouvrages politiques, en a facilité l'usage, et a très-bien fait ressortir la qualité distinctive de Wolf, qui est une très-bonne méthode pour développer ses idées et pour établir ses principes.

4° Les ouvrages de Wattel.

» Son principal ouvrage est le *Droit des Gens, ou les Principes de la loi naturelle appliquée à la conduite des Nations et des Souverains,* 2 vol. in-4°.

» Wattel est un écrivain plus récent que les auteurs qui viennent d'être cités. Son ouvrage n'en est pas pour cela d'un plus grand secours; il est diffus, rempli de contradictions et d'inconséquences, et il laisse percer partout sa partialité pour l'Angleterre. »

(A l'égard de Vattel, l'opinion de M. Guérard, publiciste au au même département des Affaires Étrangères, est, s'il est possible, plus sévère encore; l'étendue de la notice de M. Guérard nous oblige à la renvoyer à la *Bibliographie*).

56. — Mais un Allemand donna, le premier, en opposition à *Puffendorf,* l'idée précise d'un Droit positif que cependant déjà, en Angleterre *Zouch* (1650) avait entrevu. Ce fut Samuel *Rachel* (1676). D'abord professeur à deux Universités, puis En-

Envoyé de Holstein au congrès de Nimègüe, il eut, par sa position, la facilité de se convaincre de la réalité d'un Droit qui, « introduit parmi les nations par des conventions expresses ou tacites, les lie entre elles pour leur propre intérêt. » Il distingua aussi très-soigneusement les pactes des nations en particulier, d'un Droit des Gens général qui ne repose que sur la coutume. *Leibnitz* se prononça pour un Droit des Gens coutumier, comme également important pour le savant et pour l'homme d'État, et *Textor* en traça le plan.

57. — Ce ne fut véritablement qu'après la paix de Westphalie que les matériaux propres à édifier la science se multiplièrent suffisamment. Il n'y avait jusqu'alors que très-peu d'écrivains qui connussent les principes qui dirigeaient les Cabinets et la manière dont ils en faisaient l'application. Les mémoires et les journaux, en annonçant le résultat des transactions dans la paix et dans la guerre, répandirent un intérêt général sur les grands événements politiques, et par conséquent sur les questions du juste et de l'injuste. C'est ainsi que l'attention se fixa de plus en plus sur les principes du Droit, soit qu'on les reconnût, soit qu'on les rejetât.

Depuis ce temps on rechercha soigneusement d'anciens mémoires rédigés par de grands capitaines et des hommes d'État; plusieurs ministres prirent la résolution de publier les leurs et l'histoire même de leurs ambassades. Nous ferons soigneusement connaître ceux de ces mémoires où le Diplomate devra puiser des exemples pour lui servir de guide.

58. — *Leibnitz* (1693) fut le premier qui recueillit les divers traités des États entre eux, pour faciliter les travaux sur la science du Droit des Gens : entreprise utile continuée depuis par *Dumont, Barbeyrac, Rousset, Saint-Prest, Schmauss, Wenck, Martens, Saalfeld, Murhard,* Ch. de *Martens* et de *Cussy,* etc. Ce n'est pas que ces traités fournissent par leur contenu l'ensemble de la science, mais ils nous apprennent quels sont les principes que les puissances de l'Europe ont admis comme justes, ou qu'elles ont supposés reconnus et incontestables.

59. — Les matériaux étaient réunis en abondance, il ne manquait plus que d'en composer un corps de doctrine. Les Allemands l'ont entrepris ; les écrivains des autres nations ont plutôt traité sous le nom du Droit des Gens, le Droit naturel. Mais pour donner cette forme scientifique, il ne suffit pas, comme l'a prouvé *Kant,* de mettre en ordre les matériaux fournis par l'histoire, il faut y chercher les notions qui servent de règle ; d'un côté développer celles-ci en les faisant ressortir des idées fondamentales et primitives du Droit, et de l'autre en montrer l'application, afin d'éclaircir la confusion qui règne dans les documents, et trouver enfin les rapports à suivre pour de nouveaux rapprochements ; d'où il résulte que cette science doit également prendre pour appuis l'*histoire* et la *philosophie.* Tel est en effet le double principe auquel se rallient les promoteurs d'un école

que l'on a proposé de nommer école *progressive*.

« On ne peut se dissimuler qu'une école toute positive et une école toute spéculative sont également défectueuses. En effet, le passé est-il toujours suffisant pour régler l'avenir, et devons-nous nous arrêter sans préparer la voie à des améliorations nécessaires? D'un autre côté, quelle peut être l'utilité pratique d'une doctrine qui semble trop souvent négliger le passé et mettre en oubli les usages reçus pour enseigner aux nations de pures théories? Ce n'était point ainsi que pensait *Grotius*, quelque positif qu'il fût : il enregistrait les faits passés et les opinions de ses prédécesseurs, mais en montrant les réformes successives que la civilisation et la philosophie avaient introduites dans le Droit des Gens, et en indiquant les progrès qu'il devait faire encore. *Grotius* est donc véritablement le chef d'une école mixte, que l'on peut appeler *progressive*, vivant de passé et d'avenir, à la fois posititive et spéculative. C'est la voie tracée par le génie de ce grand homme que tâche de suivre dans ses leçons le professeur chargé d'exposer le Droit des Gens dans la Faculté de Droit de Paris, depuis que M. de *Vatimesnil*, pendant son trop court ministère de l'Instruction publique, a doté cette École d'un aussi important enseignement. »

(P. ROYER-COLLARD).

60. — On ne saurait refuser à J. J. de *Moser* d'être le principal fondateur de la science du Droit des Gens pratique, suivant la définition que nous en avons donnée. Il a le mérite d'avoir soustrait le Droit des Gens aux vaines spéculations de certains philosophes, dont il combattit avec chaleur les prétentions durant sa longue carrière littéraire (1732 à 1781). Il s'exprime à la vérité de manière à faire penser qu'il donne pour base au Droit des Gens, les conventions des puissances dans le sens que leur contenu en doit faire l'objet. Mais, en réalité et avec raison, il a fondé l'ensemble de la science sur les coutumes seules, dont il a soin de démontrer l'existence en remontant aux faits. Ce-

pendant il a négligé de ramener les événements historiques à des idées philosophiques, et d'établir des principes généraux propres à satisfaire en même temps la raison et la pratique.

Voici comment *Moser* s'explique sur sa manière de traiter le Droit des Gens : « Ce Droit des Gens, dit-il, est fondé uniquement et exclusivement sur ce qui est arrivé et a coutume d'arriver effectivement, que cela soit juste ou injuste selon les lois divines, écrites et naturelles, et selon les lois humaines : car loin de moi la pensée d'approuver tout ce qui arrive ! Dans tout ceci je joue moins le rôle d'un professeur de Droit que d'un historien qui décrit la manière dont se conduisent les uns à l'égard des autres, les souverains et les nations de l'Europe, qui, par cela même qu'un usage est ainsi établi entre eux, le tiennent et le donnent comme un Droit. »

61. — Plus érudit que J.-J de *Moser*, et non-seulement établissant l'ordre dans son sujet, mais aussi le ramenant avec profondeur à des principes fixes, *Günther* (1787-1792) avait commencé sur ce plan un travail remarquable, et nous devons regretter qu'il ne lui ait pas été permis de le terminer.

62. — Enfin, de nos jours, George Frédéric de *Martens*, une des illustrations de l'Université de Gottingue, et plus tard ministre de Hanovre, a publié des ouvrages qui forment des systèmes achevés. Il est le premier qui, dans ses cours et ses écrits, ait embrassé avec un rare discernement l'ensemble de la jurisprudence internationale, et elle lui doit le succès éclatant qu'elle a obtenu. Mais des contemporains, ses nobles émules, notamment, *Klüber*, avaient partagé sa renommée, et dans sa famille

même s'est présenté un digne continuateur de ses travaux (*) ; sous nos yeux, des hommes d'État, des savants ont enrichi la science de traités généraux (**), ou, plus appliqués à des recherches spéciales, ils ont répandu de nouvelles lumières sur des questions difficiles ; dans la suite de notre travail, nous invoquerons fréquemment ces autorités.

(*) M. le baron Charles de MARTENS, auteur du *Guide diplomatique* et des *Causes célèbres du Droit des Gens*. M. de MARTENS vient de publier une nouvelle et excellente édition du premier de ces ouvrages, avec la collaboration de M. Ferdinand de WEGMANN.

(**) Parmi les publications récentes, voici les plus remarquables :

En Allemagne.

Das Europäische Vœlkerrecht der Gegenwart. Von D. A. W. HEFFTER, Geheimem Ober-Tribunalsrath, ordentlichem professor des Rechts an der Friedrich-Wilhelms-Universität und ordinarius der Juristen-Facultät. Berlin. 1848.

En Angleterre.

Commentaries on the Law of Nations, by OKE MANNING, Lond. 1839.

En Espagne.

Elementos de Derecho público internacional, con esplicacion de todas las reglas que, segun los tratados, estipulaciones, leyes vigentes y costumbres, constituyen el Derecho internacional espanol por don Antonió RIQUELME, gentil hombre de Camera de S. M. con ejercicio y Jefe de seccion del ministerio de Estado. Madrid. 1849. (M. RIQUELME a été promu, en 1851, au poste de *Sous-Secrétaire d'État*.)

APERÇU HISTORIQUE DE LA DIPLOMATIE.

> Le bonheur des peuples, la prospérité des
> empires, l'éclat dont brillent les couronnes,
> tel est le triple but de cette vaste science.
>
> ...Où paraît le négociateur, là aussi le sang
> a cessé de couler; l'habileté des combinai-
> sons, la persuasion du langage, l'ascendant
> de l'autorité morale, telles sont ses armes; la
> voix de l'humanité, les règles consacrées par
> le droit des nations, telles sont les lois qu'il
> invoque.

Après avoir expliqué l'origine et les progrès du Droit des Gens considéré comme science, il sera d'un plus grand intérêt de l'observer maintenant comme système pratique, c'est-à-dire, de suivre en quelque sorte dans leur application les règles qu'il a tracées, et d'indiquer ainsi les principales époques de la Diplomatie européenne (*).

63. — Mais rappelons d'abord les différentes significations du mot *Diplomatie*, que, depuis la fin du XVIIIe siècle, vers l'époque du ministère de M. de *Vergennes*, on a substitué à l'expression trop générale de *Politique*. — La Diplomatie, dans l'acception la plus étendue de ce terme, est la *science des Relations Extérieures ou Affaires Étrangères des États :* elle embrasse le système entier des intérêts qui naissent des rapports établis entre les nations; elle a pour objet leur sûreté, leur tranquillité, leur dignité

(*) Pour une étude plus approfondie, voy. *Résumé de l'histoire diplomatique de l'Europe,* et *Idée générale de la Diplomatie,* formant l'introduction de notre *Histoire générale des Traités de paix,* Paris, AMYOT.

respectives, et son but direct, immédiat est, ou doit être au moins, le maintien de la paix et de l'harmonie entre les puissances. — Dans un sens plus déterminé, on nomme Diplomatie, l'art de concilier les intérêts des peuples entre eux, c'est-à-dire la *science* ou l'*art des négociations* (*).

64. — Pratiquement, la Diplomatie a pour objet de connaître la force, les moyens, les intérêts, les droits, les craintes et les espérances des différentes puissances, afin de nous mettre en garde contre elles, et de pouvoir à propos les concilier, les désunir, les combattre ou nous lier avec elles, suivant ce qu'exigent nos propres avantages et notre sûreté.

65. — Les Agents politiques auxquels est confiée une tâche si difficile, une si haute mission, représentent donc au dehors la *vigilance* et la *force* du Gouvernement qui les accrédite. Sous ce double as-

---

(*) Napoléon demandait un jour à un des principaux employés du ministère des Relations Extérieures, qu'il avait appelé à une conférence, pendant une absence de M. de Talleyrand, ce que c'était que la Diplomatie. Le malicieux interlocuteur, qui voulait détourner Napoléon de sa funeste manie de confier des ambassades à des personnages étrangers à la carrière diplomatique, répondit : « La Diplomatie étant à la fois une » science et un art, il faut l'apprendre. La pratique l'enseigne, mais par » les bévues, par les fautes plus souvent que par les succès. Or les bévues » et les fautes ont des suites que les services ne sauraient compenser ; il » importe donc de signaler à tous ceux qui ambitionnent de servir dans » cette carrière, les devoirs, les dangers, les difficultés, et de faire con- » naître aux récipiendaires, quelle que soit leur qualité précédente, la né- » cessité de chercher à démêler d'avance les moyens de s'acquitter de sa » tâche, et de sortir avec avantage de toutes les positions périlleuses où » ils peuvent se trouver accidentellement engagés. »

Une semblable solution a été donnée, mais avec des développements remplis d'intérêt, dans les *Questions diplomatiques*, par M. Deffaudis, ancien pair de France et ministre plénipotentiaire. Paris, 1849. in-8°. Ces études seront analysées dans notre cinquième livre.

pect, leurs fonctions se graduent sur une échelle d'activité, dont il est nécessaire de suivre les développements d'une manière distincte et précise.

66. — 1° L'Agent politique *observe en secret* et surveille assidûment le Gouvernement près duquel il réside. Les observations qu'il fait, les renseignements qu'il recueille sont par lui transmis avec exactitude à son Cabinet, et c'est ainsi que les Gouvernements voient sans cesse par les yeux de leurs Agents tout ce qui sert aux intérêts du Prince et tout ce qui peut lui nuire.

67. — 2° L'Agent politique *laisse apercevoir* sa surveillance; et les ministres du Gouvernement qui en est l'objet doivent présumer, en le voyant attentif aux premières manifestations de leurs vues, que telles tentatives qu'ils méditent n'ont pas échappé à sa sagacité, et qu'au moment où le premier indice d'exécution menacera d'altérer, à quelque degré que ce soit, les rapports existants entre les deux pays, il saura s'opposer, avec le zèle et l'énergie qui sont dans ses devoirs, à toute tentative, à toute entreprise qui pourrait être contraire aux intérêts et aux droits qu'il est chargé de défendre.

68. — 3° L'Agent politique *entre directement et ostensiblement en rapport* avec le Gouvernement près duquel il réside; mais, à moins qu'il n'ait déjà des instructions précises et spéciales pour l'objet direct des

---

(*) Comparez : *Instruction généralle aux Ambassadeurs, traictant de tout ce qui se doibt par eux observer et négocier, et des circonstances les plus nottables qui dépendent de cette charge.* Ces précieux arcanes de la Diplomatie, que révélaient aux adeptes les cardinaux de Richelieu et Mazarin, ont été recueillis dans notre *Histoire des Traités;* t. 1er, p. cviii.

communications qu'il a en vue, il se contente de no-
tifier à ce Gouvernement qu'il se dispose à la discussion, et qu'il va prendre les ordres de son Gouvernement.

69. — 4° Enfin l'Agent politique, après avoir reçu
les ordres de son Gouvernement, adresse des réclama-
tions au Gouvernement local, ou il répond aux siennes. Il débat, il discute, il transige, enfin il *négocie*.
Telle est l'échelle des diverses fonctions que les
Agents politiques ont à exercer au dehors. Il en résulte quatre classes de devoirs, qui doivent être
l'objet de quelques observations.

70. — La première classe des devoirs qui sont im-
posés aux Agents politiques est toute renfermée dans
l'exercice de leur *vigilance*. Cette vigilance suppose
qu'ils ont acquis, et qu'ils font tous leurs efforts
pour compléter, par une étude constante et assidue,
la connaissance exacte des intérêts et des droits de
leur Souverain, dans le pays de leur résidence; ce
qui comprend nécessairement toute l'étendue de nos
rapports commerciaux et toute celle de nos rapports
politiques. C'est dans la pratique d'une agence bien
exercée, que cette connaissance s'étend et se complète : car les obstacles que les rapports sociaux
mettent à l'activité et à l'amélioration des relations
de commerce, et les entraves que les intrigues, les
ambitions personnelles et le caractère individuel des
Agents du Gouvernement opposent sans cesse à la
libre assiette des rapports politiques, sont une partie

essentielle de la science diplomatique, et ne peuvent être bien connus que de ceux qui ont la charge journalière de les combattre.

Dans cette première classe de leurs devoirs, les Agents politiques ne sont gênés par aucune restriction : ils sont dans le domaine plein et illimité de leur zèle. Ils recherchent tout ce qui est susceptible d'être connu ; ils transmettent à leur Cabinet tout ce qu'ils sont parvenus à découvrir.

74. — Mais en entrant dans la seconde classe des devoirs de leur place, la *prudence,* qui est une de leurs plus importantes et de leurs plus indispensables qualités, doit accompagner toutes leurs déterminations. Il ne s'agit encore pour eux que de laisser voir aux ministres du Gouvernement près duquel ils résident, qu'ils ont observé tel ou tel indice de leurs vues, qu'ils les suivent dans leurs tentatives secrètes, qu'ils sont sur la trace de leurs projets ; et cependant ils ne doivent pas se décider sans réflexion à cette manifestation de leur surveillance ; car l'effet naturel de cette manifestation doit être d'empêcher, d'arrêter la marche de ces ministres ; et il est tel cas où il peut être utile de les laisser aller plus avant, de leur donner une marge plus ample, pour qu'ils puissent se prononcer plus ouvertement. Il se peut encore, si l'on n'avait pas la certitude de réussir à imposer plus de retenue à l'ambition, à la malveillance d'un ministre entreprenant, qu'il ne convînt pas de paraître apercevoir des vues que la dignité du Souverain que l'on représente voudrait voir rétracter aussitôt qu'elles se dé-

voilent. C'est à l'habileté des Agents à consulter, sur ce point, l'esprit de la mission dont ils sont chargés et l'honneur du Gouvernement qu'ils représentent. Ici leur responsabilité est tout entière dans l'exercice de leur discernement.

72. — Quant à la troisième classe des devoirs des Agents politiques, il est plus facile d'en saisir l'objet et d'en apercevoir la garantie. Ici l'Agent politique se met en rapport ostensible avec les ministres du gouvernement local. Il doit avoir sans cesse présent à l'esprit le système des droits et des intérêts de son Souverain, qui sont sensiblement indiqués par l'état existant des choses, par les usages reçus, par le texte des traités ; et, s'il s'agit d'une amélioration dans les rapports établis, il doit chercher ses titres dans l'esprit de ces traités, et dans le système général des intérêts respectifs des deux Gouvernements.

73. — Mais quoique, dans l'exécution de cette classe de devoirs, l'Agent politique voie d'un coup d'œil la route qui s'ouvre devant lui, il faut cependant qu'il fasse usage de toute sa sagesse, avant de s'y engager. Quand un Agent politique observe, il n'est en rapport qu'avec son Gouvernement, pour le service duquel il observe. Quand il laisse apercevoir qu'il exerce cette surveillance, il entre bien, à quelques égards, dans un rapport indirect avec les ministres auxquels il donne à connaître qu'ils sont l'objet de son attention ; cependant ces ministres ne voient encore que l'observateur, et ils ne peuvent tirer avantage de la connaissance qu'ils ont

de la manière dont il remplit les obligations de sa place : mais quand l'Agent politique parle officiellement, les ministres ne voient plus en lui que le Gouvernement dont il est l'organe ; et cette pensée doit être sans cesse pour lui un motif de crainte, ou tout au moins de circonspection et de retenue.

74. — La première règle à observer à cet égard, est de ne rien présumer, de ne jamais agir sans autorisation, de réclamer des instructions précises, et de bien se pénétrer de ce principe, « qu'en matière » de discussion positive, soit qu'il s'agisse de décla- » rer, soit qu'il s'agisse de répondre, les Gouverne- » ments seuls proposent et négocient, et les Agents » diplomatiques ne sont que leurs organes. »

75. — Les Agents diplomatiques n'ont la faculté ni de choisir, ni d'accorder, ni de refuser, ni de transiger. Ils exposent officiellement les déterminations du Gouvernement qu'ils représentent.

76. — Mais s'ils sont des organes sans volonté, ils ne doivent pas être des organes sans intelligence. En énonçant les décisions dont ils sont les interprètes, ils ont la charge d'en plaider la justesse et de choisir le temps et les moyens d'en assurer le succès. Leur responsabilité est tout entière dans leur fidélité à se restreindre dans les bornes de leurs instructions, dans leur sagacité à en bien connaître la mesure, et dans leur exactitude à y conformer leur conduite.

77. — Toutefois, il est important de l'observer ;

latitude d'autorisation; mais il ne faut pas qu'il s'y méprenne. La responsabilité d'un Agent n'est pas déterminée par les sacrifices qu'il peut faire, par l'exigence qu'il doit montrer, et dont il trouve la mesure dans la rédaction de ses instructions; le *mieux dans ce qui était possible,* entre essentiellement dans les devoirs de sa mission. Ce mieux doit être sans cesse en perspective devant lui, pour animer son zèle, pour encourager ses efforts; et c'est par ces efforts seuls et non par les résultats, que sa conduite sera jugée; car comme tout ce qui entre dans les idées de *prudence,* de *zèle,* de *discrétion* et d'*habileté,* appartient au rôle vraiment important d'un Agent politique, tout ce qui appartient au *calcul,* qu'il eût pu, mais qu'il n'a pas su obtenir, et tout ce qui peut être présenté comme motif de justification, font essentiellement partie des moyens et des devoirs de sa responsabilité.

Le prince de *Talleyrand,* dans sa notice sur le comte *Reinhard,* a parfaitement caractérisé les qualités diverses qui doivent être l'apanage du Diplomate. Les paroles d'un tel maître sont toujours utilement recueillies, et, à plus d'un titre, nous nous plaisons à les reproduire ici.

« Je ne m'astreindrai point, dit M. de *Talleyrand,* à le suivre pas à pas à travers les vicissitudes dont fut remplie la longue carrière qu'il a parcourue. Dans les nombreux emplois qui lui furent confiés, tantôt d'un ordre élevé, tantôt d'un ordre inférieur, il semblerait y avoir une sorte d'incohérence, et comme une absence de hiérarchie que nous aurions aujourd'hui de la peine à comprendre. Mais à cette époque il n'y avait pas plus de préjugés pour les places qu'il n'y en avait pour les personnes. Dans d'autres temps, la faveur, quelquefois le discernement, appelaient à toutes les situations éminentes. Dans le temps dont je parle, bien ou mal, toutes les situations étaient conquises. Un pareil état de choses mène bien vite à la confusion.

» Aussi, nous voyons M. *Reinhard* premier secrétaire de la légation à Londres. — Occupant le même emploi à Naples. — Ministre plénipotentiaire auprès des villes anséatiques, Hambourg, Bremen et Lubeck. — Chef de la 3ᵉ division au département des Affaires Étrangères. — Ministre plénipotentiaire à Florence. — Ministre des Relations Extérieures. — Ministre plénipotentiaire en Helvétie. — Consul-général à Milan. — Ministre plénipotentiaire près le cercle de Basse-Saxe. — Résident dans les provinces turques au-delà du Danube, et commissaire-général des relations commerciales en Moldavie. — Ministre plénipotentiaire auprès du roi de Westphalie. — Directeur de la chancellerie du département des Affaires Étrangères. —Ministre plénipotentiaire auprès de la Diète germanique et de la ville libre de Francfort, et enfin ministre plénipotentiaire à Dresde.

« Que de places, que d'emplois, que d'intérêts confiés à un seul homme; et cela, à une époque où les talents paraissaient devoir être d'autant moins appréciés, que la guerre semblait, à elle seule, se charger de toutes les affaires!

« Vous n'attendez donc pas de moi, messieurs, qu'ici je vous rende compte en détail, et date par date, de tous les travaux de M. *Reinhard* dans les différents emplois dont vous venez d'entendre l'énumération. Il faudrait faire un livre.

« Je ne dois parler devant vous que de la manière dont il comprenait les fonctions qu'il avait à remplir, qu'il fût chef de division, ministre ou consul.

« Quoique M. *Reinhard* n'eût point alors l'avantage qu'il aurait eu, quelques années plus tard, de trouver sous ses yeux d'excellents modèles, il savait déjà combien de qualités, et de qualités diverses, devaient distinguer un *chef de division des Affaires Étrangères.* Un tact délicat lui avait fait sentir que les mœurs d'un chef de division devaient être simples, régulières, retirées; qu'étranger au tumulte du monde, il devait vivre uniquement pour les affaires et leur

vouer un secret impénétrable ; que, toujours prêt à
répondre sur les faits et sur les hommes, il devait
avoir sans cesse présents à la mémoire tous les traités, connaître historiquement leurs dates, apprécier
avec justesse leurs côtés forts et leurs côtés faibles,
leurs antécédents et leurs conséquences ; savoir enfin
les noms des principaux négociateurs, et même leurs
relations de famille ; que, tout en faisant usage de
ces connaissances, il devait prendre garde à inquiéter
l'amour-propre toujours si clairvoyant du Ministre,
et qu'alors même qu'il l'entraînait à son opinion, son
succès devait rester dans l'ombre : car il savait qu'il
ne devait briller que d'un éclat réfléchi ; mais il savait aussi que beaucoup de considération s'attachait
naturellement à une vie aussi pure et aussi modeste.

« L'esprit d'observation de M. *Reinhard* ne s'arrê-
tait point là ; il l'avait toujours conduit à comprendre
combien la réunion des qualités nécessaires à un
ministre des Affaires Étrangères est rare. Il faut, en
effet, qu'un ministre des Affaires Étrangères soit doué
d'une sorte d'instinct qui, l'avertissant promptement,
l'empêche, avant toute discussion, de jamais se compromettre. Il lui faut la faculté de se montrer ouvert
en restant impénétrable ; d'être réservé avec les formes de l'abandon, d'être habile jusque dans le choix
de ses distractions ; il faut que sa conversation soit

simple, variée, inattendue, toujours naturelle et parfois naïve; en un mot, il ne doit pas cesser un moment, dans les vingt-quatre heures, d'être ministre des Affaires Étrangères.

« Cependant, toutes ces qualités, quelque rares qu'elles soient, pourraient n'être pas suffisantes, si la bonne foi ne leur donnait une garantie dont elles ont presque toujours besoin. Je dois le rappeler ici, pour détruire un préjugé assez généralement répandu : — Non, la Diplomatie n'est point une science de ruse et de duplicité. Si la bonne foi est nécessaire quelque part, c'est surtout dans les transactions politiques, car c'est elle qui les rend solides et durables. On a voulu confondre la réserve avec la ruse. La bonne foi n'autorise jamais la ruse, mais elle admet la réserve : et la réserve a cela de particulier, c'est qu'elle ajoute à la confiance.

« Dominé par l'honneur et l'intérêt de son pays, par l'honneur et l'intérêt du Prince, par l'amour de la liberté, fondé sur l'ordre et sur les droits de tous, un ministre des Affaires Étrangères, quand il sait l'être, se trouve ainsi placé dans la plus belle situation à laquelle un esprit élevé puisse prétendre (*).

(*) Il ne sera pas superflu d'ajouter à ce portrait moral quelques avis judicieux donnés par un ministre, qui lui-même peut'être offert en exemple. « Le duc de CHOISEUL, étant à Chanteloup, et se promenant un soir entre l'abbé de PÉRIGORD (prince de Talleyrand) et HAUTERIVE, leur dévoilait mystérieusement quelques-unes de ses idées sur les destinées de la

«Après avoir été un ministre habile, que de choses

France, et sur le mode de travail qui convenait à un ministre des Affaires Étrangères. Il disait à ses deux hôtes : « Depuis mon départ, il y a eu de funestes événements en Pologne. Si j'étais resté, je les aurais empêchés ; la piété de MARIE-THÉRÈSE et mon influence suffisaient. Cette violation en amènera d'autres, et alors qui sera au ministère? Ce ne sera pas, ce ne sera plus comme avant moi, un homme d'église. Il faudra que le ministre n'ait rien de commun avec l'église. La France a eu cinq ministres cardinaux : RICHELIEU, MAZARIN, DUBOIS, FLEURY et BERNIS ; leur temps est fini ; mais je crois toujours, et je ne pense à rien pour moi, que le ministre doit être un homme de cour. Je sais bien que tout grand seigneur a une famille, mais cette famille se borne à un petit nombre, et les autres grands seigneurs non-parents le contiennent. La famille d'un ministre philosophe (je n'ai pas toujours parlé ainsi) est, au contraire, innombrable et insatiable ; la France et l'Europe sont couvertes moralement de parents d'un ministre qui consent aux révolutions ; et cette nuée de parents exigeants pense à sa fortune plus qu'aux intérêts des trônes ; ensuite il ne convient qu'au genre de situation que j'ai désigné d'obtenir ce qui réunit en soi un travail de bon goût, le secret, et la conservation de la santé. Dans mon ministère, j'ai toujours plus fait travailler, que je n'ai travaillé moi-même. Il ne faut pas s'enterrer sous les papiers ; il faut trouver des hommes qui les débrouillent. Il faut gouverner les affaires, d'un geste, d'un signe ; *mettre la virgule* qui décide le sens. Un galant homme qui a de l'esprit, se contente du second rôle, auquel il faut aussi laisser de la dignité. Je n'ai jamais composé de longs rapports : j'ai tâché de saisir ce qui fournissait à la conversation pour les ambassadeurs. Et quand on est avec la morale, l'honneur et la fidélité, ce qui est hardi réussit très-souvent. Que n'ai-je pas dû, messieurs, à des vivacités même hautaines, devant les étrangers? Les employés à rapports raccommodaient les inconvénients de la témérité ; mais tout cela avait quelque chose de ces usages de nos pères les Gaulois, qui prenaient leurs décisions à peu près dans l'ivresse, et qui, le lendemain, les revoyaient à jeun. Il faut faire travailler ceux qui travaillent ; alors la journée a plus de vingt-quatre heures. Un ministre qui va dans le monde, peut être à tout instant averti d'un danger : il peut le deviner même dans une fête ; et qu'apprendra-t-il dans ses bureaux, s'il reste sans cesse enfermé? Enfin, vous, mon cher abbé, si vous ne pouvez pas être premier ministre, vous pouvez être ambassadeur, il y a donc là un avis pour vous. Quant à HAUTERIVE, qui va débuter par la Turquie, je le crois évidemment un de ces hommes qu'il faudra faire travailler pour le bien des affaires, pour la gloire de ses chefs, et pour son propre avantage à lui-même. » On a vu que le duc de CHOISEUL était bon prophète ; à vingt ans de là, des deux compagnons de promenade, l'un était premier ministre, de fait, et ne mettait même pas la virgule ; l'autre était l'employé à rapports, le galant homme qui a de l'esprit, et se contente du second rôle, mais encore a l'habileté de la conserver pendant trente ans.

il faut encore savoir pour être un bon *consul* ! car les attributions d'un consul sont variées à l'infini, elles sont d'un genre tout différent de celles des autres employés des Affaires Étrangères : elles exigent une foule de connaissances pratiques pour lesquelles une éducation particulière est nécessaire. Les consuls sont dans le cas d'exercer dans l'étendue de leur arrondissement, vis-à-vis de leurs compatriotes, les fonctions de juges, d'arbitres, de conciliateurs ; souvent ils sont officiers de l'état civil ; ils remplissent l'emploi de notaires, quelquefois celui d'administrateurs de la marine ; ils surveillent et constatent l'état sanitaire ; ce sont eux qui, par leurs relations habituelles, peuvent donner une idée juste et complète de la situation du commerce, de la navigation et de l'industrie particulière au pays de leur résidence. Aussi M. *Reinhard*, qui ne négligeait rien pour s'assurer de la justesse des informations qu'il était dans le cas de donner à son gouvernement, et des décisions qu'il devait prendre comme agent politique, comme agent consulaire, comme administrateur de la marine, avait-il fait une étude approfondie du Droit des Gens et du Droit maritime. Cette étude l'avait conduit à croire qu'il arriverait un temps où, par des combinaisons habilement préparées, il s'établirait un système général de commerce et de navigation dans lequel les intérêts de toutes les nations seraient respectés, et dont les bases fussent telles, que la guerre elle-même n'en pût altérer le principe, dût-elle suspendre quelques-unes de ses conséquences. Il était aussi parvenu à résoudre, avec sûreté et promptitude, toutes les questions de change, d'arbitrage, de conversion de monnaies, de poids et mesures ; et tout cela, sans que jamais aucune réclamation se soit élevée contre les informations qu'il avait données, et contre les jugements qu'il avait rendus. Il est vrai aussi que la considération personnelle qui l'a suivi dans toute sa carrière donnait du poids à son intervention dans toutes les affaires dont il se mêlait, et à tous les arbitrages sur lesquels il avait à prononcer.

« Mais, quelque étendues que soient les connaissances d'un homme, quelque vaste que soit sa capacité, être un Diplomate complet est bien rare ; et cependant M. *Reinhard* l'aurait peut-être été, s'il eût eu une qualité de plus : il voyait bien, il entendait bien ; la plume à la main, il rendait admirablement compte de ce qu'il avait vu, de ce qui lui avait été dit. Sa parole écrite était abondante, facile, spirituelle, piquante : aussi, de toutes les correspondances diplomatiques de mon temps, il n'y en avait aucune à laquelle l'empereur *Napoléon*, qui avait le droit et le besoin d'être difficile, ne préférât celle du comte *Reinhard*. — Mais ce même homme qui écrivait à merveille, s'exprimait avec difficulté. Pour accomplir ses actes, son intelligence demandait plus de temps qu'elle n'en pouvait obtenir dans la conversation. Pour que sa parole interne pût se reproduire facilement, il fallait qu'il fût seul et sans intermédiaire.

« Malgré cet inconvénient réel, M. *Reinhard* réussit toujours à faire, et bien faire, tout ce dont il était chargé. Où donc trouvait-il ses moyens de réussir, où prenait-il ses inspirations ?

« Il les prenait, messieurs, dans un sentiment vrai et profond qui gouvernait toutes ses actions, dans le sentiment du devoir. — On ne sait pas assez tout ce qu'il y a de puissance dans ce sentiment. Une vie tout entière au devoir est bien aisément dégagée d'ambition. La vie de *Reinhard* était uniquement employée aux fonctions qu'il avait à remplir, sans que jamais, chez lui, il y eût trace de calcul personnel, ni de prétention à quelque avancement précipité.

« Cette religion du devoir, à laquelle M. *Reinhard* fut fidèle toute sa vie, consistait en une soumission exacte aux instructions et aux ordres de ses chefs ; dans une vigilance de tous les moments, qui, jointe à beaucoup de perspicacité, ne les laissait jamais dans l'ignorance de ce qu'il leur importait de savoir ;

en une rigoureuse véracité dans tous ses rapports, qu'ils dussent être agréables ou déplaisants; dans une discrétion impénétrable, dans une régularité de vie qui appelait la confiance et l'estime ; dans une représentation décente ; enfin, dans un soin constant à donner aux actes de son gouvernement la couleur et les explications que réclamait l'intérêt des affaires qu'il avait à traiter. »

78. — Si l'on veut remonter à l'origine de la Diplomatie, on doit admettre qu'elle a pris naissance « dès qu'il y eut des gouvernements indépendants et organisés ; mais elle ne s'est constituée d'une manière régulière , d'après des principes fixes, et dans des formes en quelque sorte sacramentelles, que dans les temps modernes. »

« Chaque nation, dit le comte de FLASSAN, doit défendre son territoire, son commerce, ses sujets, son honneur. De là résultent nécessairement des relations avec les autres États, et c'est la politique, qui au moyen de la Diplomatie, est chargée d'entretenir ces relations. Celle-ci a donc dans son ressort, tout ce qui est susceptible d'assurer la paix et d'amener la guerre. Sous ces points de vue, la Diplomatie, abstraction faite des formes, remonte à la première réunion des hommes en corps de nation. Car dès lors, ils eurent des propriétés à défendre, des voisins à craindre, des amis à protéger, des réparations à poursuivre ; mais les connexions furent longtemps restreintes, soit à cause de l'isolement des peuples, soit parce que le goût des extensions ambitieuses fut lent à se développer chez ceux qui, doués de mœurs pastorales et contents de ce que la nature versait dans leurs champs, ne songeaient pas à troubler la jouissance de voisins aussi modérés qu'eux.

Parmi les peuples anciens qui cultivèrent la politique avec méthode, on remarque surtout les Grecs, les Carthaginois, les Romains, non qu'ils l'aient cultivée seuls, car on compte plusieurs princes, leurs contemporains, dont l'histoire a consacré la prudence, c'est-à-dire l'habileté politique ; mais parce que les trois peuples qu'on vient de citer, ont présenté une longue suite d'actions et de mesures qui ont permis de mieux apprécier l'esprit de leur gouvernement et de leurs chefs.

Les Grecs n'établirent que successivement des rapports avec leurs voisins, qu'ils traitaient de *barbares*, parce qu'ils n'avaient ni leurs habitudes, ni leur langage ; ce qui indique que les vanités nationales sont très-anciennes. Néanmoins les Égyptiens, de qui ils empruntèrent les sciences, les Tyriens qui leur communiquèrent l'industrie, et les Perses magnifiques, livrés aux jouissances d'un luxe ingénieux, n'étaient pas des barbares ; et si la civilisation chez ces peuples fut, sous le rapport des lettres et des arts libéraux, portée moins loin que chez les Grecs, il est du moins constant qu'elle la précéda même en politique ; car des États vastes et florissants comme ceux des Égyptiens, des Assyriens, des Mèdes et des Perses, ne purent s'élever et se maintenir pendant tant de siècles, sans l'emploi de la plupart des ressorts mis aujourd'hui en œuvre, quoiqu'accompagnés de formes différentes. On est redevable au génie des Grecs et à leur esprit de combinaison, de plusieurs institutions utiles, et en particulier, du tribunal des Amphyctions, association célèbre comme type de toutes celles qui ont eu pour but de prévenir les différends et de protéger les membres d'une confédération. La durée de ce tribunal, qui fut de 1152 ans, est son plus bel éloge. Le caractère de la politique grecque varia, ainsi qu'il arrive toujours, suivant les mœurs des peuples, la législation de l'État et le génie des chefs. Elle fut le plus souvent ambitieuse et souple à Athènes, âpre et inflexible à Sparte. Ces deux républiques tour à tour dominantes par des moyens divers, et à la fin victimes de leur rivalité, plièrent sous l'ascendant de *Philippe* de Macédoine, qui acquit dans la Grèce une influence despotique, à la faveur de ses armes et de ses artifices appuyés de la corruption.

Alexandre, profitant de cet état de choses si favorable à son goût belliqueux, se porta contre l'empire des Perses, qu'il renversa, pour former de ses débris un empire bien plus vaste, mais qui ne dura qu'un jour, et donna naissance à plusieurs monarchies dirigées longtemps avec succès par le génie des Seleucus et des Ptolémées.

Les Carthaginois, ces maîtres de l'Afrique, des Espagnes et de la Sicile, durent à une conduite habile de vastes possessions, des alliances nombreuses et un riche commerce. Le sénat de Carthage, formé dans l'art des délibérations, renfermait des personnages distingués par leur prudence et leur sagacité, tels que les *Hannon*, les **Amilcar**. Quel

homme qu'*Annibal* luttant dans l'Italie, par les seules ressources de
sa politique, contre le désespoir des Romains et les factions de sa patrie, repassant inopinément en Afrique, dont l'entrée lui semblait in-
terdite par ses rivaux et ses ennemis; qui, fugitif dans des climats
lointains, sans soldats, sans trésors, prépare des ligues contre Rome
qui le poursuit, forcée d'avouer qu'elle ne peut trouver de sécurité
que dans la mort de ce grand homme, rendant ainsi par cette faiblesse un immortel hommage à la puissance du génie politique!

Cet art subtil qu'on met dans la préparation des événements, et la
recherche de l'intérêt de l'État; tout ce qu'on appelle, en un mot,
tactique du Cabinet, fut souvent pratiqué des Romains. Ils furent
adroits, prévoyants, habiles à diviser, habiles à réunir, ne ratifiant
que les traités favorables, et désavouant ceux conclus par leurs généraux, quand ils blessaient leur orgueil ou leurs intérêts, en sorte
qu'ils méritaient, non moins que Carthage, le reproche d'infidélité
dont ils l'avaient flétrie, et la foi romaine ne valait pas mieux que la
foi punique(*). Enflés de leur puissance, ils proposèrent souvent à l'ennemi sa ruine ou sa honte. Rarement ils composaient avec le vaincu,
quand ils pouvaient disposer de sa dépouille.

La politique romaine sous la république, eut pour but une extension progressive de pouvoir et de territoire par toutes sortes de
moyens, et surtout d'après le principe de *convenance*, qu'aucun gouvernement policé ne porta plus loin. Tandis que le peuple voyait dans
la guerre le partage des terres du vaincu, des colonisations, et les
généraux, des richesses à la faveur desquelles ils briguaient dans les
comices les premières charges, le sénat y voyait un moyen de détourner le choc constant des factions : factions qui échauffant l'esprit
de tous, furent un des principes des succès de la république. Toutefois, ce sera un objet d'admiration éternelle, comme de méditation
profonde que l'accroissement accéléré d'un peuple si faible à son
point de départ, et cette tendance opiniâtre qu'il manifesta vers la
domination universelle; système que seul de tous les peuples il a en
quelque sorte réalisé, moins par réflexion que par impétuosité et violence (**).

La politique romaine, sous les empereurs, eut un autre caractère
que sous la république; car un individu régnant despotiquement, a

---

(*) On sait que ce fut à la faveur d'une distinction Léonine, qu'à la fin
de la troisième guerre punique ils détruisirent Carthage désarmée; vengeance contraire au Droit des Gens et à l'honneur, qui défendent d'écraser
l'ennemi qui ne peut plus se défendre.

(**) Plusieurs écrivains, et notamment Montesquieu, ont supposé aux
Romains plus d'esprit de combinaison et d'attention sur l'avenir, qu'ils

d'autres aperçus et d'autres procédés qu'un peuple qui, quoique représenté, met souvent sa voix à la place de celle des magistrats. Le peuple romain ne regarda jamais sa puissance comme trop étendue; parce qu'il n'en supportait pas le fardeau; mais les empereurs, s'apercevant bientôt que leurs forces personnelles étaient inférieures au poids d'une administration si compliquée, furent moins passionnés pour les conquêtes. S'ils en tentèrent de nouvelles, ce fut moins par ambition que pour acquérir des limites défensives, pour ne pas laisser périr l'esprit militaire, ou pour repousser les assauts des Parthes et des Germains.

Une sorte d'indifférence destructive de l'amour de la patrie, commença à accompagner les opérations de la guerre, parce qu'on sentait que les succès ou les revers, quels qu'ils fussent, ne pouvaient modifier sensiblement le sort de l'État. Ce qui occupait beaucoup plus le Cabinet impérial, c'était l'esprit des légions, les révoltes des généraux; en sorte que Rome parvenue à ne plus redouter qu'elle-même, concentra presque toute sa politique dans l'intérieur, jusqu'à ce qu'au cinquième siècle, ce colosse sans proportion et vulnérable en tant d'endroits, tombât sous les coups des barbares altérés d'or et de sang.

Les anciens reconnurent un Droit des Gens naturel; et ce sont eux qui ont consacré les plus beaux principes. *Cicéron* seul en rappelle un grand nombre. Ils eurent aussi un Droit conventionnel, et on a encore la substance de beaucoup de traités qui furent conclus par les peuples dont je viens de parler.

Il s'était formé chez eux également un Droit des Gens coutumier, pour la forme des déclarations de guerres, la garantie des traités, l'inviolabilité des ambassadeurs, la manière de traiter les prisonniers, et la disposition de leurs personnes et de leurs biens. Toutefois ces formes varièrent beaucoup. Il exista dans l'antiquité plusieurs codes maritimes, et notamment celui des Rhodiens, dont la sagesse avait tellement frappé les Romains, qu'ils adoptèrent beaucoup de ses dispositions.

La Diplomatie du moyen-âge doit partir de l'extinction de l'empire romain, jusqu'à l'avénement de *Charles-Quint* au trône d'Espagne, en 1516. Dans cet espace, on vit beaucoup de chutes et de renaissances d'États, moins amenées par les combinaisons politiques, que par

---

n'eu portèrent dans des entreprises nées les unes des autres par une suite d'effets successifs. On a presque toujours remonté des faits à des intentions présumées ou à des plans arrêtés, sans songer que les événements de la guerre, chez un peuple conquérant, déterminent plus sa conduite qu'aucun plan antérieur.

la force des armes. L'empire des *Constantins* périt sans honneur, parce qu'il n'y eut que lâche complaisance envers les ennemis, perfidie envers les alliés. Sa politique louvoyante et cauteleuse ne put tenir contre celle des princes ottomans, qui avait pour base le mépris des autres nations et l'enthousiasme religieux. Les luttes entre les souverains d'Europe et leurs vassaux, les querelles des Papes et des Souverains pour les limites de l'autorité, exercèrent la politique de ces temps, qui fut restreinte à une circonférence étroite, si l'on excepte les romanesques expéditions appelées Croisades.

Les plans des Cabinets d'alors, souvent mal calculés, furent mal exécutés, parce que les relations étrangères étaient rares, les forces des voisins peu connues, les finances négligées, et les combinaisons faiblement concertées. De plus, cette concentration du pouvoir, principe de l'énergie des grands États modernes, n'existait point alors. Il était très-difficile de réunir des grandes masses et d'en disposer longtemps.

Une puissance sans armes sembla dominer toutes les autres par sa persévérance dans un même dessein ; ce fut la cour de Rome, qui devenue riche par les bienfaits des premiers rois Carlovingiens, et dirigée par des pontifes adroits choisis parmi les membres les plus éclairés du clergé de l'Europe, tenta d'arriver à la domination suprême, en soumettant les rois à ses décisions, en donnant ou en enlevant à son gré les couronnes. C'est l'art profond que le Vatican mit dans la poursuite de ce présomptueux dessein, qui rendit sa politique si célèbre.

Dans le moyen-âge se développèrent les formes diplomatiques. Des hérauts inviolables dénonçaient les guerres ; des députés, des commissaires également inviolables négociaient les trèves et les traités, en général, peu compliqués. Mais la paix signée ou jurée, les négociateurs déposaient leur caractère et retournaient près de leurs maîtres. Le Pape seul entretenait dans plusieurs États, tels qu'en France, en Angleterre et en Allemagne, des légats qui ont été l'origine des ambassades fixes adoptées successivement par les souverains de l'Europe, depuis le quinzième siècle. Chaque prince, quand il n'avait pas d'ailleurs d'objet spécial à traiter avec une autre puissance, vivait chez lui isolément, plutôt sur la foi publique que sous la garantie de la force armée, alors très-faible. Les guerres qui survenaient, avaient lieu plutôt pour des successions d'États ou des devoirs de féodalité, que par le désir immodéré des conquêtes et par suite de plans d'agression formés dans le silence des Cabinets. La loi des fiefs, base de l'ancien Droit des Gens européen, servait à décider la plupart des difficultés entre le vassal et le suzerain.

Les traités d'alliance étaient peu nombreux, et ne se faisaient guère qu'entre voisins immédiats, pour des cas déterminés, et rarement dans l'intention unique d'écraser un ennemi. Le rayon diplomatique était fort raccourci, et l'enlacement des Cours par de continuelles communications ou des négociations sans objet, était inconnu. Ainsi existèrent les différents États de l'Europe, jusqu'au commencement du seizième siècle.

L'invention de l'imprimerie et la découverte du Nouveau-Monde, donnèrent par leurs effets divers un mouvement extraordinaire à tous les esprits. Les opinions et les intérêts changèrent dès lors sur une foule d'objets, et les Cours elles-mêmes ressentirent le contre-coup des découvertes. Les lumières devenues plus générales, même dans les conseils des princes, firent entrevoir des points de vue jusqu'alors ignorés ; des relations plus fréquentes, plus utiles s'ouvrirent ; des chocs plus violents, parce qu'ils étaient mieux calculés, se préparèrent, et chaque État sentit qu'il devait donner un essor plus vif à ses forces intellectuelles et physiques. De là l'influence permanente de la politique par l'envoi des ambassadeurs fixes et l'entretien habituel des troupes réglées. Les États, jusqu'alors concentrés le plus souvent en eux-mêmes, sortirent presque tous de leur circonférence, pour s'étudier, s'observer, s'envahir, et les combinaisons politiques d'abord timides embrassèrent bientôt toute l'Europe. Ce fut surtout sous les règnes de *Charles-Quint* et de *François Ier*, que les relations étrangères achevèrent de s'étendre et de s'enlacer. Ces deux ardents rivaux, qui eussent voulu faire partager à l'univers leur jalousie, envoyèrent des émissaires dans toutes les cours, à tous les gouvernements, et François Ier, en particulier, prolongeant le levier diplomatique plus qu'aucun de ses prédécesseurs, fit alliance avec la Porte, dont les autres princes s'étaient tenus éloignés jusqu'à ce jour, comme par bienséance publique.

La direction des affaires au dehors se compliquant ainsi partout, dut amener la formation d'un Cabinet spécial, chargé de la correspondance politique ; d'où résulta cette administration connue sous le nom de *secrétariat des affaires étrangères et des dépêches, de ministère des conférences, de chancellerie d'État, de relations extérieures*, etc. Cette administration qui constitue le Cabinet politique, a sous ses ordres, et comme moyens d'exécution, beaucoup d'agents qui se règlent sur ses instructions, et qui sont chargés de faire prévaloir ses vues, ses plans, ses systèmes généraux et particuliers. Quoique les agents fixes remontent à la fin du quinzième siècle, c'est surtout à dater du ministère du cardinal de *Richelieu*, que l'Europe se trouva sous l'influence d'une foule d'agents diplomatiques mis en action perpétuelle par la politique remuante de ce ministre, et cet ordre de choses s'étant encore développé, les nations se trouvent aujourd'hui sous la surveillance active de la Diplomatie dont les yeux perçants voient tout, pénètrent tout.

Dans le but légitime de son institution, la Diplomatie doit pourvoir à la sûreté et à l'harmonie des États; elle doit tâcher, par des explications promptes et par des interventions amicales, de prévenir ou de terminer promptement les guerres; elle doit faciliter les rapports des peuples par les avantages réciproques du commerce, et concourir par des procédés libéraux à les réunir dans une commune société de frères et d'amis. Toute Diplomatie, qui par principe et sans nécessité impérieuse, divise, est machiavélique et digne de reproche. Elle doit éviter encore d'être turbulente et trop active, et de se livrer sans motif sérieux, mais par esprit d'inquiétude, à l'échange trop répété des offices, et à des ouvertures de négociations sans but utile ou légitime; autrement il en résultera bientôt des éclats et des ruptures. On sent déjà quelle fermentation brûlante peuvent exciter dans les Cabinets tant d'agents autorisés à interpeller le souverain sur ses intentions et ses démarches, à semer partout la corruption, pour l'intérêt de leur prince, et à employer des pratiques sourdes, sous les dehors de l'amitié; en sorte que la Diplomatie ressemble souvent à ces volcans qui, sous des tertres parés d'arbustes et de verdure, préparent les détonnations qui bouleversent la contrée. Quoique la plupart des agents diplomatiques dédaignent de pareils moyens de succès, il suffit que quelques-uns les emploient, pour qu'il en résulte des dénoûments funestes. Toutefois le corps diplomatique, indépendamment des heureux effets de son action convenablement dirigée, embellit le trône, en l'entourant d'une pompe majestueuse à laquelle chaque souverain semble vouloir contribuer par son représentant. Il tend encore à adoucir les mœurs générales, à disséminer les jouissances agréables, les découvertes utiles, et tandis que les ministres des nations incultes rapportent des pays où ils ont résidé le goût des lettres, des arts, et des vues de perfectionnement; les ministres des Cours polies, par leur noble manière de vivre, donnent une espèce de leçon publique d'urbanité qui insensiblement reflue sur les classes inférieures. »

Le comte *Sébastiani* (*), dans un tableau histori-

(*) Ambassadeur de Napoléon à Constantinople; depuis, ministre des Affaires Étrangères et maréchal de France, sous le règne de Louis-Philippe.

que, ingénieusement tracé, dont nous allons reproduire les traits essentiels, et que nous complèterons, assigne à la Diplomatie quatre époques principales.

Simple d'abord comme les mœurs et les coutumes primitives, dit-il, cette science a dû se compliquer à mesure que la civilisation, le commerce, le progrès des lumières, ont amené des rapports plus intimes et plus fréquents entre les peuples longtemps barbares, plus longtemps encore isolés les uns des autres par leur ignorance et leurs préjugés. Cette étude présente donc un double intérêt : car, suivre les progrès de la Diplomatie, c'est en quelque sorte suivre pas à pas les progrès des lumières et le développement de l'esprit humain.

Il est constant que les gouvernements déléguèrent, dans tous les temps, les fonctions analogues à celles qu'exercent encore aujourd'hui nos ambassadeurs, la conclusion des traités de paix, les déclarations de guerre, la modification des conditions imposées par le vainqueur, etc., etc.; mais il y a loin de là à ce que les agents diplomatiques devaient devenir un jour.

A en juger par le peuple de l'antiquité que nous connaissons le mieux, les Romains, on voit qu'ils ne dédaignaient pas de se servir de concert et des négociations et des armes; grâce à l'esprit de système, défaut particulier aux historiens modernes, qui ont souvent supposé plus d'artifice et de prévoyance qu'il ne s'en trouvait réellement dans la conduite des peuples anciens, les maîtres du monde sont devenus aussi célèbres par leur politique que par leurs conquêtes.

Depuis la chute de l'empire d'Occident jusqu'à la fin de l'empire d'Orient, c'est-à-dire jusqu'à la prise de Constantinople, on voit que les grands événements qu'embrasse cette période historique sont la conséquence de la fatale division des territoires, à la mort de chaque souverain, ce qui était d'ailleurs conforme au Droit public de ce temps-là : aussi le système féodal et la puissance des idées religieuses eurent plus d'influence que les combinaisons politiques sur le moyen-âge.

D'ailleurs chaque partie de l'Europe, comme en enfantement de l'ordre social qui doit y prévaloir, est en proie à des discordes intestines, ou en guerre avec une nation rivale, et nulle n'a le temps ni le pouvoir de jeter les yeux sur l'Europe entière.

L'Angleterre, appelée à devenir la terre de la liberté, par cela même peut-être qu'elle a subi plus de servitudes, change à chaque instant de maîtres ; les Romains, les Saxons, les Danois, les Normands, la couvrent tour à tour de sang et de ruines ; à ces calamités succède le fol esprit de conquête qui la porte à vouloir envahir la France.

On voit la France, livrée aux luttes des feudataires contre les suzerains, et aux sanglantes invasions des Anglais, enfin expulsés de ce beau pays, qu'ils doivent envier, haïr toujours ; l'Espagne, disputant longtemps chaque province, chaque ville aux Maures ; l'Allemagne et l'Italie déchirées par les prétentions des Papes et des Empereurs, le Nord sans influence et la Russie non encore civilisée.

Cependant Rome,

Veuve d'un peuple roi, mais reine encor du monde,

Rome domine par ses seuls Envoyés ; aidée, il est vrai, de deux puissances auxiliaires, l'ignorance et le fanatisme des peuples barbares ; la suprématie qu'elle parvient à conquérir prouve toutefois ce que peut la persévérance dans un même dessein, soutenue par des agents fermes et adroits.

Les moyens politiques étaient alors peu compliqués ; la plupart des traités d'alliance étaient temporaires, dictés par les besoins du moment et sans prévoyance pour l'avenir ; quoique les guerres fussent fréquentes, les traités de paix définitifs étaient rares ; les trèves, suite de l'épuisement des partis, ne servaient qu'à se mettre, de part et d'autre, en état de continuer la guerre; on rencontre fort peu de traités de subsides, peu de nations étant alors assez riches pour en soudoyer d'autres; les ligues, les confédérations, sont aussi fort rares à cause des motifs énoncés plus haut; l'on voit encore moins de traités de navigation ou de commerce, les vaisseaux n'entreprenant point de voyage de long cours, et le trafic de l'Angleterre, qui embrasse aujourd'hui le monde, se bornant presque alors à la pêche et au transport de ses laines que fabriquaient les villes industrieuses de la Flandre.

Mais divers événements viennent tout-à-coup arracher l'Europe à cet état de torpeur; elle se réveille au bruit d'un coup de tonnerre : la prise de Constantinople, en l'avertissant du danger qui la menace, fait refluer les sciences, les lettres et les arts vers l'Italie et dans le reste de l'Europe; la découverte du Nouveau-Monde, celle de l'imprimerie, celle de la poudre à canon, qui les avait précédées de beaucoup et qui devait opérer une révolution dans l'art de la guerre, donnent une direction nouvelle à tous les esprits; la puissance des Papes, jusque-là arbitres et garants des traités, est enfin méconnue; les schismes religieux amortissent les coups des foudres du Vatican, et Rome est encore une fois menacée de perdre son sceptre.

Deux puissants rivaux vont s'emparer de cette scène du monde, ainsi renouvelée et changée :

L'un, successeur de ces Rois *mis hors de page* par *Louis XI*, comme il le disait lui-même; maître de la France, qui, délivrée des Anglais, s'est encore accrue de la Bourgogne, réunie à la couronne par la mort de *Charles-le-Téméraire;*

L'autre, héritier des royaumes d'Espagne et de Naples, et représentant de cette maison d'Autriche, depuis si longtemps redoutable; tous deux prétendant à l'Empire; et *Charles-Quint* l'emportant sur *François I*, joignant à ses vastes possessions, dans les deux mondes, les États de *Maximilien*, augmentés de ces riches provinces, dot de *Marie de Bourgogne.*

Alors la navigation, et par conséquent le commerce, prennent un nouvel essor; les relations deviennent plus fréquentes et plus intimes; les transactions politiques, mieux discutées, plus réfléchies, sont rédigées de manière à éviter les fausses interprétations, tandis que, grâce à la protection accordée aux lettres par *François I*, on trouve plus facilement des sujets propres aux ambassades; enfin, les principes de la science et le Droit des Gens, plus réguliers, commencent à se fixer et à s'établir.

Mais ce qui surtout donne une nouvelle force et

une grande extension à la Diplomatie dans l'Europe, soudainement éclairée par le flambeau des lettres et des arts, c'est l'accroissement colossal de la maison d'Autriche ; c'est l'ambition de son chef, qui ne tendait à rien moins qu'à la monarchie universelle. Le roi d'Angleterre se détache de *Charles-Quint*, son allié, pour secourir la France. Les Florentins, les Vénitiens et les Suisses, se joignent à elle, et *François I*, sentant la nécessité de contre-balancer la toute-puissance de son rival, est le premier des descendants de *Saint-Louis* qui forme une alliance avec les infidèles ; tandis qu'il donne une main à *Soliman*, il tend l'autre aux princes protestants d'Allemagne, brouillés avec l'Empereur, portant par cette politique hardie un double coup à son ennemi et aux préjugés de son temps.

Enfin, cette époque est d'autant plus remarquable, que dans le vaste système politique que formèrent alors les puissances de l'Europe, chacune y prit un rang conservé depuis avec autant de stabilité que peuvent le permettre des révolutions intérieures et des guerres étrangères ; les principes qui prévalurent alors eurent des effets longtemps sensibles, et les idées sur l'*Équilibre du pouvoir* formées à cette époque sont encore influentes. Les événements marchent plus vite ; on voit la rivalité de *Charles-Quint* et de *François I* suspendue sous *Philippe II* et *Henri II,* au détriment du dernier, à qui la paix de Cateau-Cambrésis (1559) restitue trois villes, mais en enlève plus de deux cents en Flandre, en Piémont, en Toscane. Arrive ensuite, dans l'ordre chronologique, sous le père des *Bourbons* et le véritable créateur de leur monarchie, ce fameux traité de Vervins (1598), qui relève et constitue la France, anéantit la Ligue et ses souvenirs, et les prétentions de l'Espagne sur la couronne de *Saint-Louis,* devenues à jamais aussi chimériques que celles de l'Angleterre, efface pour toujours les traces honteuses des funestes traités conclus par *Louis XII, François I, Henri II,* avec *Ferdinand-le-Catholique,* et *Charles-Quint; Philippe II* presqu'en même temps descend septuagénaire dans la tombe ; ce *Philippe II* qui, avec quarante ans de règne, avec *Charles-Quint* pour prédécesseur, la politique de *Machiavel,* les trésors de l'Amérique, les soldats de la moitié de l'Europe, vit ses gigantesques desseins échouer contre l'Angleterre et la France, et n'assura à l'Espagne que la domination éphémère du Portugal. On voit aux mêmes époques la France, avant d'avoir des finances, des vaisseaux, des colonies, se sauvant pour un glorieux avenir à la faveur de la rivalité de l'Espagne et de l'Angleterre, et devant encore au meilleur de ses Rois, et peut-être au plus véritablement grand, l'immense secours d'*Éli-sabeth*, amenée dans sa haute sagesse à déclarer « que le jour de la chute de la monarchie française serait la chute de l'Angleterre. »

Ces vastes résultats de l'heureuse alliance de la force et des négociations devaient concourir avec les progrès rapides et les sensibles perfectionnements de la Diplomatie. Les dépêches, et surtout celles du cabinet de *Henri IV*, font preuve de sagacité et de bonne foi, et, malgré la vétusté du style, peuvent passer pour les meilleurs modèles en ce genre ; enfin, tout ce qui part de ses ministres brille par une grande fermeté, une sage politique et une probité rare.

Quel tableau que celui de la politique de *Henri IV* et de la situation où il laisse la France vis-à-vis de l'Europe ! L'Autriche contenue par l'alliance de la France et des protestants d'Allemagne ; la France médiatrice entre eux et l'Empereur ; l'Espagne continentale et l'Italie tenues en respect par les traités avec les Suisses, les Grisons, la Savoie ; l'Espagne du Nouveau-Monde et des Pays-Bas, balancée par les traités avec l'Angleterre et les Provinces-Unies ; le système des médiations, véritable invention de *Henri IV*, introduit sous les heureux auspices d'un gouvernement qui offrait toutes les bases de ce beau

système ; la puissance, la confiance méritée et inspi-
rée, l'équité, la modération.

La mort surprit ce grand prince au milieu de
ses succès et de ses desseins pleins de sagesse et d'a-
venir. Après lui marche au même but, contre l'Autriche, à la poursuite du même plan, mais avec des
moyens tout différents, ce *Richelieu,* qui *fut roi sous
Louis XIII.* Il procède par la ruine des protestants,
par le machiavélisme de l'insurrection jetée dans
le sein des États rivaux ou ennemis. L'inflexibilité de
sa politique ne recula, ni devant la fomentation des
troubles en Écosse, ni par conséquent *devant les malheurs qui firent, pour la première fois, tomber une
tête royale.* C'est au prix de tant d'immoralité au dehors, de tant de despotisme intérieur, que, sur cette
couche funèbre où son agonie laissait encore en effroi
l'Europe et la France, il put dire au Roi dont il avait
été le maître : ....

« Sire, en prenant congé de Votre Majesté, j'ai la
» consolation de laisser le royaume au plus haut de-
» gré de gloire et de réputation où il ait jamais été,
» et tous vos ennemis abattus et humiliés. » .. ..

Avec *Mazarin,* à l'inflexibilité succède la souplesse ; les victoires auxiliaires de la Suède forcent
l'Autriche à laisser la France recueillir les fruits de
toute sa politique, en signant, dans les congrès de

Munster et d'Osnabruck, le fameux traité vulgaire-
ment appelé la *Paix de Westphalie*, le plus curieux,
le plus complet, le plus important monument de la
Diplomatie moderne ; sur cette base durable, puisque
la Révolution française l'a seule ébranlée, repose le
solide édifice des rapports déterminés de l'Empereur
et de l'Empire, des religions catholique et luthé-
rienne, des riches indemnités accordées, sous le titre
modeste de satisfaction, à la France, à la Suède et à
leurs alliés (*).

La France, indépendamment des accroissements
de territoire, consolide l'existence des princes, qu'elle
fortifie ainsi pour trouver en eux de plus utiles alliés;
la naissance d'une grande influence extérieure devient
la récompense de ses longs et heureux efforts pour
les libertés de l'Allemagne.

Voilà, par la paix de Westphalie, quoique non
commune à l'Europe entière et étrangère à l'Angleterre, le Continent, en quelque sorte, régularisé et
devenu concentrique; voilà le plus grand pas fait vers
l'Équilibre européen.

De la paix des Pyrénées (1659) on voit peu après
sortir pour la France le germe, mal dissimulé par
d'inutiles renonciations, des grands résultats du tes-

(*) Voy. Considérations générales sur la Paix de Westphalie, t. Iᵉʳ,
p. 246, de notre *Histoire des Traités*.

tament de *Charles II,* et, on peut le dire, la prépotence européenne des *Charles-Quint* et des *Philippe II* transportée au jeune monarque français, destiné à la saisir d'une si ferme et si puissante main.

Les relations diplomatiques, outre l'accroissement que leur donnèrent tant d'importantes négociations, s'étendirent beaucoup : la Perse, la Moscovie, la Transylvanie, virent pour la première fois des agents français. Des ambassades solennelles et confiées à des personnages honorés portèrent les paroles du Roi dans le Nord et dans le Midi de l'Europe. Enfin, on employa plus souvent des agents secrets, plus d'une fois moteurs de troubles et de révolutions.

Avec la paix de Nimègue (1679), commença, à proprement parler, la Diplomatie personnelle de *Louis XIV.* On y voit encore l'Espagne abaissée ; la France soutenant son grand rôle et l'héritage de la suprématie ; se mêlant à l'Europe par des rapports soit directs et immédiats avec la Hollande, l'Espagne, l'Empereur, l'Empire, soit indirects avec la Suède, le Danemark, les maisons de Brandebourg et de Brunswick. Que de grandeur et de loyauté dans la Diplomatie du grand Roi, qui ne punit que par sa générosité et son noble patronage l'inconstance ou l'infidélité de ses alliés! *Pomponne* était

l'âme du cabinet de Versailles : Pomponne injustement jugé par quelques mots de son maître, où n'est
pas empreinte son équité ordinaire ; Pomponne qui
balança, bien plus heureusement que son successeur
Croissy, la hauteur, la dureté quelquefois, c'est-à-
dire, la dignité exagérée de son maître, par l'habileté, la conciliation, la sagesse et la mesure ! Il n'entre
pas dans notre plan de discuter jusqu'où l'on a droit
de reprocher à *Louis XIV* l'abus de la force et l'im-
modération, trop punies par ses revers ; nous ne voulons montrer, pour définir sans raconter, que les
progrès toujours sensibles de cette Diplomatie com-
binée avec la force, mêlant l'art à la puissance, la
menace aux promesses, le souvenir des victoires à
l'impression récente des revers ; consentant à Ryswick
(1697) la reconnaissance de *Guillaume* sur le trône
d'Angleterre et d'autres sacrifices ; souscrivant à
Utrecht (1713) un équilibre européen dont la France
n'occupait plus le centre et ne tenait plus la balance,
mais terminant un grand règne par la conservation
des conquêtes qui arrondissaient la France et par
l'anéantissement des Pyrénées (*)............

(*) « L'histoire de la Diplomatie moderne n'offre pas de négociation
plus importante, après la paix de Westphalie, que celle de la paix
d'Utrecht. Le traité du 11 avril 1713 eut non-seulement pour but, en
effet, de régler les intérêts de quelques Maisons souveraines, à l'occasion
de l'héritage de la couronne d'Espagne, mais encore d'établir un équi-

Nous aurons atteint notre but, si, dans cette définition par l'histoire, nous avons montré la Diplomatie naissante dès que les divers États se forment et se
constituent, faisant de rapides progrès sous de grands
princes et de grands ministres, nulle part plus habile
et plus puissante qu'en France; et, entre les traités de Vervins et d'Utrecht, arrivant au plus haut
degré d'influence, par l'intime alliance de la force
qui appuie, et de l'adresse qui indique et prépare.....

Sous *Louis XV*, jusqu'en 1789, mal jugée, mal
appréciée, méconnue et cependant habile, prévoyante,
pleine de lumières et de sages conseils.

Nous la verrons, sous *Bonaparte*, tout-à-fait
écrasée, anéantie sous l'empire exclusif de la victoire et de la force; grande faute d'un conquérant
sans politique, et l'une des principales causes de son
inévitable chute. Nous verrons enfin ce qu'elle est
et semble devoir être longtemps encore, à dater de
1814.

Sous *Richelieu* et sous *Louis XIV*, on admire la
perfection de la Diplomatie dans les gouvernements

libre salutaire entre les puissances de l'Europe. Il définit et limita le droit
que peut donner l'intérêt de la sécurité générale des États; et, conci-
liant ainsi ce droit sacré avec le respect et l'indépendance des nations,
dans l'exercice intérieur de la souveraineté, il compléta le traité des Pyrénées, et fixa le principe fondamental du Droit des Gens chez les modernes. »

(*Le Traité d'Utrecht*, par M. Ch. Giraud, de l'Institut de France.)

qui l'appuient et la secondent par la menace sérieuse et réelle, et au besoin par le déploiement de la force. Continuons cette définition historique en montrant la Diplomatie toujours empreinte de l'esprit du temps, habile, bien instruite, brillante de l'art de plaire, prévoyante, pleine de bonnes vues et de bons conseils, mais stérile, impuissante, rendue inutile par la faiblesse du règne de *Louis XV*, dont la triste et prophétique devise semble avoir été : *Video meliora proboque, deteriora sequor.*

Depuis la mort de *Louis XIV*, jusqu'en 1789, tel est le caractère de la Diplomatie.

Quatre grands événements, ou plutôt quatre grandes circonstances diplomatiques, marquent cet espace : le fameux traité de 1756 entre la France et l'Autriche, le partage de la Pologne, les affaires de la Hollande et l'assistance de la France, inutilement attendue et réclamée en 1787 par les États-Généraux ; la quadruple alliance proposée, négociée et manquée par faiblesse et par indécision dans les années 1788 et 1789, entre la France, l'Espagne, la Russie et l'Autriche.

Enfin, sans jamais rien faire qui ressemble à une histoire, nous ne voulons que faire allusion aux événements pour suivre notre plan et montrer ce que doit être la Diplomatie.

Elle n'a jamais manqué à son devoir sous le règne de *Louis XV ;* et si sa gloire n'est pas plus brillante, c'est la faute de ses alliés nécessaires, la force et la volonté, qui l'ont toujours trahie.

Ne considérons que sous ce seul point de vue le traité de 1756 avec l'Autriche, éternel objet de discussion et de controverses si animées entre les deux sectes d'écrivains politiques qui l'ont attaqué et défendu avec une égale chaleur. Nous disons seulement que la conception qui avait choisi ce mode d'assurer l'équilibre européen n'avait, quoi qu'on en ait dit, manqué ni d'habileté, ni de prévoyance. Tout le mal qui est arrivé depuis pouvait être évité avec et par le même système, en restant fidèle à ce pacte religieusement exécuté. C'est la faiblesse seule et non l'alliance autrichienne, qui a empêché la France de s'opposer énergiquement au partage de la Pologne.

Il est certain que l'Autriche a hésité longtemps ; qu'elle a cru longtemps que la France parlerait avec fermeté, et présenterait le traité de 1756 comme obligatoire par son texte et surtout par son esprit, pour ranger le cabinet de Vienne du même côté que celui de Versailles, contre le partage. Les deux puissances primitivement copartageantes, la Russie et la Prusse, ont un moment craint ce réveil de la France et son influence à Vienne. La portion des dépouilles concédée à l'Autriche était comparativement si petite, que la convoitise aurait faiblement parlé contre d'autres intérêts bien mieux combinés, et plus d'accord soit avec l'alliance française, à laquelle jamais l'Autriche n'aurait renoncé, soit avec ce système favorable à la Pologne véritablement préférable pour la maison d'Autriche.

La Diplomatie de la France, sous le règne de Louis XV, a donc été toujours habile et toujours trahie par la faiblesse, au lieu d'être, comme sous Louis XIV, appuyée par la force.

On sait qu'immédiatement avant la Révolution cette même faiblesse manqua la plus belle et la plus noble occasion de relever la France aux yeux de l'Europe par son intervention dans les affaires de la Hollande, que commandait le devoir d'en exclure l'Angleterre, que réclamaient les États-Généraux, et qui se trouvait encore dans l'esprit, dans les droits, dans les devoirs de ce traité de 1756, dont on n'aura subi que les inconvénients.

Quelques lignes des intéressants Mémoires de M. de *Ségur* retraceront l'une des plus grandes et des dernières fautes du gouvernement français, que sa Diplomatie l'avait habilement averti d'éviter :

« L'intérêt de notre Cour était évidemment de sou-
» tenir les États-Généraux contre le Stathouder, dont

» le dévouement à l'Angleterre était connu. Aussi
» notre Cabinet promit son assistance... Un secours
» prompt aurait infailliblement tout apaisé ; nos ir-
» résolutions fatales assurèrent le triomphe de nos
» rivaux, trahirent le secret de notre faiblesse, et fu-
» rent les premiers signes d'une décadence politique
» dont nous ne nous relevâmes plus tard que par les
» éruptions volcaniques d'une révolution. »

. . . . . . De 1789 à l'avénement de *Bonaparte* au
pouvoir, il n'y a plus de Diplomatie. Les traités de
paix avec la Prusse et l'Espagne, les suspensions de
guerre avec l'Autriche, tout cela ne présente que les
entr'actes du règne de la force toujours plus ou
moins victorieuse, et prenant haleine de temps en
temps.

Bonaparte arrive, et commence, sous un titre
modeste, ce règne unique dans les annales du monde,
et qui devait durer environ quinze ans. On reconnaî-
tra toujours que la véritable cause de l'élévation et
de la chute d'un tel homme, c'est l'impossibilité de
trouver dans un seul génie l'alliance et l'accord
des qualités qui créent et des qualités qui conser-
vent, *non iisdem artibus retinentur quibus compa-*
rantur.

La victoire crée, la Diplomatie conserve ; et nous
voilà à cette troisième époque où l'alliance a man-

qué sous un autre rapport. C'est la force à son tour qui méprise la Diplomatie, et qui périra pour l'avoir méprisée (*).

Certes toute cette immense et récente époque excite assez d'intérêt pour ne rien négliger, de ce qui peut contribuer à la caractériser.

La première victoire du règne déjà commencé de *Bonaparte* est Marengo. Ce n'est plus le conquérant de l'Italie. Déjà ce souverain futur (**) se trahit

---

(*) Pendant son séjour à Dresde, Napoléon, à un de ses levers, s'approcha du prince de Neuchatel et lui dit avec un sourire sardonique qui lui était familier : « *Eh bien !* » Il s'agissait d'une conversation que ce prince devait avoir eue la veille avec M. de Metternich, au sujet de l'échange de la Gallicie contre l'Illyrie. Le prince de Neuchatel répondit : « *Eh ! il fait des difficultés, il ne veut pas.* » Alors Napoléon, prenant cet air et ce ton qui décelaient chez lui une forte agitation de l'âme, se mit à dire ces propres paroles : « *Plaisant homme, qui prétend faire de la Diplomatie avec moi !...* » Et puis, se retournant vers les personnages de sa Cour, il ajouta : « *C'est bien une preuve de la faiblesse de l'esprit humain que de croire pouvoir lutter contre moi !* » Cependant, un an plus tard, il a vu, à Prague, ce que pouvait la Diplomatie pour lutter contre lui.

(**) Dès la première campagne d'Italie, après la bataille de Lodi, Napoléon, se trouvant à Milan, un ministre étranger lui faisait entrevoir la possibilité d'un établissement dans ce duché, comme prix des services que sa position lui permettait de rendre : « *Il y a*, lui répondit-il, *un plus beau trône que cela vacant.* »

« L'Empereur, dit l'archevêque de Malines, a porté en naissant, en s'élevant sur le trône, l'appétit et le désir d'envahir le monde. Aux deux extrémités de l'échelle, il a été le même : sujet le plus obscur, le plus isolé, le plus pauvre, comme le plus éclatant et le plus puissant des souverains ; dans ces deux positions si opposées, il n'a rêvé également que trônes, domination, ascension toujours croissante, troubles, agitations d'États, catastrophes politiques : voilà l'aliment habituel de son esprit, nourri uniquement de Machiavel, son seul instituteur ! « Tacite *a fait des romans*, disait-il à M. de Jacobi, dans son voyage à Aix-la-Chapelle, en 1804 ; Gibbon *est un clabaudeur* ; Machiavel *est le seul livre qu'on puisse lire.* » Le goût, l'appétit de la royauté est donc inné dans Napoléon. On sent où une pareille disposition d'esprit peut conduire un homme dès qu'il a saisi quelque pouvoir. C'est en calculant vaguement qu'il fallait séparer au moins nominalement, les deux rôles, et en s'amusant à laisser à *Berthier* le titre de général en chef.

L'un des hommes qui ont joué les plus grands

---

le levier d'Archimède, qui n'a besoin que d'un point d'appui pour soulever la terre et les cieux. Aussi, suivez la marche de NAPOLÉON, et voyez s'il a dévié un instant de cette ligne de progression ascendante.

» Le général du 13 vendémiaire fait le général de l'armée d'Italie; celui-ci le dictateur de cette armée, le centre des armées françaises, le négociateur de Léoben, de Campo-Formio, de Tolentino; le chef montré au Directoire comme une puissance. Dès lors, l'Égypte devient pour lui un essai de souveraineté. Bientôt le Consul de dix ans subjugue, annule ses collègues, anéantit la Constitution par le renvoi du Tribunat, se fait Consul à vie; et, quand il a bien mesuré son coup, s'élève sur ce trône qu'il convoitait depuis si longtemps, et qu'il ne décore d'un titre plus éclatant que pour se placer lui-même plus haut et être vu de plus loin.

» De là il prend, et *sans compter*, une nouvelle couronne en Italie, l'agrandit des dépouilles des petits États encore subsistants dans cette contrée; de celles de l'Autriche aux pays vénitiens; de Naples, qu'il confère en usufruit éventuel à son frère; de celle de la Prusse, qu'il relègue au loin, au milieu de ruines dont il ne lâche pas même la jouissance; établit encore sur un trône nouveau, au cœur de l'Allemagne, un autre frère; peuple l'Allemagne de grands feudataires; alors, tranquille sur le Nord et sur l'Est de l'Europe, il passe, par le plus exécrable guet-à-pens qui fût jamais, après avoir envahi la Toscane, le Portugal, aux scènes à jamais déplorables de l'Espagne, qu'il entendait bien s'approprier, en la partageant en cinq grandes vice-royautés, auxquelles il a prélude par l'établissement de ses intendances en Catalogne et à Valence. De là l'expulsion atroce du Pape; l'attribution de cette souveraineté nominative au premier-né de sa race; l'expulsion scandaleuse de son propre frère en Hollande; le dépouillement de celui de Westphalie, privé d'une partie de ses domaines par l'invasion des parties de la basse Allemagne qui étaient dans le chemin des villes anséatiques; enfin, l'attribution de ces mêmes contrées, que, sans raison, comme sans cérémonie, il lui plut un jour de se faire à lui-même, en attachant à l'Empire français des territoires qui ne pouvaient, sous aucun rapport, être appelés à avoir quelque connexion avec lui. Cette série d'envahissements, dont l'un devient toujours le moyen de l'autre, met dans le plus grand jour la vérité de l'assertion que NAPOLÉON n'a pas perdu un instant le projet de soumettre le monde à sa domination..... Il voulait faire sur lui ce qu'il a exécuté sur la France, dont il a été le despote le jour où il en a été le maître. »

rôles depuis cinquante ans, le prince de *Talleyrand,* avait eu une grande influence sur le 18 brumaire, et en avait conservé beaucoup jusqu'à l'époque de Marengo sur *Bonaparte,* à qui, avant qu'il eût pris tant d'essor, imposaient singulièrement un grand nom, une grande renommée d'esprit et de capacités, et la fécondité de ressources d'une tête forte et habile.

Une circonstance qui a peut-être beaucoup influé sur tout l'avenir de *Bonaparte* voulut que M. de *Talleyrand,* malade d'une manière assez grave, ne pût le suivre à Marengo, comme *Bonaparte* l'aurait voulu et l'avait décidé.

A ces époques, où les événements se précipitant avec une inconcevable rapidité, les secrets ou les raisons de les conserver disparaissant aussi vite, tout ce qui jadis serait resté caché des demi-siècles entiers devient bientôt impunément public : on a su les conseils que l'habile ministre donnait dans sa correspondance au jeune vainqueur de Marengo.

Rien de si curieux que ces vues, que ces conseils, que ces efforts d'un esprit conservateur, pour donner une direction conservatrice et pleine d'avenir politique à ce bouillant génie qui allait bientôt secouer le joug de toute influence et se précipiter dans sa fatalité.

M. de *Talleyrand* écrivait à *Bonaparte* qu'après cette victoire si rapide et si décisive, il était maître de sa destinée tout entière ; que c'était au commencement d'une carrière, probablement longue, glorieuse, vaste, digne de ses commencements, qu'il fallait se la tracer jusqu'au bout; que deux routes s'ouvraient devant lui : l'une, celle des appropriations directes et immédiates de pays et de territoires, c'est-à-dire la voie de conquêtes à enchaîner les unes aux autres, pour ne faire qu'un seul et même empire, colosse que son immensité menacerait de sa ruine.

M. de *Talleyrand* montrait, à côté de cette route périlleuse et sans terme, celle du système de fédération, d'alliance, de liens de patronage, de protection, de dépendance utile, volontaire, dans les mutuelles convenances de la faiblesse qui s'appuie, et de la force qui couvre et garantit.

Ce système offrait autant de puissance et bien plus de sûreté et de durée que la conquête. On y groupait tous ces États du second et du troisième ordre, à commencer par la Savoie, rendue à ses maîtres légitimes; tous ces souverains fort indifférents, à côté du bonheur inespéré de rentrer dans leurs palais, entre le patronage autrichien et un patronage quelconque. On montrait tous ces États concentriques, vassaux du grand suzerain, qui se dispenserait seulement des frais et des embarras de l'administration conquérante, fournissant hommes, argent, comme a fait l'Espagne avec une si inutile complaisance ; et c'était encore ôter à l'Europe le prétexte de s'irriter contre la monarchie universelle.

Une anecdote, qui commence à être très-connue, prouvera les beaux fruits produits par un sermon si sage, et trahira le penchant irrésistible déjà empreint au fond de l'âme de celui qui devait aller à Sainte-Hélène par Moscou.

Voici ce souvenir incontesté, cette singulière clé de tout un avenir, et tout le secret de sa turbulente doctrine, échappé à *Bonaparte* dès 1800.

On lisait devant lui, au retour de Marengo, un article d'un journal anglais où figurait le célèbre *Sidney Smith.* « Ce nom-là, dit *Bonaparte*, joue un » plus grand rôle qu'on ne pense dans mon histoire ; » il m'a arrêté à Saint-Jean-d'Acre (*), et il n'aura fait » qu'une chose en m'arrêtant : je venais à Paris par » Constantinople, j'irai à Constantinople par Paris. »

(*) BONAPARTE avait pris possession de l'Égypte en Roi ; il trouvait là un asile indépendant. Dès ce temps le projet de bouleverser l'empire ottoman et de s'établir dans l'Asie mineure, existait dans sa tête. C'était l'objet véritable de l'expédition de Saint-Jean-d'Acre. Il disait encore à Mayence, en septembre 1804 : « *Il n'y a rien à faire en Europe depuis* » *deux cents ans ; ce n'est que dans l'Orient que l'on peut travailler en* » *grand.* »

Qui croirait que ce même propos, connu de plusieurs personnes dès 1803 et 1804, consigné probablement dans quelques correspondances diplomatiques, a aidé la Russie dans sa terrible et victorieuse résistance, a rendu facile une négociation entre le Cabinet de Pétersbourg et celui de Constantinople, dont la prompte et heureuse isssue a surpris toute l'Europe, et apporté à *Bonaparte* de nouveaux embarras ?

En 1811 un agent de l'Empereur de Russie, alors voyageur accrédité près la cour de Vienne, et qui a joué depuis un grand rôle politique (*), vit le Cabinet autrichien, encore docile aux moindres volontés de son redoutable allié, forcé de lui enjoindre de quitter Vienne. Ce diplomate, ennemi personnel de *Bonaparte*, savait sa tête à prix le long de toutes les frontières et des côtes d'un empire qui couvrait l'Europe. Il n'y avait plus pour lui d'asile que l'Angleterre ; et combien de routes pour y arriver étaient fermées ! Ce proscrit du Continent

(**) Le comte Pozzo di Borgo. Ce diplomate disait, en 1815, à un personnage de la cour impériale : « Il a manqué à Napoléon un homme » pour être le maître du monde ; cet homme, c'est moi. J'aurais pu lui » dévoiler les secrets des Cabinets, et l'instruire de ce qui se tramait » contre lui ; mais il n'y avait pas de rapprochement possible entre » nous. S'il m'avait atteint, il m'aurait fait pendre après avoir fait con- » stater mon identité. » Il y avait du vrai dans ce que disait le comte Pozzo.

entier, qui avait puisé dans une patrie commune à lui et à *Bonaparte* ces haines inextinguibles dont rien ne ralentit la force et l'ardeur, jura, à la manière du serment d'*Annibal*, que le formidable sceptre de celui qui ne laissait arriver de Vienne à Londres que par Constantinople et Malte, serait brisé, ou qu'il périrait dans l'entreprise. Il passe, en effet, par Constantinople ; il trouve moyen de communiquer au Grand-Seigneur même les preuves incontestables des arrière-pensées et des projets ultérieurs de *Napoléon.* Le Grand-Seigneur reste persuadé que, si jamais Napoléon fond sur la Russie, c'est pour s'ouvrir un chemin jusqu'à Constantinople. Quel ne fut pas l'étonnement d'un Français, alors général au service la Russie, quand il reçut, pendant l'invasion de *Bonaparte* l'ordre d'*Alexandre* d'aller, en passant sur la lenteur des formes ordinaires, négocier avec le grand-visir, et qu'il trouva ce chef de l'armée ottomane si bien disposé, que vingt quatre ou quarante-huit heures virent se conclure un traité qui aurait demandé, avec les habitudes antécédentes, plus d'un an (*) !

Ce Français, aussi distingué par son esprit que

____

(*) La défection de la Turquie a été tout autrement expliquée par M. de MONTVÉRAN et la plupart des historiens. On a dit qu'une prétendue lettre de NAPOLÉON à l'empereur de Russie, proposant pour premier article de la

par son nom et ses talents militaires, eut à peine
commencé à vouloir prouver à celui avec qui il trai-
tait qu'il ne s'agissait plus de la politique ordinaire,
que les vieilles querelles devaient être suspendues en
présence d'un ennemi commun, qu'il vit le grand-
visir, l'entendant à demi-mot, venir au-devant de sa
proposition et se montrer prêt à conclure.

Dans le même temps l'Angleterre, qui sait aussi
manier les armes diplomatiques, pacifiait la Perse et
la Russie en inspirant les mêmes craintes et en se
servant des mêmes révélations. Ainsi, la Perse et la
Turquie concouraient pour anéantir *Bonaparte*, en
laissant à l'empire de Russie l'emploi de toutes ses
forces dans cette formidable lutte entre les deux colosses modernes.

Voilà les services que l'adresse rend à la force ;
voilà ce que peut la Diplomatie pour changer, autant que les batailles décisives, la face du monde et
la fortune des États.

Ces traits ne sont pas étrangers au tableau d'une

---

paix le partage de l'empire ottoman avait été présentée au grand-visir, et
que M. Joseph Fonton, consulté par Ghalib-Effendi, avait attesté l'authenticité de cette pièce. Le fait de la présence de M. de Narbonne à Wilna,
auprès de l'empereur Alexandre, ayant achevé la conviction du ministre
turc et celle du Grand-Seigneur, celui-ci n'hésita plus à ratifier, le 14 juillet,
le traité qui avait été signé à Bucharest, le $\frac{16}{28}$ mai, par les plénipotentiaires de la Porte et de la Russie, et qui était parvenu depuis le 6 juin
à Constantinople.

époque où la force, dans les puissantes mains de *Napoléon*, rejeta avec mépris le secours si nécessaire de la politique et des négociations. Ses ennemis l'attaquèrent et le perdirent par ces moyens, qu'il avait la superbe imprudence de dédaigner. Ses ambassadeurs allaient partout intimer ses volontés et tracer le cercle de *Popilius*. La crainte de déplaire à celui pour qui la fortune sembla longtemps aussi complaisante que ses dociles serviteurs, éloignait de lui les documents exacts et véridiques. Qui saura jamais combien a pu contribuer sur sa résolution de porter la guerre en Russie le soin de tracer des tableaux fantastiques, de montrer les cadres vides des armées russes, les provinces désertes, les populations mécontentes, les soulèvements tout prêts; enfin, la plus gigantesque et la plus insensée des entreprises comme facile à qui voulait tout voir au gré de ses vœux?

Veut-on savoir jusqu'où allait le besoin des illusions? Quand cette immense question de la paix à consentir en cédant quelque chose à l'Europe encore tremblante et soumise s'agitait dans le Conseil intime de *Napoléon*, il fit prendre place, à côté des premiers dignitaires de l'Empire, à deux fonctionnaires n'appartenant pas à cette catégorie, pour assurer à la plus étrange de toutes les délibérations un fantôme de majorité en faveur des déterminations inflexibles du maître (*).

Aussi partout ces secours, ces avertissements de la Diplomatie, si nécessaires à la puissance, lui ont

---

(*) Ce Conseil fut tenu aux Tuileries, le dimanche 3 janvier 1813, de cinq à huit heures du soir : il était composé du prince archi-chancelier, CAMBACÉRÈS, du prince vice-grand-électeur, TALLEYRAND, du ministre des Relations Extérieures, duc de BASSANO, du grand-écuyer, duc de VICENCE, du duc de CADORE, auxquels furent adjoints MM. d'HAUTERIVE et de la BESNARDIÈRE; ce dernier nommé conseiller d'État la veille même du Conseil privé.

Mais, pour donner plus d'appareil à la délibération, il y eut, le mardi 11, à neuf heures du soir, un autre Conseil de Cabinet, auquel furent appelés les grands dignitaires, les ministres et les ministres d'État. NAPOLÉON exposa lui-même la situation des choses, fit donner lecture des pièces relatives à la défection du général d'YORCK et posa la question suivante : « Dans cette conjoncture, qui complique encore notre mau- » vaise position, me conseillez-vous de négocier pour la paix ou de faire » de nouveaux efforts pour la guerre? »

L'Empereur demanda à l'archi-chancelier son opinion. Elle fut pour la paix. Mais l'Empereur était accoutumé à plaisanter avec CAMBACÉRÈS toutes les fois qu'il n'était pas question de législation ou de jurispru- dence; il s'adressa à M. de TALLEYRAND. Soit qu'il ne voulût pas s'expli- quer dans une réunion si nombreuse, soit qu'il eût tout autre motif pour se taire, M. de TALLEYRAND répondit laconiquement qu'il fallait négocier. L'Empereur lui dit : « *Voilà comme vous êtes toujours : vous allez disant* » *partout qu'il faut faire la paix ; mais comment la faire?* » M. de TAL- LEYRAND répliqua : « *Votre Majesté a encore entre les mains des effets* » *négociables : si elle attend davantage, et qu'elle vienne à les perdre, elle* » *ne pourra plus négocier.* » L'Empereur, s'impatientant un peu, lui dit: « *Mais expliquez-vous.* » Et comme M. de TALLEYRAND hésitait à parler, il ajouta : « *Vous n'avez pas changé.* »

Puis, passant au duc de FELTRE, quoiqu'il y eût plusieurs personnes avant lui, il lui demanda son opinion sur la question posée. Le duc de FELTRE répondit d'une voix ferme et après y avoir réfléchi : « *Je regar-* » *derais Votre Majesté comme déshonorée si elle consentait à l'abandon* » *d'un seul village réuni à l'Empire français par un sénatus-consulte.* » L'Empereur reprit : « *Voilà qui est clair! Alors que faut-il faire? —* » *Il faut armer, Sire,* » répondit le ministre de la Guerre. L'Empereur continua à recueillir les opinions, mais personne ne s'avisa d'être d'un sentiment opposé à celui qui parut lui convenir.

manqué. A Vienne, l'un des plus spirituels Français de la cour des *Bourbons*, dévoué au service de *Bonaparte*, M. de *Narbonne*, ne fut pas cru quand il annonça la prochaine défection de l'Autriche.

Jusqu'aux derniers moments de l'Empire les négociations auraient pu le sauver, non plus, sans doute, comme on l'a dit, en France et au Congrès de Châtillon, où l'on traçait à *Napoléon* des limites dans l'étroite enceinte desquelles ne pouvait se resserrer celui qui avait conquis le trône et n'en avait pas hérité, mais pendant toute l'année 1813, l'impression terrible et encore vivante de ce grand pouvoir aurait obtenu les véritables frontières naturelles du Rhin, des Alpes, des Pyrénées. Ainsi devait tomber celui qui avait cru que la force suffisait pour durer comme pour vaincre ; ainsi s'est accompli le pronostic tracé au vainqueur de Marengo par le politique habile qui lui avait montré sa chute et sa ruine au bout d'une carrière sans bornes.

Nous avons vu, depuis *Henri IV* jusqu'à la mort de *Louis XIV*, l'alliance heureuse de la Diplomatie et de la force ; de 1715 à la Révolution, la Diplomatie sans succès, malgré sa rare habileté, parce que l'appui de la force et de la fermeté lui manquait ; enfin, *Napoléon* périssant pour n'avoir pas donné la politique pour base à son gigantesque édifice.

Nous sommes, si l'on peut parler ainsi, dans la quatrième ère de la Diplomatie. Il semblait naturel qu'elle jouât un grand rôle après cette terrible expérience des catastrophes qui attendent la toute-puissance, quand elle néglige la politique. Aussi, voyez quelle fut l'œuvre gigantesque du Congrès de Vienne; quelle a été la force de la politique conservatrice inaugurée dans cette auguste réunion et cimentée par la Sainte-Alliance; voyez quelle a été l'influence heureuse, et continuée à travers vingt révolutions, du concert des grandes puissances pour aplanir toutes les difficultés qui venaient à surgir et pour consolider l'ordre européen.

Nous avons donné ailleurs un aperçu raisonné des opérations du Congrès (*) ; ici nous ferons connaitre l'esprit des résolutions qui y ont été prises, en publiant la déclaration par laquelle les huit puissances signataires du traité de Paris (**), devaient annoncer la clôture des travaux de cette assemblée de souve-

---

(*) Voy. *Histoire générale des Traités de Paix*, tome 1, Introduction, p. LV.

(**) Ces puissances avaient pour plénipotentiaires au Congrès, savoir : L'Autriche, le prince de METTERNICH et le baron de WESSENBERG; l'Espagne, le chevalier de LABRADOR; la France, le prince de TALLEYRAND, le duc de DALBERG, le comte de LATOUR-DU-PIN et le comte A. de NOAILLES; la Grande-Bretagne, lord CASTLEREAGH, le duc de WELLINGTON, le comte CLANCARTY, le comte CATHCART, lord STEWART; le Portugal, le comte de PALMELLA, M. de SALDANHA DE GAMA et le comte de LOBO; la Prusse, le prince de HARDENBERG et le baron Guillaume de HUMBOLDT;

rains et de ministres, unique dans les annales de la
Diplomatie.

Voici le manifeste de l'illustre aréopage (*) :

« Les Puissances de l'Europe s'étaient réunies au
Congrès de Vienne pour compléter et consolider les
arrangements, dont le traité de Paris avait établi les
bases : la tâche de ce Congrès était difficile et compliquée. Il s'agissait de refaire ce que vingt années de
désordre avaient détruit, de reconstruire l'édifice politique avec les vastes décombres, dont un bouleversement affreux avait couvert le sol de l'Europe, de relever et de fortifier des États nécessaires au système
général, qui s'étaient entièrement écroulés sous le
poids de leurs infortunes, de rendre à d'autres leurs
justes dimensions, de disposer d'une quantité de territoires engloutis dans le gouffre d'une domination

---

la Russie, le comte de Nesselrode, le prince de Rasoumofski et le comte
de Stackelberg ; la Suède, le comte de Lœvenhielm. — Parmi les autres
ministres, on remarquait : pour la Bavière, le prince de Wrède et le
comte de Rechberg ; pour le Danemark, le comte de Bernstorff ; pour
la Sicile , le duc de Serra-Capriola ; pour la Sardaigne, le marquis de
Saint-Marsan ; pour Gênes, le marquis de Brignole-Sale ; pour les Pays-
Bas et Nassau, le baron de Gagern et le baron de Marschall ; pour le
Hanovre, le comte de Munster, etc. ; enfin, le chevalier de Gentz, était
chargé des rédactions importantes.

(*) Cette pièce a été rédigée par le chevalier de Gentz dans les premiers jours du mois de février 1815, mais elle n'est point sortie des cartons de la Chancellerie d'État.

monstrueuse, et que la chute de cette domination avait laissés vacants, d'empêcher enfin, par une sage répartition des forces entre les principaux corps politiques, la funeste prépondérance d'un seul, et le retour des dangers, dont l'exemple venait d'effrayer et d'instruire le monde.

» Ce grand travail est terminé; des obstacles nombreux et puissants se trouvent surmontés; les questions épineuses déterminées, des prétentions contradictoires aplanies; des problèmes intéressants, ou définitivement résolus, ou rapprochés de leur dénoûment.

» Si le Congrès n'a pas rempli ce qu'il y avait d'exagéré dans l'attente des contemporains, s'il n'a pas pu répondre à tous les vœux, remédier à tous les besoins, guérir tous les maux, qui pèsent sur les nations et sur les individus, s'il n'a pas pu enfin réaliser cette perfection idéale de l'ordre social après laquelle les esprits éclairés et les âmes bienveillantes de tous les siècles ont soupiré en vain, — il a fait au moins ce que sa mission directe lui enjoignait, ce que les bornes de sa durée, l'étendue et la variété de ses objets, et les circonstances difficiles dans lesquelles il était placé lui permettaient de faire.

» Il a réglé des intérêts, dont le choc pouvait précipiter l'Europe dans de nouvelles convulsions, par des arrangements propres à satisfaire toutes les parties; — il a compensé les inconvénients inévitables par des avantages évidents; et, sourd à toute autre voix que celle de l'humanité fatiguée et souffrante, il a sacrifié au désir d'assurer la paix, l'éclat passager que des procédés moins conciliants auraient pu jeter sur sa marche.

» Les Souverains, en sortant de ce Congrès, pénétrés de l'importance d'un moment avec lequel va commencer une nouvelle époque dans l'histoire du monde, reconnaissent que le premier de leurs devoirs est de conserver et d'affermir cette paix, achetée par tant de généreux efforts, par tant de douloureux sacrifices, par le dévouement héroïque de leurs sujets, et par les exploits à jamais mémorables de leurs braves armées. Ils en sentent la nécessité impérieuse pour se livrer de nouveau à ces occupations salutaires, que les dangers et les orages des temps passés ne les ont que trop souvent forcés de suspendre. Assurer le bonheur de leurs peuples, rétablir tous les genres d'industrie utiles, protéger tous les arts qui enrichissent et embellissent les pays, perfectionner l'administration, la législation, la culture physique et morale dans toutes ses branches; voilà ce qui doit constituer désormais le grand objet de leurs travaux, de leurs sollicitudes et de leur ambition.

» Ils sont plus que jamais convaincus, que le vrai fondement de la sûreté et de la force des États se trouve dans la sagesse des Gouvernements, dans la bonté des lois, dans l'amour et la fidélité des peuples ; que les engagements les plus positifs, les traités les plus solennels, les combinaisons les plus savantes de l'art diplomatique, ne sont que des ressources impuissantes, si la justice et la modération ne dirigent pas les conseils des Cabinets ; et que la meilleure garantie de la tranquillité générale est la volonté ferme de chaque puissance de respecter les droits de ses voisins, et la résolution bien prononcée de toutes, de faire cause commune contre celle qui, méconnaissant ce principe, franchirait les bornes que lui prescrit un système politique revêtu de la sanction universelle.

» Les Souverains, en se séparant aujourd'hui, suffisamment unis par le souvenir de leurs malheurs passés, et par le sentiment commun de leur intérêt suprême, n'ont formé qu'un seul engagement, simple et sacré, celui de subordonner toute autre considération au maintien inviolable de la paix, et d'étouffer dès sa naissance, par des démarches communes et bien concertées, ou, si cette arme pacifique venait à manquer, par la réunion sincère de tous les moyens que la Providence leur a confiés, tout projet qui tendrait à bouleverser l'ordre établi, et à provoquer de nouveau les désordres et les calamités de la guerre.

» Que les Nations de l'Europe s'en reposent sur cet engagement solennel! Que la sécurité, la confiance, l'espérance et avec elle le travail paisible, le progrès de l'industrie, la prospérité publique et particulière renaissent partout! Que de sombres inquiétudes sur l'avenir ne réveillent et ne rappellent pas sans cesse les maux, dont les Souverains voudraient à jamais éloigner le retour, et effacer jusqu'à la dernière trace! Que les sentiments religieux, le respect pour les autorités établies, la soumission aux lois et l'horreur de tout ce qui peut troubler l'ordre public, redeviennent les liens indissolubles de la société civile et politique! Que des rapports fraternels, mutuellement utiles et bienfaisants, se rétablissent entre tous les pays! Que toute rivalité, autre que celle qu'inspire le noble désir d'égaler ou de surpasser des voisins dans les vertus qui honorent, dans les arts qui élèvent, dans les talents qui ornent l'espèce humaine, disparaisse de l'Europe pacifiée!

» Et qu'hommage soit enfin rendu à ce principe éternel, qu'il n'est pour les peuples comme pour les individus, de bonheur véritable que dans la prospérité de tous!

Ce fut sous de tels auspices que se trouva fondé le nouvel équilibre européen, qui, depuis cette époque, n'a pas même été sensiblement modifié par la création des deux royaumes de la Grèce et de la Belgique. Mais dans le système politique de l'Europe, « pour le maintien de ce système et pour sa con-» sistance, il faut toujours une *prépondérance* qui » puisse assurer la conservation de l'Équilibre. La » nécessité de cette prépondérance est universelle-» ment reconnue ; elle ne cesse jamais d'être le but » secret ou déclaré des grandes puissances ; elle est » aussi l'objet des vœux de celles à qui leur fai-» blesse ne donne pas une garantie suffisante pour la » sûreté de leurs droits. » Il se forma d'abord quatre puissances, la France, l'Espagne, l'Angleterre et l'Autriche, auxquelles se réunirent ensuite la Russie et la Prusse ; c'est entre ces grands États que s'é-tablit la lutte pour la prépondérance. La France l'exerça la première ; ce fut ensuite l'Espagne, unie, sous *Charles-Quint*, à l'Autriche : la France, l'Au-triche, et même la Prusse, sous *Frédéric II*, se la disputèrent de nouveau, jusqu'à ce que la France, l'ayant encore une fois ressaisie, sous *Napoléon,* elle soit restée à la Russie et à l'Angleterre, qui l'exer-cent aujourd'hui, l'une sur terre et l'autre sur mer. Cette double suprématie, cette puissance d'une

« politique illimitée », comme on la désigne (*), s'est plus particulièrement prononcée, pour l'Angleterre, depuis sa lutte persévérante contre le pouvoir de *Napoléon*, et pour la Russie, dans le cours du règne glorieux d'*Alexandre*; mais elle n'a pris tout son ascendant que depuis l'élévation au trône de l'empereur *Nicolas*, monarque à la hauteur de son empire, et le digne successeur de *Pierre-le-Grand.*

(*) « Il y a trois puissances sur la terre qui ont manifesté une politique *illimitée* : l'Angleterre, la Russie et la France. Les événements ont prouvé que les circonstances et les passions auxquelles nulle puissance n'a apporté un frein salutaire, efficace et constant, dans le commencement des désordres, avaient seules donné ce caractère à la politique française. Mais ce même caractère appartient invariablement et radicalement à la politique des peuples de la Russie et de l'Angleterre. C'est une politique de position, qui est immuable comme le climat dans lequel ces nations vivent, et comme le sol qu'elles habitent. »

(*Correspondance ministérielle du duc de* VICENCE.)

ÉTUDES DIPLOMATIQUES.

Le système des études diplomatiques, à part l'assemblage homogène qui le forme essentiellement, se compose encore d'éléments puisés à des sources diverses.

La Diplomatie est, en effet, dans le plus intime rapport avec plusieurs sciences qui sont pour elle des appuis, des moyens subsidiaires dont on ne peut la séparer. Ainsi, tout homme destiné à la carrière politique devra réunir aux qualités morales et aux autres avantages qui dépendent de son caractère, de ses habitudes, de ses formes et de la brillante éducation qu'il a nécessairement reçue, des connaissances approfondies dans l'*histoire,* éclairée par l'étude des *traités* et par la comparaison des intérêts et des institutions propres à chaque pays ; dans la *géographie,* la *statistique,* l'*économie politique* et le *Droit public* de tous les peuples : il aura des notions générales sur l'*art militaire;* il sera familiarisé avec l'*histoire généalogique des maisons souveraines,* l'*art héraldique* et la *diplomatique :* il observera soigneusement la marche et la tendance des divers Cabinets ; il s'attachera à connaître les principes et les vues des hommes qui les dirigent ; aucun événement n'échappera à son attention, aucune découverte importante dans les sciences et les arts ne lui restera ignorée, enfin, au moyen des papiers publics, des informations particulières et de ses relations avec les fonctionnaires, les savants et les hommes distingués de toutes les classes de la société, il s'appliquera à suivre le développement de l'esprit public, l'accroissement des lumières et les progrès généraux de la civilisation.

Telles sont, en effet, les connaissances générales que doivent préalablement acquérir les jeunes gens qui se destinent à la carrière diplomatique ; lorsqu'ils seront ainsi guidés par les lumières de la théorie, ils pourront facilement ensuite achever leur noviciat par un travail qui constitue véritablement le premier degré d'initiation aux affaires, nous voulons parler de l'étude dans les Archives du ministère, des correspondances, des transactions politiques et de tous les autres documents que le chef de cette Direction jugera nécessaire de leur confier.

Nous avons sur cette partie des études diplomatiques un travail important, fort rare ; nous espérons que nos lecteurs nous sauront gré de mettre sous leurs yeux cette production de main de maître, et qui remonte à l'époque la plus brillante du régime impérial ; elle a pour titre :

CONSEILS A UN ÉLÈVE DU MINISTÈRE DES RELATIONS EXTÉRIEURES.

DE LA LECTURE ET DE L'ÉTUDE DES MANUSCRITS DES ARCHIVES.

> Apes debemus imitari, quæ, ut vagantur, flores ad mel faciendum idoneos carpunt : deinde quidquid attulere disponunt, ac per favos digerunt. Ita debemus quæcumque ex diversâ lectione congessimus, separare : meliùs enim distincta servantur; deinde, adhibitâ facultate ingenii, in unum saporem varia illa libamenta confundere, ut, etiamsi apparuerit unde sumptum sit, aliud tamen esse quàm unde sumptum est, appareat.
>
> (Senec, *Epist.* 84.)

Vous avez, Monsieur, été admis aux Archives, et il m'a été permis de vous y donner communication des documents instructifs qu'on a recueillis et classés depuis environ deux siècles, et que nous conservons pour l'usage du ministère. J'ai reçu en même temps la recommandation expresse de veiller sur votre travail, de vous donner des conseils, et de concourir, autant qu'il sera en moi, au succès des efforts que vous devez faire pour vous instruire, pour vous former et vous rendre digne de servir un jour votre Souverain dans l'épineuse et honorable carrière où vous ambitionnez d'entrer.

Si je vous avais d'abord entretenu des difficultés sans nombre et de tous genres qu'on doit s'attendre à rencontrer à chaque pas en la parcourant; si je vous avais dit tout ce qu'il faut d'efforts pour les surmonter, combien de connaissances pénibles à acquérir, combien de qualités difficiles à concilier il faut savoir réunir pour pouvoir se flatter de bien remplir, dans toutes les circonstances, des fonctions dont le succès intéresse presque toujours la gloire du Prince, la sûreté de l'État et les plus grands et les plus chers intérêts des peuples, je vous aurais peut-être effrayé et découragé (*) : J'ai mieux aimé vous

---

(*) Ces réflexions nous rappellent un souvenir anecdotique qui ne manque pas d'à-propos. « Tout le monde sait, dit l'auteur du récit, que M. de TALLEYRAND se plaisait à protéger les jeunes gens quand ils annonçaient de l'esprit. Mais, ce qui pourra paraître singulier, il les détournait de toute l'autorité de ses conseils d'entrer dans la Diplomatie. Voici les questions qu'il leur adressait quand ils se croyaient atteints d'une vocation insurmontable, et nous n'avons pas besoin de faire ressortir la sage prudence de sa doctrine à cet égard. Le petit discours suivant en présente le résumé exact :

« Vous avez donc réellement envie d'entrer dans la Diplomatie? —
» Oui, Monseigneur. — Avant tout, il faut que je vous adresse une ques-
» tion; avez-vous de la fortune?— Malheureusement, non, Monseigneur.
» Je ne dis pas une grande fortune. Mais avez-vous du moins six mille
» livres de rente? — Eh! mon Dieu, non. — En ce cas, vous ne devez
» nullement songer à entrer dans la Diplomatie, et je vais vous expliquer
» pourquoi. D'abord on ne peut bien servir un Gouvernement, en étant
» sûr de ne point compromettre son indépendance, que quand on peut
» être toujours prêt soit à se voir destitué, soit à donner sa démission.
» Pour cela, il faut avoir rigoureusement de quoi vivre avec une certaine

laisser pressentir peu à peu, et pour ainsi dire successivement, toutes ces peines, tous ces dangers, par la
lecture des pièces qui sont comme des monuments
du plus ou moins de patience, de courage et d'habileté de ceux qui, avant vous, ont eu à triompher des
uns, et à supporter les autres ; afin que votre discernement s'exerce à suivre avec une attention soutenue
la marche des affaires, que votre esprit s'habitue au
calcul des chances qu'entraîne une détermination ré-

» aisance, et j'admets qu'un revenu de six mille francs puisse suffire. Vous
» ne les avez point ; je vous conseille paternellement de faire toute autre
» chose. La carrière des bureaux est ingrate et excessivement bornée. La
» carrière extérieure, toujours problématique, est d'ailleurs très-peu ré-
» tribuée en comparaison de la dépense et de la représentation qu'elle
» exige. Bien du temps peut se passer avant qu'un homme d'un mérite
» réel arrive au grade de secrétaire d'Ambassade ; il faut que jusque-là
» il puisse se suffire à lui-même par ses propres moyens sans faire une
» trop mauvaise figure dans les Cours étrangères, où il se trouve en
» contact journalier avec d'autres jeunes Diplomates appartenant à
» d'autres Cours, et ayant tous de la fortune. Ce n'est pas tout. En ad-
» mettant que vous deveniez premier secrétaire d'Ambassade à trente-
» cinq ans , ce que l'on peut regarder comme un avancement privilégié,
» vous ne serez pas toujours en fonctions ; la guerre peut éclater ; dans ce
» cas, vous êtes rappelé, sans place , et alors encore vous vous trouvez
» dans un état de dépendance complet, si vous ne jouissez pas d'un re-
» venu personnel suffisant. Il vous faudra solliciter sans cesse. L'habitude
» de l'aisance et de la vie dans un monde élégant et poli vous aura
» rendu difficile sur certaines relations qu'il vous faudra subir. Croyez-
» en les conseils de mon expérience. Quoique je sois le ministre des Re-
» lations Extérieures d'un des premiers Gouvernements de l'Europe, j'ai
» acquis le droit de dire qu'il n'est point de carrière plus ingrate que
» celle de la Diplomatie, pour quiconque n'a pas de fortune. Peut-être,
» dans votre ambition, rêvez-vous la possibilité de devenir un jour am-
» bassadeur. C'est une illusion dont il faut vous détromper. Rarement
» les ambassadeurs appartiennent à la Diplomatie ; autrefois les ambas-
» sades étaient le partage de quelques grands seigneurs ; aujourd'hui,
» vous voyez que le Premier Consul les donne de préférence à ses
» généraux. Et puis vous ne pouvez ignorer qu'une ambassade est
» plutôt une occasion de ruine pour un homme riche qu'une chance de

fléchie, et que votre caractère se forme, autant qu'il est possible de le faire avant l'épreuve, par cette espèce d'expérience anticipée que vous pourrez acquérir, en recherchant, en examinant et en jugeant les actes et les travaux de ceux qui vous ont devancé dans la carrière.

Dans cette vue, je vous ai donné, dès votre entrée aux Archives, un plan d'études, ou plutôt une méthode de lecture, dont la bonté ne peut être bien

------

» fortune pour celui qui ne l'est pas. Considérez encore qu'aucune autre
» carrière n'exige de connaissances plus variées, une instruction plus
» positive disséminée sur une foule de sujets, et en même temps une
» perspicacité qui ne s'apprend pas. J'admets que vous possédiez plusieurs de ces qualités, que vous puissiez acquérir promptement celles
» qui vous manquent; eh bien! elles ne serviront qu'à vous susciter des
» envieux et des ennemis si vous êtes dans la dépendance de votre place.
» Au surplus, causez-en avec d'Hauterive, et nous verrons ensuite ce que
» nous pourrons faire pour vous. »

« Certes, nous n'avons pas sténographié ce discours sous la dictée de M. de Talleyrand, mais nous pouvons affirmer qu'il ne renferme pas une pensée qu'il n'ait émise mainte et mainte fois en parlant aux élèves de Diplomatie qu'il entourait de sa bienveillance, et que toutefois il voulait dissuader de rester dans la carrière. Quand on sortait de chez le ministre, conformément à son conseil, on se rendait auprès de M. d'Hauterive, c'était vraiment bien autre chose encore. Ses noirs sourcils se fronçaient au-dessus de ses yeux noirs et caves, son front se plissait, ses jambes se croisaient, et alors il vous peignait la carrière diplomatique comme une espèce d'enfer; c'était le pire, le plus malheureux de tous les états; il n'était permis d'y songer que dans l'alternative de périr ou d'entrer aux Relations Extérieures, et l'on sortait de chez lui avec ce serrement de cœur qui accompagne toujours un désenchantement, une illusion perdue. Il est vrai que cela ne durait pas longtemps; les châteaux en Espagne se redressaient plus pompeux que jamais dans l'imagition des élèves; ils rêvaient comme par le passé de brillantes missions, des ambassades solennelles. Le ministre et son chef de division étaient vraiment bien appris de vouloir les détourner d'une carrière dont ils occupaient les sommités. « Ils veulent nous décourager, disaient les élèves, et ce qu'ils sont aujourd'hui, pourquoi ne le serions-nous pas un jour? Tenons ferme! » Et les élèves quelquefois finissaient par se partager les ambassades de l'Europe. »

constatée que par les résultats de son application. Je n'assurerai pas que, par le fruit que vous avez jusqu'à ce moment retiré de vos travaux, je puisse me prévaloir de vos progrès pour garantir avec une entière certitude la justesse et l'infaillibilité de cette méthode ; mais, en examinant avec attention ce que vous avez fait, je crois pouvoir assurer que, si vous n'êtes pas parvenu, comme vous vous l'êtes proposé, à former un tableau bien ordonné des événements et des discussions dont vous aviez à rechercher et à découvrir l'origine, l'enchaînement, le but et les résultats, c'est parce qu'en quelques points vous n'avez pas bien compris, et qu'en d'autres vous avez éludé le véritable sens des règles qui vous avaient été indiquées.

De ces deux torts, je dois le reconnaître, il en est un qui peut ne pas vous être imputé : si vous n'avez pas bien compris la méthode qui vous a été indiquée, il est possible que l'exposition que j'en ai faite ne vous ait pas été présentée avec assez de précision et de netteté. Il faut dire aussi que des explications verbales et des conseils, donnés quelquefois dans des moments où l'esprit de celui qui parle et l'esprit de ses auditeurs ne sont pas également bien disposés, ne font pas toujours la bonne impression qu'on a le désir et l'espoir de produire. Pour obvier autant qu'il est en moi à cet inévitable inconvénient des directions et des recommandations purement orales, je me suis proposé d'essayer si je ne pourrais pas exposer par écrit et développer avec quelque détail le plan de travail que je vous ai conseillé de suivre. Je sens, et vous vous en apercevrez bien en me lisant, qu'il est difficile de réduire en procédés réguliers et constants l'art, si l'on peut ainsi s'exprimer, d'étudier et de réfléchir, et celui d'apprendre et d'écrire sur quelque sujet que ce puisse être. Il l'est encore plus sans doute d'attacher de l'intérêt à une exposition de règles extrêmement minutieuses, et de faire bien comprendre l'importance et la nécessité de s'y conformer. Je me réserve de suppléer dans nos entretiens ultérieurs à ce qui manquera de clarté dans cette exposition didactique. Vos doutes et vos méprises m'avertiront de ce que j'aurais dû vous dire pour les prévenir.

Je commencerai par mettre sous vos yeux quelques considérations générales sur le grand objet de l'étude à laquelle vous avez résolu de vous livrer.

§ Iᵉʳ.

Considérations générales.

Il n'est pas impossible de ramener à des principes

fixes l'enseignement de la *politique* considérée comme *science*, parce que sa théorie se fonde sur des lois plus ou moins positives, et qu'elle a un objet précis et distinct, celui de régler les rapports qui existent ou doivent exister entre les Souverains. La diversité, ainsi que la mobilité de ces rapports, dépendent de la formation et de l'origine des États, des principes constitutifs des Gouvernements, de l'appréciation réelle ou présumée de leur puissance, des variations de leur position relative, de leurs affinités, de leurs discordances, de la vicissitude des événements, etc., etc. Or, toutes ces données sont autant de faits dont la recherche, la comparaison et l'enchaînement peuvent très-bien devenir un objet d'étude ; et cette immense collection de mémoires, de rapports, de conventions, de traités et de correspondances diplomatiques, dont se composent nos Archives, sont des moyens d'instruction qui ne laissent que l'embarras du choix à celui que la nature a doué du talent nécessaire pour les mettre utilement en œuvre.

Quant à la *politique* considérée comme **art**, je dois l'avouer, ses procédés tiennent à l'observation d'une foule de règles qu'il me semblera toujours bien difficile de déterminer. Les mêmes événements se reproduisent, il est vrai, à des époques différentes, et les mêmes sujets de discussion occupent, tantôt

successivement et tantôt simultanément, des hommes
que les plus grands intervalles de temps et de distance séparent. Mais les incidents, les circonstances
soudaines et inaperçues, le caractère des acteurs, la
différence des mœurs, des intérêts et des vues, chan-
gent tellement et si subitement l'aspect des affaires,
que les mêmes sujets présentent, au moment qu'on
s'y attend le moins, une dissemblance frappante et
inattendue ; les exemples qu'on avait choisis pour
moyens de direction, cessent de fournir une règle de
conduite, et aucune règle ne peut plus s'appliquer
rigoureusement à l'objet de la discussion. Le motif
de se déterminer ne se trouve dès lors que dans la
connaissance pleine et entière de toutes les circonstances où l'on se trouve, et dans la prévoyance des
événements plus ou moins probables qui peuvent les
changer.

Toutefois vous ne devez pas conclure de ces
difficultés, que la politique, considérée comme art,
ne puisse pas être un objet d'étude. Cet art ne peut
être assujetti à des règles fixes ; mais ses procédés
ont des formes qu'il faut connaître dans toutes leurs
variétés : ces formes sont les Notes, les offices, les
actes qui, sous diverses dénominations, servent à la
correspondance et aux communications établies entre
les Gouvernements et leurs ministres, et qui sont en

même temps les instruments de leurs rapports et les gages de leurs engagements respectifs. Il faut s'habituer à leur usage; il faut apprendre à les comparer, à y chercher des modèles; il faut acquérir le talent et la facilité d'en faire une rédaction soignée; il faut enfin savoir par quelles nuances elles peuvent et doivent être modifiées selon les lieux, les temps et les personnes. Les exemples du passé ne sont pas toujours applicables à la circonstance dans laquelle on se trouve. Les exemples sont cependant toujours le plus grand et le plus sûr de tous les moyens d'instruction. Les passions ont toujours été en lutte pour les mêmes objets, pour le même but, pour les mêmes intérêts; elles ont toujours mis en jeu les mêmes ressorts. En examinant avec attention les documents où sont consignés les détails et la marche des discussions et des événements diplomatiques, la prudence s'exerce au discernement des probabilités de succès; on apprend à mesurer les obstacles, à pressentir les dangers, et on se forme ainsi une expérience pour ainsi dire théorique, qui, en nous instruisant par les erreurs d'autrui, nous préserve du malheur de nous éclairer par nos propres fautes.

L'étude de la politique, soit qu'on la considère comme science ou comme art, est donc une étude de faits et de formes. Le souvenir des uns et des autres

est soigneusement conservé dans les documents qui
ont été recueillis, et qui sont déposés dans les archives du ministère des Relations Extérieures : ces
documents seront successivement à votre disposition ;
ils seront également à la disposition des personnes
qui, comme vous, obtiendront l'autorisation d'en
avoir une communication suivie.

Vous devez d'abord vous arrêter à une première
idée ; c'est que les papiers qui vous seront successivement mis sous les yeux, considérés isolément,
sont presque généralement dénués d'intérêt. Les
faits y étant souvent rapportés sans ordre et établis
sans authenticité, les événements ne s'y développent
que par degrés, et souvent les gradations de leur
développement sont incertaines, insensibles et inaperçues. Les accessoires ont, la plupart du temps,
occupé toute l'attention des narrateurs, qui s'attachaient principalement aux points de vue le plus à
leur portée, ou les intéressant le plus, relativement
à leur position personnelle. Leurs raisonnements,
leurs hypothèses, leurs conjectures remplissent, très-
inutilement pour l'histoire, une très-grande place
dans leur correspondance. Mais celui qui lit dans
l'intention d'exercer sa prévoyance et de disposer
son esprit à bien observer, à bien voir et à bien juger, doit sentir tout l'avantage qu'il peut tirer de la

comparaison des événements, tels que l'histoire les rapporte, et de ces mêmes événements, quand ils sont bien ou mal pressentis dans les dépêches de ceux qui étaient chargés d'étudier leur marche, de les annoncer et de les décrire. Il vous arrivera souvent de trouver, dans ces correspondances, des moyens de rectifier les erreurs commises par les historiens, mais vous apprendrez aussi par l'histoire à contredire les assertions des écrivains de correspondances, à redresser leurs jugements, à réfuter leurs conjectures, et vous vous habituerez ainsi à prévenir un jour votre esprit contre les mêmes méprises.

Deux conséquences importantes et pratiques résultent de ce qui vient d'être dit :

1° L'étude des pièces diplomatiques ne peut vous être d'aucun intérêt, ni avoir de résultat utile et attachant pour vous, qu'autant qu'elle sera soumise à une méthode qui lie ensemble toutes les parties d'un même travail, et qui, en faisant passer successivement en revue toutes les pièces d'une volumineuse correspondance, vous indique les points qui méritent d'arrêter votre attention, et qui peuvent vous conduire, après une longue suite de rapprochements et de réflexions, à un résultat utile à votre instruction.

2° L'étude des correspondances doit toujours se

rattacher dans votre esprit aux souvenirs de vos pré-
cédentes lectures; et comme il est extrêmement probable que vous n'aurez pas lu tous les bons ouvrages
dans lesquels se trouve le récit des événements qui
sont l'objet de la correspondance que vous aurez sous
les yeux, il faut que ces deux lectures se fassent
concurremment, et que vous vous aidiez des renseignements recueillis dans l'une et dans l'autre, pour
rectifier et compléter les connaissances que vous
vous proposez d'acquérir.

Nous supposons dans le ministère et il semble
qu'on doit raisonnablement supposer partout, que,
lorsqu'un jeune homme se présente à l'entrée d'une
carrière, sa première éducation est finie, ce qui veut
dire qu'il a déjà ce fond de connaissances générales
qu'on regarde comme préalablement indispensable
avant de pouvoir se consacrer à l'étude particulière
de la profession à laquelle on ambitionne de s'attacher. Il n'est sans doute pas naturel d'attendre des
personnes qui se destinent à une partie spéciale
d'administration, qu'elles sachent, en se présentant,
ce qu'on ne peut apprendre que par l'expérience et
par l'application pratique des lois, des règlements,
des maximes et des principes de cette administration;
mais il paraît juste d'exiger d'elles qu'elles apportent
toute l'instruction relative qu'il a été en leur pouvoir

d'acquérir par les moyens généraux de l'éducation commune.

Nous établissons donc en principe que les personnes qui sollicitent leur admission aux Archives pour y éprouver leur aptitude, n'ont et ne doivent avoir en vue que d'y chercher les moyens particuliers d'instruction qu'elles n'ont pu trouver ailleurs, et d'appliquer leurs connaissances antérieurement acquises, à l'étude de celles qui sont propres et spéciales au service des Relations Extérieures.

Je vais plus loin, et, pour qu'il n'y ait sur ce point aucune méprise, j'ajoute que ces connaissances préléminaires que nous supposons qu'elles ont antérieurement acquises, ne sont pas seulement celles qui appartiennent à l'éducation de toutes les classes un peu élevées de la société. Il est d'abord entendu que le jeune homme qui a eu le bonheur de naître dans ces classes, à quelque carrière qu'il se destine, doit être instruit de ce qui fait l'enseignement général des colléges, et des lycées. Mais ensuite, si nous lui supposons une vocation réfléchie, nous devons croire que, du moment où il a aspiré à entrer dans la carrière politique, il a consacré tout son temps à l'étude de l'histoire, de celle surtout des temps modernes, et qu'il a principalement porté son attention, sur les résultats des guerres des trois derniers siècles; guerres mémorables qui ont produit ou occasionné de si grands changements dans les relations politiques des États, et qui ont soumis à tant de vicissitudes la destinée d'un si grand nombre de peuples.

Les changements que la politique a subis dans cette intéressante période de l'histoire des temps modernes, ont été le résultat de causes que la lecture des historiens met à portée de connaître : la force et la sagesse relatives des Gouvernements, les chances de la guerre, les talents supérieurs des ministres, des généraux, des négociateurs, etc., etc., etc. Ces changements ont en même temps suivi une marche systématique, qu'on ne peut discerner et suivre qu'en remontant à des principes, qui dans les diverses époques, ont servi à établir la règle et la mesure d'après lesquelles ils ont été déterminés.

C'est de ces principes que vous, et en général toutes les personnes qui désirent se consacrer à la carrière diplomatique, devez faire un objet perpétuel de méditation. La théorie qui les expose, qui les développe, qui les lie et les enchaîne, qui déduit de leur comparaison des conséquences plus ou moins rigoureuses, plus ou moins positives, forme ce qu'on appelle l'étude du Droit public. Je vais m'arrêter un instant avec vous sur cet important sujet.

§ II.

Étude des principes et de leur application.

———

Le Droit public se divise comme le Droit civil, c'est-à-dire qu'il traite des *personnes* et des *choses*. Les *personnes* sont les *Souverains*, dont le Droit public détermine les classes, les conditions, les dépendances, les prérogatives, les droits et leurs limites. Les *choses* sont les *États*, dont la propriété *politique*, comme toutes les propriétés, a un caractère qui la constate, des modes qui la varient, des règles qui fixent tous les moyens consacrés de la transmettre. Viennent ensuite les *engagements*, qui, dans le Droit civil, sont les *contrats*, et, dans le Droit public, les *traités* et tous les actes et déclarations qui, sous diverses dénominations, constituent l'état de *médiation*, de *protectorat*, d'*alliance*, de *confédération*, de *neutralité*, et embrassent ainsi toutes les positions respectives dans lesquelles un État, quelle que soit sa force ou sa faiblesse, peut se trouver placé relativement à tous les autres.

Le décret du 31 mars 1806 a statué que les places de secrétaire de Légation seraient exclusivement remplies par des auditeurs du Conseil d'État, en conservant toutefois les droits acquis aux agents alors en exercice et aux employés du service intérieur dont les places avaient été assimilées, par le décret du 3 Floréal an VIII, à celles de secrétaire de Légation.

Par un décret postérieur, il fut prescrit que, pour être admis au Conseil d'État, les aspirants à l'auditorat devaient avoir fait un cours du Code civil. Pour les auditeurs du ministère des Relations Extérieures, et pour les personnes qui aspirent à le devenir, l'étude du Code civil ne doit être que le préliminaire d'un cours de Droit public; et à défaut des leçons qu'on donne aux écoles de Strasbourg et au collége de France, et qu'il serait à désirer que vous eussiez suivies avant de vous présenter au ministère, vous devez vous imposer la loi d'y suppléer par la lecture assidue et réfléchie des ouvrages les plus accrédités qui traitent de cette matière. Vous trouverez dans la suite de ce travail, quelques indications bibliographiques dont vous pourrez faire un usage utile dans le cours de votre instruction.

Sur ce point important, je me bornerai, dans ce moment, à vous recommander de bien retenir la division des parties qui constituent élémentairement la théorie et l'enseignement du Droit public. Dans toutes vos lectures, attachez-vous à classer toutes les idées qui se présenteront à votre esprit, toutes les connaissances que vous acquerrez, sous les trois chefs principaux que j'ai distingués, les *choses politiques,* les *personnes politiques,* les *intérêts politiques;* consignez dans des notes rédigées avec précision et clarté, tout ce qui, dans vos souvenirs et dans vos méditations, pourra se rapporter à chacun de ces trois chefs; mettez ces notes en réserve : en les rapprochant, en les réunissant un jour, vous trouverez que vous aurez acquis un moyen facile et sûr de faire, sans le secours d'un maître, un très-bon cours de Droit public.

Quant aux études qui sont directement propres au service du ministère et à l'exercice des fonctions diplomatiques, les documents et tous les moyens d'instruction s'en trouvent aux Archives. Ils sont variés, abondants, et précieux au plus haut degré. Tout consiste à savoir bien choisir ceux qui peuvent être utilement appropriés à un cours de lecture réfléchie, régulière et méthodique.

Les archives du ministère contiennent quatre sortes de pièces : 1° les traités : ils ont été recueillis dans des collections qui seront mises à votre disposition; 2° les Notes ou offices diplomatiques; 3° la correspondance du ministère et des Légations; 4° les mémoires, les rapports, les projets, etc. sur toutes sortes de matières d'intérêt public. Une étude

systématique et raisonnée de ces pièces pourra vous
donner, à l'aide du temps et de la réflexion, une
connaissance complète et approfondie de tout ce
qu'un Agent diplomatique doit savoir pour servir
utilement son Prince dans la carrière honorable où
il se trouve engagé.

Par l'étude des traités, vous connaîtrez la situation respective des États; et, par leur succession,
vous apprendrez à observer les vicissitudes de la
puissance des Gouvernements.

Par l'étude des Notes et offices, vous connaîtrez les
moyens d'atteindre le but général des négociations,
qui est de faire cesser le fléau de la guerre.

Par l'étude de la correspondance du ministère et
des Légations, vous vous formerez enfin à l'art de
mettre en œuvre tous les moyens praticables de prévenir les mésintelligences et de maintenir la paix,
sans déroger aux droits, à l'honneur et à la dignité
de votre Souverain.

A la recherche de ces trois grands objets s'attache
naturellement une multitude de recherches accessoires, dont je ne puis vous donner ici que la simple
indication, et qui toutes sont également propres aux
diverses fonctions que vous aurez un jour à remplir.
Pour bien apprécier la marche d'une négociation, il
faut sans cesse se reporter au dehors, examiner at-

tentivement les circonstances particulières et actuelles de chaque État, connaître les événements récents de la guerre, pressentir les événements prochains ; il faut avoir une juste idée des personnages qui agissent, de leur influence, de leur caractère, de leurs talents, des qualités qui peuvent seconder la marche des négociations, de celles qui peuvent y mettre des obstacles ; il faut suivre, avec une attention infatigable, le jeu de toutes les passions et la lutte de tous les intérêts opposés ; il faut se transporter au champ même de la discussion, assister comme témoin aux débats, juger de la justice des prétentions qui se combattent, et de la prudence des acteurs qui sont en scène, il faut enfin savoir bien se pénétrer du véritable sens des instructions qui éclairent et règlent leur conduite, et surtout se rendre compte de la manière plus ou moins heureuse, plus ou moins habile, dont ces instructions ont été suivies.

§ III.

Méthode de Lecture et d'Étude.

J'arrive maintenant à l'explication de la méthode que vous devez suivre, pour que les traités, les Notes, les offices, la correspondance, les mémoires, etc., etc., qui seront mis à votre disposition, ne soient pas entre vos mains l'objet d'une lecture superficielle et stérile, pour que cette lecture devienne une véritable étude, et qu'elle vous conduise aux résultats que vous devez désirer d'obtenir.

Avant tout, ayez présent à votre esprit l'objet précis et bien déterminé du travail que vous êtes chargé de faire. Vous avez en vue un but final, qui est la connaissance des causes et des résultats d'une paix qui, à une époque déterminée, a été concluc entre plusieurs grandes puissances : le sujet spécial de votre étude est donc la négociation qui a conduit les ministres de ces puissances à la conclusion de la paix.

Il faut d'abord vous fixer sur un point; c'est que les négociations dont l'histoire a conservé le souvenir ont été précédées par un plus ou moins long période d'années de guerre : cette guerre avait elle-même été précédée par des années de paix; et, il est trop vrai de le dire, la paix ne fut jamais pour les peuples que le commencement d'un intervalle de conciliation, pendant lequel les passions amorties n'ont pris un repos momentané que pour se préparer à de nouvelles luttes. La guerre a donc éclaté de nouveau; et il arrive ordinairement que, continuant ses ravages pendant le cours des négociations, elle ne cesse qu'au moment où les Souverains ont ratifié les arrangements convenus et souscrits en leur nom par les plénipotentiaires.

Ici, vous le voyez, votre sujet s'agrandit; et, dès le début de votre travail, il s'étend de beaucoup au-delà de l'objet de la méthode qui vous sera expliquée et des moyens d'instruction que nous pouvons vous fournir aux Archives. L'intervalle de temps qui vous est donné à étudier est borné : il remplit la période qui s'écoule entre deux traités de paix; et vous voyez que je vous recommande d'abord de vous reporter aux temps antérieurs pour vous faire une idée sommaire, mais précise et juste, de la suite des événements qui ont primitivement établi, et ensuite modifié, changé ou détruit les rapports existants entre les Puissances.

Ce préliminaire est indispensable; car tout se tient, s'enchaîne dans l'histoire comme dans la nature : il est impossible d'avoir des notions exactes sur aucun objet de détail, si l'on n'a pas des notions générales et positives de l'ensemble. Il n'existe aucun moyen de suppléer à ce travail de première nécessité; et si vous n'avez pas lu avec assez de méthode et de fruit les bons écrivains qui ont retracé l'histoire des grands événements des deux derniers siècles, il faut choisir

ceux qui auront traité ce sujet avec le plus de succès et en faire une lecture soignée. Vous vous ferez
ainsi un tableau préparatoire d'observations et de
faits qui vous feront arriver, mieux informé et plus
capable de vous instruire, au période dont l'étude doit
être assujettie à la méthode que je vais vous tracer.

La lecture des historiens vous a conduit à cette
époque. Vous ne cesserez pas d'avoir besoin de leur
concours, lors même que vous aurez à votre disposition les correspondances diplomatiques, qui, ne se
rapportant qu'à la sphère locale et bornée des rapports d'une Légation, ne peuvent donner une idée
suffisamment développée du sujet que vous devez
embrasser et connaître dans toute son étendue. Le
recours à ce moyen subsidiaire de recherches et
d'instructions deviendra plus nécessaire encore,
quand vous arriverez au temps où la guerre a éclaté,
et surtout quand vous verrez commencer le période
intéressant de l'ouverture des négociations ; car il y
a entre les discussions diplomatiques et les événements militaires une corrélation qu'il vous importera
essentiellement de bien observer. Cette corrélation
n'a jamais cessé d'être un instant présente à l'attention des Légations ; et lorsque les négociations ont été
ouvertes, vous verrez qu'elle fut l'objet constant de
l'étude des négociateurs. Vous aurez lieu d'observer

alors que l'étude et la connaissance de ces rapports, aussi importants que difficiles à saisir ainsi qu'à bien apprécier, ont toujours eu la plus grande influence sur la marche des discussions, et que c'est principalement à eux qu'on doit attribuer les variations que le progrès plus ou moins lent des négociations vous mettra à portée d'observer dans le langage des ministres et dans la mesure de leurs prétentions. Il faudra donc que, dès le principe, vous vous fassiez une loi de mettre constamment en œuvre les deux moyens d'étude qui seront à votre disposition ; c'est-à-dire, que vous devez consulter alternativement les ouvrages historiques qui ont tracé le tableau des événements militaires et politiques, et les correspondances et les pièces diplomatiques, qui, après avoir fait pressentir l'époque plus ou moins prochaine des négociations, en ont ensuite fait connaître le début, les différentes phases, les progrès, les obstacles et les résultats. Vous comprendrez, en effet, facilement que, sans cette réunion de moyens, vous ne pourriez jamais vous faire une idée complète de l'objet de vos travaux ; car les ouvrages historiques ne donnent que des notions insuffisantes des débats diplomatiques, et on ne trouve dans les pièces diplomatiques que des détails inexacts, incomplets et superficiels des événements.

Il s'agit maintenant de savoir comment il faut procéder à cette double étude. La variété, le nombre et le genre même des documents qu'il faut successivement consulter, dont les uns doivent être lus avec une extrême attention, dont d'autres ne peuvent être l'objet que d'une attention rapide et légère, suffiraient seuls pour indiquer le mode de lecture que vous devez adopter, si vous voulez retirer de cette étude tout le fruit que vous en devez espérer. Vous aurez à choisir parmi une foule de pièces manuscrites et imprimées, de mémoires, de pamphlets, de rapports, de manifestes, de déclarations, de réfutations, d'instructions, de dépêches, d'offices, de réponses, de contre-notes, de répliques, de traités, de conventions, de dissertations, d'interprétations, etc., etc.; et au nombre de ces pièces et de ces ouvrages, il en est qui, non-seulement méritent d'être lus, mais qui doivent encore être étudiés, médités, approfondis; tandis que d'autres, ne pouvant être que l'objet d'une lecture superficielle, ne présenteront quelquefois que des parties qui seront réellement dignes d'arrêter un moment l'attention des lecteurs.

Le mode de lecture le plus propre à faciliter sur ce point l'exercice de votre discernement, est de lire successivement toutes les pièces selon l'ordre des temps, et de faire sur chaque pièce un extrait proportionné à l'intérêt qu'elle présente. Ces extraits élémentaires doivent être écrits sur des feuillets détachés. Vous distinguerez ces extraits, en tête du feuillet, par la date et la marque indicative de leur objet. Vous les mettrez ensuite en réserve, vous laissant conduire de la lecture d'une pièce à la lecture d'une autre, par la liaison naturelle du temps où elles auront été écrites et de l'objet qui y sera traité : la classification seule des papiers, telle qu'elle a déterminé leur arrangement dans les cartons des Archives, vous indiquera l'ordre dans lequel les manuscrits doivent être lus et analysés; et la mention que vous y trouverez des événements publics, ainsi que des mémoires, des rapports et autres pièces imprimées, vous fera connaître quels sont les ouvrages de cette dernière espèce que vous devez rechercher, et l'ordre dans lequel vous devez les lire et les analyser.

A l'égard de ces extraits, qui sont une des parties les plus importantes de l'application de la méthode que je vous recommande de suivre, il est difficile de vous dire comment ils doivent être faits : ce genre de travail ne peut être assujetti à aucune règle. La mémoire la plus heureuse ne fait rien sans le discernement qui sait choisir, et la mémoire ici ne fait que servir d'instrument à la faculté de réfléchir. La seule chose que je puisse vous dire, c'est qu'à quelque période de votre travail que vous vous trouviez arrêté, vous devez toujours avoir l'esprit fixé sur le but final auquel vous aspirez d'arriver : ce but est une déclaration de guerre ou un traité de paix. Or, dans tout ce qui vous passera sous les yeux, il faut que vous sachiez distinguer ce qui vous paraîtra devoir un jour avoir quelque influence sur l'un de ces deux résultats; il faut apprendre à savoir peser et mesurer cette influence : et c'est par cette appréciation, que vous déterminerez le choix des objets que vous aurez à placer dans vos extraits, et le plus ou moins d'étendue que vous croirez devoir leur donner.

Dans le principe, et avant qu'un long exercice de cette méthode vous ait donné la confiance que vous aurez enfin acquis le talent de bien lire, de réfléchir et de bien analyser, vous ne devez pas craindre de trop multiplier, trop allonger vos extraits. Il ne faut pas non plus vous interdire de les surcharger de vos propres réflexions, ni vous faire un scrupule de hasarder les idées qui se présenteront à votre esprit, en consignant le récit des faits et les observations que vous aurez recueillies dans les pièces et dans les livres. L'habitude de lire, et d'analyser en lisant, ne vous donnera que plus tard, et ne pourra manquer de vous suggérer le mode d'extraire qui sera le plus approprié à la mesure de vos facultés et au degré de perfection auquel, pour cette espèce particulière de travail, vous pouvez espérer d'atteindre.

Je viens de dire que la lecture des pièces manuscrites vous indiquera, dans la mention que vous y trouverez des événements, des actes et des mémoires du temps, les ouvrages imprimés que vous devez choisir pour les lire et les extraire; mais vous ne devez pas vous borner à ces indications. Il faut que, dans le cours de ce premier période de votre travail, vous vous mettiez à la recherche de tout ce qui a été publié. Quand on est sur la voie de s'instruire, il faut être curieux et avide de toute espèce de renseignements. Les titres des ouvrages politiques, historiques, philosophiques même et littéraires, que vous lirez dans les catalogues des bibliothèques et des libraires, pourront vous indiquer ceux de ces ouvrages où vous pourrez trouver des matériaux d'extraits utiles à recueillir. Il n'est pas jusqu'aux articles des dictionnaires biographiques, que vous pourrez parcourir avec fruit, pour vous faire une première idée du caractère et des actions des personnages plus ou moins célèbres dont la vie se trouve mêlée aux événements publics. Ce genre de recherches, ainsi généralisé, sera lui-même un bon moyen d'enrichir votre mémoire et de développer votre esprit. Le temps que vous y emploirez, lors même qu'il ne vous conduirait qu'à vous faire lire des livres écrits sans talent et dénués d'intérêt, ne sera pas perdu pour vous. En feuilletant, en parcourant tous les ouvrages qui traitent du même sujet, en recueillant, dans des chapitres, dans des pages ou des passages lus isolément, les observations que vous y trouverez, et qui se rapporteront à l'objet de votre travail, vous serez tout surpris à la fin de ce genre de recherches, de tout le fruit que vous en aurez retiré; et vous vous trouverez à la fin riche d'une foule de notions, de renseignements et d'aperçus qui peut-être vous feront apercevoir et saisir, dans la politique des Cabinets, des motifs, et, dans la marche de leurs agents, des moyens qui ont échappé à l'attention des contemporains, et qui échapperont peut-être au jugement de l'histoire.

Vous êtes maintenant arrivé au troisième et dernier période de votre travail. Dans le premier, vous vous êtes reporté aux époques antérieures à celles du sujet que vous aviez à traiter; vous avez cherché à recueillir toutes les données qui pouvaient vous mettre en mesure de lier les mouvements, les changements que vous aviez à observer, et les résultats politiques qui devaient en être la suite, à la grande chaine historique des événements publics. Dans le deuxième période, vous avez recueilli, parmi une foule de documents épars et divers, tous les renseignements qui pouvaient vous éclairer sur les causes de la guerre, sur les moyens, les obstacles et les conséquences de la paix. Le travail dont vous avez maintenant à vous occuper, a pour objet de mettre ces utiles matériaux en œuvre.

Ici, il faut abandonner les livres, les manuscrits, les pièces originales et le travail des écrivains que vous avez consultés; il faut être maintenant votre historien vous-même; et, sur les extraits que vous avez rassemblés, et qu'il faut d'abord que vous classiez avec ordre et que vous compariez avec soin, vous devez vous faire un tableau bien ordonné, dans lequel vous vous attacherez à bien observer la première origine des changements survenus. Vous en suivrez les gradations plus ou moins marquées; vous chercherez à voir comment les Cabinets ont successivement passé, et quelquefois à leur insu, de l'état de bonne intelligence à l'état d'inimitié; comment ensuite les dommages et les périls de la guerre les ont portés, successivement ou simultanément, à manifester le désir de se rapprocher, et comment les contradictions d'une suite de longues et orageuses discussions les ont enfin conduits à transiger sur leurs intérêts et sur leurs droits. C'est là ce que vous devez observer, et présenter, en traits rapides et distincts, dans un tableau animé et raisonné, qui soit comme une espèce de compte-rendu de toutes les impressions que votre esprit, votre mémoire et votre imagination auront reçues, dans le cours du long travail auquel vous vous serez précédemment livré.

Voilà, je dois le reconnaître, une exposition bien minutieuse et bien diffuse. Si j'avais eu pour but de vous intéresser et d'attacher votre esprit par l'attrait d'une brillante théorie, je me serais certes bien gardé de m'étendre sur d'aussi fastidieux détails; mais j'ai été occupé d'un tout autre objet, et je ne crains que de ne m'être pas assez expliqué. Je crains que, dans les travaux dont je vous ai tracé la succession, je n'aie pas assez distinctement séparé les diverses opérations de l'esprit, qui, dans l'application de ma méthode, doivent concourir au but final que vous devez avoir en vue. Il y a ici un temps pour lire; il y en a un pour extraire, pour comparer et classer ces extraits, pour chercher et saisir la chaine des événements, pour lier les faits aux discussions, et celles-ci à leur résultat définitif. Il faut enfin faire un ensemble de toutes les idées qu'on a conçues, et présenter un tableau vaste et bien ordonné de ce qui a été l'objet d'une longue étude. Voilà ce qui doit résulter de l'intelligence des règles que j'ai cherché à vous exposer. Je suis si persuadé de la nécessité de vous les faire bien comprendre, de vous les inculquer, et de prévenir tous vos doutes sur le mode de leur exécution, qu'au risque de me répéter, je ne craindrai pas de revenir sur le même sujet, et de vous montrer comment peut et doit se faire l'application de ces règles, à l'égard d'un exemple déterminé. Je trouve à cette répétition des mêmes idées un double avantage : reproduites une seconde fois, elles se graveront plus sûrement et plus distinctement dans votre esprit ; et, représentées avec leur application à un sujet connu, elles me donneront occasion d'attirer votre attention sur des événements mémorables, et de faire, sur ces événements, des observations qui, déplacées dans un ouvrage régulier et destiné au public, ne peuvent être que convenablement développées dans un travail qui a pour objet de vous exciter à en faire. Je suis certes bien loin de vous donner celles que je hasarderai de vous exposer comme des modèles ; elles ne sont que des essais, de simples ébauches, qu'il vous deviendra un jour facile de terminer, quand, par un travail soutenu et par de longues études, vous aurez contracté l'habitude d'observer, et que votre esprit, longtemps exercé, aura acquis la faculté de généraliser ses idées.

§ IV.

Application de la méthode à un exemple.

Je choisis pour exemple l'histoire de la paix de 1763, qui termina la guerre de Sept-Ans. Cette paix, par l'influence que ses résultats ont eue sur la politique générale, peut et doit être mise au même rang que les paix célèbres de Westphalie et d'Utrecht, qui, dans le grand tableau historique des derniers siècles, servent comme de point de départ pour l'étude des causes de la diminution progressive de l'ascendant de quelques grandes puissances à dater de cette époque, et de l'accroissement également progressif de quelques autres.

J'ai dit, dans la section précédente, que l'histoire d'une négociation devait être précédée de celle des événements militaires antérieurs à la négociation. J'ai ajouté que ce tableau devait encore être précédé de celui de la situation respective et générale des puissances au moment où la guerre a éclaté; et enfin j'ai dit qu'il convenait de récapituler avant tout, dans un cadre plus ou moins étendu, les grandes vicissitudes des rapports politiques des États, à partir d'une époque plus reculée, et qui fût assez mémorable pour

que le lecteur y rapportât facilement la suite des événements, et pût y trouver leur cause, ou tout au
moins l'explication de leur origine, de leur développement et de leurs plus importants résultats.

Dans des discussions effectives, ou bien lorsqu'il
s'agit de présenter un mémoire, un rapport au Gouvernement, rien n'est plus oiseux que de rétrograder
indéfiniment vers les époques les plus reculées, sans
autre but que celui de faire un vain et frivole étalage
d'érudition. On a fait sagement de tourner en ridicule sur le théâtre cette manie véritablement pédan-
tesque de remonter, sur toute espèce de sujets, à
l'origine des choses ; mais il s'agit ici de faire un travail qui n'a d'autre objet pour vous que celui de vous
exercer et de vous instruire. Or, quel moyen plus facile et plus sûr de faire concourir en même temps à
ce double but et votre mémoire, et votre discernement, que celui de vous imposer la loi de vous faire,
dans tous vos travaux, une habitude de rapprocher,
de comparer sans cesse les divers objets de vos études, de lier toujours les notions que vous voulez acquérir, avec celles que vous avez précédemment
acquises, pour pouvoir enfin vous faire un système
bien ordonné de connaissances solides, et applicables,
comme règles de conduite, et dans toutes les circonstances où vous pourrez un jour vous trouver placé ?

A quelque époque de l'histoire des derniers temps que vous arrêtiez votre attention, vous découvrirez que les changements qui se préparaient alors dans le système des rapports des États, avaient été précédés par des changements antérieurs, et que ces changements avaient aussi leurs causes. Il y a cependant un point où il faut savoir s'arrêter. Ce point, que tous les écrivains politiques se sont accordés à choisir, est l'époque du traité de Westphalie, transaction mémorable, qui, après de longues et orageuses discussions, concilia les prétentions les plus absolues, régla les intérêts les plus opposés et mit un terme à des discordes qui avaient ensanglanté l'Europe pendant le cours de trente ans. Ce traité célèbre posa véritablement les bases fondamentales des relations politiques qui ont existé pendant près de deux siècles, et qui existeront longtemps encore, entre la plupart des grandes et des petites puissances du monde civilisé.

Avant le XVIe siècle, les nations, agitées par des secousses intestines, et luttant contre les désordres et la faiblesse des institutions féodales, n'avaient, pour ainsi dire, aucune assiette fixe. Les Gouvernements ne s'étaient pas encore élevés à l'idée d'un système de relations extérieures; la société s'organisait, la puissance politique se formait au sein de chaque État. C'était tout ce qu'on pouvait attendre

du long et pénible retour des peuples à des idées
d'ordre, de justice et de repos, après tant de siècles
de misère, de violence, de barbarie et de calamités
sans mesure.

Lorsque les brillantes chimères de la chevalerie
et le prestige attrayant des croisades furent dissipés,
le seul objet commun qui pût rallier les Gouvernements et les peuples à des maximes et à des mesures
convenues, fut l'intérêt de se prémunir contre l'exagération de la puissance spirituelle et les entreprises
de la Cour de Rome. La découverte de l'imprimerie,
celle du Nouveau-Monde, la renaissance des arts et
des lettres, éclairant les esprits et ouvrant mille carrières nouvelles à l'ambition, à l'activité, à l'industrie de toutes les classes de la société, accélérèrent
partout le réveil de l'esprit humain sur les objets
qu'il nous importe le plus d'étudier et de connaître ;
l'ouvrage de l'affranchissement du pouvoir fit dès
lors des progrès sensibles dans tous les Etats ; et les
Souverains, plus assurés de leur autorité au dedans,
eurent plus de temps et de moyens à employer à la
conservation, à la consistance et à l'améliration de
leurs relations politiques.

La maison d'Autriche était, à cette époque, celle
de toutes les puissances qui pouvait retirer le plus
d'avantages de cette grande révolution : elle devait

concevoir l'idée ambitieuse de s'en prévaloir, pour aspirer à une domination universelle ; elle la conçut. Les dissensions religieuses qui s'élevèrent à la suite des doctrines de *Zwingle*, de *Wiclef*, de *Luther* et de *Calvin*, et qui, sans le concours des circonstances politiques de ce temps, n'auraient pas eu plus de suite que celle des Albigeois, servirent de prétexte aux peuples et aux Souverains dont l'indépendance était compromise. Il se manifesta de toutes parts en Allemagne, en Italie et dans le Nord, un esprit vague de résistance : des ligues se formèrent ; la guerre de Trente-Ans éclata ; et, après une longue suite de vicissitudes, des limites sages et justement proportionnées aux circonstances furent assignées aux grands États : une balance de pouvoir et d'influence s'établit entre eux ; les traits principaux du système fédératif de chacune des puissances se firent sensiblement apercevoir, et l'on put dès lors espérer que le Droit public aurait des règles et des lois auxquelles, dans tous les changements que pourraient éprouver la fortune et la destinée relative de quelques États, on pourrait recourir avec fruit, pour empêcher que ces changements n'entrainassent une ruine et une désorganisrtion générales.

Voilà le point de vue sous lequel vous devez vous

représenter cette belle et grande époque, toutes les fois que, dans un travail quelconque, vous aurez besoin de vous la rappeler. Il n'entre pas dans l'objet de celui-ci de vous en recommander l'étude. Le premier conseil que je vous ai donné, quand vous m'avez été adressé, a été de bien lire, de bien méditer deux ouvrages d'une égale importance pour vous par leur objet, quoique leurs auteurs soient loin de pouvoir être mis sur la même ligne sous le rapport du talent d'écrire. Ces deux ouvrages sont l'*Histoire de Charles-Quint*, par *Robertson*, et l'*Histoire du traité de Westphalie*, par le père *Bougeant*. Je vous ai fait sentir en même temps la nécessité d'analyser tout ce que vous lisiez, et d'enrichir vos extraits de toutes les réflexions qui vous seraient suggérées par vos lectures : c'est ainsi, vous ai-je dit, que faisant, pour ainsi dire, un petit ouvrage plus ou moins bien écrit à la suite de chaque ouvrage que vous lirez, vous apprendrez à vous approprier le fruit des travaux de ceux qui les ont faits ; vous modérerez, vous règlerez l'essor de votre imagination ; vous formerez en même temps votre esprit, votre jugement, votre mémoire ; et vous acquerrez sans effort, et pour ainsi dire à votre insu, la facilité et le talent d'écrire.

Maintenant reportez-vous aux impressions que vous avez reçues au temps où vous vous êtes occupé de l'étude que vous avez faite de l'*Histoire de Charles-Quint* et de celle du *Traité de Westphalie* : consultez vos extraits ; et, à l'aide des observations que vous y trouverez, et de vos souvenirs, faites-vous une idée juste et précise, d'abord du système de l'Europe tel qu'il fut établi par les stipulations du traité de Westphalie, et ensuite du système fédératif de chacune des grandes puissances.

Ce dernier système, depuis sa fondation, a éprouvé des variations. Vous verrez, en les observant, qu'il convient de les rappeler en traits rapides dans le précis que vous aurez à faire : mais il est surtout utile que ces variations soient présentes à votre esprit ; et, que si vous ne croyez pas devoir vous étendre sur les détails, et faire un tableau complet et développé de toutes les vicissitudes que la politique des divers États de l'Europe a éprouvées depuis le traité de Wesphalie jusqu'à la paix d'Aix-la-Chapelle, il faut au moins que, dans un cadre plus étendu, vous présentiez les principaux traits de l'histoire politique de la France dans le période qui précède l'époque dont vous avez à observer, à recueillir et à étudier les événements.

Votre premier travail sera donc un précis des mouvements les plus marquants de la politique française jusqu'au traité d'Aix-la-Chapelle, en prenant pour point de départ le système de nos rapports, tels qu'ils furent établis et réglés par le traité de Westphalie. Après ce premier précis, vous exposerez à grands traits, la situation générale des puissances à la fin de l'année 1748.

Rappelons ici les divisions qui ont été indiquées dans la section précédente. Vous avez à examiner d'abord la suite des changements politiques qui sont survenus en Europe depuis l'établissement du Droit public jusqu'à la paix d'Aix-la-Chapelle, et, comme premier résultat de cet examen, la situation respective des grandes puissances à l'époque de cette paix. C'est à ce point, qui forme la première division de votre travail, que je viens de vous conduire. Vous avez maintenant à parcourir, entre la paix de 1748 et celle de 1763, un intervalle qui se divise en intervalle de paix et en intervalle de guerre : arrêtons-nous sur le premier de ces deux périodes.

Cet intervalle de paix, pour les hommes qui vivaient alors, et qui, n'ayant plus à supporter les dépenses et à courir les chances de la guerre, ne voyaient que les avantages du changement de leur situation présente, était un temps d'espérance, de confiance et de repos; pour nous, il n'est qu'un sujet d'observations, de recherches et de défiance. Nous devons, dès le moment où le bienfait de la

paix a été assuré aux peuples, chercher, dans les
rapports de leurs Gouvernements, dans les actes de
leur administration intérieure, dans leurs communications, dans leurs correspondances politiques, dans
les indices de l'indolence ou du défaut de vigilance
des uns, de la jalousie, de l'inquiète et avide ambition des autres, les causes plus ou moins prochaines
de la guerre qui doit bientôt éclater. En général,
dans toutes vos lectures, dans toutes vos méditations,
ce sujet d'examen et d'étude est celui qui doit le plus
souvent, le plus longtemps et le plus profondément
occuper toutes vos pensées.

Toutes les guerres ont des causes apparentes et des
causes réelles ; il faut apprendre à ne pas les confondre. Ce n'est pas dans les manifestes des Cabinets
qu'on doit chercher à s'instruire de l'objet et des vrais
motifs de leurs déterminations. Depuis le traité de
Westphalie jusqu'au moment présent, la guerre a
éclaté treize fois ; et, dans un intervalle de cent
soixante-cinq ans, l'Europe n'a joui que soixante-
quinze ans de paix. On pourrait croire, en s'arrêtant
aux déclarations des puissances belligérantes, et aux
discussions polémiques des rédacteurs de leurs manifestes, que, de ces treize guerres, quatre doivent
être imputées à des jalousies et à des haines personnelles, que l'Europe a été déchirée cinq fois par

des querelles de successions, et trois fois par des rivalités de commerce. La grande guerre qui agite encore l'Europe, est la seule sur laquelle il soit plus facile de ne pas se méprendre. Quant aux douze guerres qui l'ont précédée depuis le milieu du XVIIe siècle, il faut en chercher l'origine dans un concours de causes, dont l'étude approfondie sera pour vous un sujet instructif et fécond de méditation.

Dans toutes vos lectures, vous devez vous attacher à suivre la marche de la civilisation, et connaître les avantages de tout genre qui sont résultés de ses progrès pour la prospérité des peuples et la puissance des Gouvernements. Vous devez discerner et bien apercevoir le partage inégal de tous ces avantages pour chaque pays, à raison de l'inégalité que vous observerez dans l'industrie des sujets et dans la politique des princes. Attachez-vous en même temps à étudier le caractère des Souverains, de leurs ministres, des personnages célèbres qui ont honoré leur règne par de grandes actions et d'utiles services. Observez encore les rapports qui ont existé entre les grands et les petits États, et l'influence de la politique des uns sur la destinée des autres. C'est dans tous ces objets d'étude que vous découvrirez le principe et les causes de toutes les guerres qui ont éclaté depuis la paix de Westphalie, bien mieux que dans les écrits des historiens du temps, qui, placés trop près des événements, ne pouvaient démêler les ressorts cachés et secrets d'où partaient les premières impulsions.

Une des causés dont il faut surtout étudier et bien observer l'action et l'influence est non-seulement la politique de quelques grands Souverains, tels que *Charles-Quint, Louis XIV, Guillaume III,* etc., etc., qui étaient destinés à produire de grands changements dans la politique générale, mais encore l'essor vague de cette politique, et l'espèce de tendance, ignorée de ces Souverains eux-mêmes, qui les portaient, à leur insu, vers un but indéterminé d'ambition, de gloire et de grandeur. Il y a une réflexion qui se présente naturellement à l'esprit de celui qui a fait une étude longue et suivie de l'histoire des temps modernes, c'est que, dans le système politique de l'Europe, pour le maintien de ce système et pour sa consistance, il faut une prépondérance qui puisse conserver l'équilibre que les traités et les rapports naturels des peuples tendent à établir entre les États. Le besoin de cette prépondérance est toujours généralement senti : elle ne cesse jamais d'être le but secret ou déclaré de l'ambition des grandes puissances; elle est aussi l'objet des vœux de celles à qui leur faiblesse ne donne pas une garantie suffisante pour assurer leurs droits. Le jour où une des puissances aura le degré de force qui lui sera nécessaire pour bien exercer cette prépondérance, si elle est en même temps douée de la sagesse et de la modération qui conviennent à cette belle et glorieuse destination, ce jour, dis-je, l'indépendance, la prospérité et le repos de tous les États seront pour longtemps assurés.

Avant *Louis XIV*, la maison d'Autriche était appelée à jouer ce grand et noble rôle en Europe ; elle abusa de ses forces ; elle perdit la confiance des Souverains et des peuples, et la prépondérance passa entre les mains de la France. *Louis XIV* se laissa éblouir par une ambition qui était peut-être plus en proportion avec le génie et le caractère qu'il avait reçus de la nature, qu'avec la puissance effective dont il pouvait constamment disposer. Il négligea en même temps de prendre les soins et de faire avec persévérance les efforts nécessaires pour conserver et accroître ses moyens de puissance. La prépondérance que la France eut incontestablement le droit d'exercer dès la brillante époque du traité de Westphalie, reçut de fortes atteintes à celle du traité de Ryswick, et la France en était totalement dépouillée à l'époque du traité d'Utrecht.

La guerre qui venait de finir avait compromis son existence. Il ne lui restait rien de cette confiance, de

cette énergie, de cette grandeur, qui avaient causé
tant d'effroi, qui avaient formé contre elle une si formidable ligue. Un Roi vieilli dans les revers, humilié,
abattu par l'infortune ; l'État épuisé ; point de finances ; une armée, un général, un ministre, seuls restes
de cette génération de grands hommes qui avaient
jeté un si grand éclat sur un des plus longs et des
plus glorieux règnes de l'histoire des temps modernes : tel était le point unique auquel la France se
trouvait réduite, quand elle souscrivit aux conditions
de paix qui lui furent alors imposées. Cependant, par
cela même qu'il avait fallu, pour la vaincre, que
presque toute l'Europe réunît ses forces pour combattre les siennes ; par cela que, dans le Congrès, ses
trois négociateurs, pour arriver au terme des négociations, avaient eu à lutter de patience, d'efforts et
d'habileté contre quatre-vingts ministres accrédités
par la foule de princes et de Gouvernements qu'elle
avait pour ennemis, elle ne cessa pas, après ses dé-
faites et après la paix, d'être encore un objet de
crainte, de jalousie, de considération et de respect.
Les passions qui avaient excité tous les Gouvernements à s'unir contre elle, en avaient déterminé
quelques-uns à s'écarter des voies de leur politique
traditionnelle. Le système fédératif d'un grand nombre de Gouvernements était dérangé. Le Cabinet de

Versailles put tirer avantage de l'incertitude, de la faiblesse de ces liens mal tissus : il fut recherché par les Cours qui avaient montré le plus d'animosité contre lui. Ses secours furent utiles, nécessaires même à l'Angleterre, si récemment sa plus implacable ennemie. Enfin, un ministre modéré et prévoyant mit tous ses soins à réparer, par de sages économies, les désordres de l'administration intérieure. La France, en peu d'années, recouvra les ressources, les moyens de puissance que des guerres malheureuses, qu'une Régence dissipatrice lui avaient fait perdre. Les ressorts de sa politique reprirent leur ancienne énergie; et en 1742, elle se vit encore une fois en mesure de pouvoir disputer à la maison d'Autriche la prépondérance que le traité d'Utrecht lui avait ravie, et qui lui fut rendue par la paix peu avantageuse, mais extrêmement honorable, d'Aix-la-Chapelle.

C'est dans ces considérations que vous trouverez, quand vous aurez besoin d'en faire la recherche, les causes des guerres qui ont précédé la guerre de Sept-Ans. Quant aux causes de cette mémorable guerre, il entre moins dans mon sujet de vous les indiquer que de vous exciter à en faire la recherche dans l'étude des ouvrages du temps et dans celle des manuscrits des Archives qui vous seront donnés en communication.

Toutes les correspondances des Légations françaises de cette époque seront mises à votre disposition ; vous pourrez les lire, les analyser successivement ; vous trouverez dans toutes des notions utiles à recueillir : vous ferez des extraits de toutes les pièces ; vous classerez ces extraits dans l'ordre de la date et de l'objet de chaque manuscrit ; vous donnerez une attention particulière aux instructions remises à chaque ambassadeur au moment de son départ : vous vous arrêterez particulièrement sur les notes et offices adressés par les ministres aux Cours près desquelles ils étaient accrédités. Avant de lire les réponses, vous chercherez d'abord à les pressentir : vous les lirez ensuite ; et la différence que vous apercevrez dans les idées que vous eussiez pu suggérer, et celles que vous trouverez dans les pièces elles-mêmes, pourront être pour vous le sujet d'observations que vous consignerez ensuite dans vos extraits. Vous chercherez, dans le cours de cette lecture instructive, toutes les données qui pourront vous faire prévoir les contradictions, les prétentions opposées, les causes, les prétextes de la mésintelligence naissante entre les Gouvernements, le but réel et caché de l'ambition des uns, le motif de la défiance des autres. Instruit, comme vous l'êtes d'avance, de l'événement et de l'époque de la rupture prochaine, vous devez vous appliquer à saisir, d'aussi loin qu'il vous sera possible, les premiers indices des fautes, des erreurs, des injustices qui fournirent plus tard les griefs plus ou moins plausibles que les Gouvernements menacés ou offensés, ou qui affecteront de l'être, allègueront et qu'ils présenteront comme les causes légitimes d'une guerre nécessaire. On sait à présent quelle fut la puissance à qui, dès l'époque même où l'Europe venait d'être pacifiée, son ambition fit concevoir le projet d'une guerre qui devait éclater six ans après. Les premiers symptômes de cette ambition doivent se manifester dans les premières correspondances : il faut les saisir et les signaler dans vos extraits. Vous trouverez le premier germe des contradictions dans l'interprétation d'un article du traité d'Aix-la-Chapelle, sur des limites qui n'avaient été vaguement exprimées dans le traité que parce que le pays, dont la fixation de ces limites devait déterminer la restitution et l'étendue, était si peu connu, et par conséquent de si peu de valeur, qu'on n'avait pas jugé nécessaire d'en faire l'objet d'une appréciation bien soignée, ni d'un examen bien approfondi. Il faut suivre la progression de cette première cause de mésintelligence. Vous trouverez recueillies dans cinq gros volumes *in-folio* les conférences d'une réunion de Commissaires qui avaient été nommés respectivement dans la vue de lever les difficultés, et de concilier les prétentions opposées. Ces conférences durèrent depuis 1750 jusqu'en 1755. La guerre éclata immédiatement après leur rupture.

L'Angleterre préludait dès lors à l'accomplissement des vues qui lui avaient fait concevoir de bonne heure le plan hardi d'une domination universelle sur toutes les mers ; mais elle n'avait pas encore cette assurance qu'inspire seule une longue suite de succès, et qui finit par leur donner une sorte d'apparente légitimité, lorsque l'on arrive au point de pouvoir prévenir et rendre vaine toute espèce de résistance.

Cherchez, dans le recueil que je viens d'indiquer, à vous instruire à fond sur les objets des discussions des Commissaires : vous trouverez qu'il s'agissait d'obtenir une concurrence plus ou moins avantageuse dans le commerce de pelleteries, et dans celui des produits coloniaux. Il ne s'agissait alors que d'une extension dans le Canada, et ensuite de la possession des Caraïbes, de Sainte-Lucie, de Tabago, de la Dominique et de Saint-Vincent. Il faut savoir ce que c'étaient que ces possessions, quelles pouvaient être leur valeur et leur importance. Les cartons des Archives sont remplis de mémoires sur ces divers objets. L'*Histoire philosophique* de l'abbé *Raynal* renferme à cet égard des informations qui ne sont pas toutes d'un égal intérêt et d'une incontestable authenticité. Je n'ai pas besoin de vous donner une indication détaillée de tous les ouvrages où vous trouverez des notions instructives, et que vous pourrez faire entrer dans la suite de vos extraits. Mais je dois vous recommander particulièrement, dans le cours de votre travail, de ne laisser passer aucun sujet un peu important de discussion, sans recourir soit aux mémoires manuscrits, soit aux ouvrages imprimés qui pourront vous donner des informations sur les objets de ces discussions. Posez en principe que, pour bien entendre une négociation, il se faut mettre à la place des ministres qui négocient. Or, on ne doit pas supposer qu'il y ait jamais un ministre assez imprudent pour s'engager dans une négociation, avant de s'être pleinement instruit du fond des objets sur lesquels il doit débattre pour le Gouvernement dont il est chargé de défendre les intérêts.

Ces limites et ces colonies ne pouvaient certes pas être le sujet légitime d'une guerre qui devait coûter des milliards à l'Europe et faire périr un million de soldats; elles ne sont pas en elles-mêmes un bien intéressant objet d'observation; mais elles tiennent au système colonial, qui, dès le principe de son établissement en Europe, était destiné à ébranler toutes les bases de la politique des États, et à changer la face du monde. Le système colonial a d'abord élevé l'Espagne au premier rang des puissances ; il a créé la Hollande, et lui a assigné un rang distingué parmi les États du second ordre ; par le système colonial, le Portugal a brillé pendant un siècle d'un éclat extraordinaire. A une époque plus rapprochée de nous, l'Angleterre, plus industrieuse et plus attentive à s'approprier les moyens de richesse et de puissance qui pouvaient naître des développements de ce système, s'est habilement servie des avantages qu'elle a su en retirer, pour abaisser tour-à-tour l'Espagne, le Portugal et la Hollande. Suivez attentivement sa marche dans la guerre qui va éclater. Vos extraits vous ont conduit à l'année 1755. Tout ce que l'Angleterre a fait ; tout ce qu'elle a projeté, entrepris, exécuté, tout ce qui était ou pouvait entrer alors dans ses vues, dans les espérances de son ambition, dans les maximes avouées ou secrètes de sa politique, doit être l'objet de votre étude.

Vous verrez agir, dans cette guerre, des puissances dont l'existence, assez nouvelle alors dans l'histoire des nations modernes, ne laissait pas encore présumer l'influence qu'elles devaient bientôt prendre sur le système général de la politique continentale : je veux parler de la Russie et de la Prusse. Cinquante ans auparavant, la Russie était à peu près inconnue à l'Europe, et la Prusse y était à peine aperçue. Désormais vous ne trouverez aucun événement, aucune guerre, aucun débat politique, aucun traité, auxquels ces deux États n'interviennent plus ou moins comme parties prépondérantes.

Le système politique de l'Europe avait été fondé, comme je vous l'ai souvent dit, sur le traité de Westphalie. L'Angleterre, qui avait été étrangère à la négociation de ce traité, la Russie et la Prusse, qui devaient, pendant un demi-siècle, rester encore indifférentes à tout ce qui se ferait d'important en Europe, deviennent, en 1756, les trois pivots de l'action qui, pendant un siècle, doit porter une atteinte progressive au fondement de ce système. C'est à l'époque de la guerre de Sept-Ans, et de la négociation de la paix de 1763, que l'influence de cette action se fera le plus sensiblement apercevoir.

Revenons à nos extraits. Vous avez été conduit par ceux que vous avez faits, à l'année 1756. La guerre avait éclaté, l'année précédente, par une infraction à tous les principes du Droit public : ce n'est cependant que le 9 juin de cette année, qu'elle fut solennellement déclarée par la France. Vos recherches, vos analyses ont eu jusqu'à présent pour objet de découvrir et de constater toutes les causes de la guerre. Votre travail désormais doit avoir pour objet de découvrir et de constater les causes éloignées et prochaines, directes et immédiates, du rapprochement des Cabinets, de leurs négociations et de la paix.

La guerre ne divisait d'abord que deux nations, la France et l'Angleterre : elle semblait dans le principe devoir se borner à des vues de commerce et de conquêtes maritimes ; bientôt elle s'étendit, et devint non-seulement continentale, mais générale : l'Europe se partagea en ligues opposées. Il faut rechercher les causes, les motifs et l'objet de ces ligues ; leur marche ne fut pas constante, et elles n'eurent pas toujours un but uniforme et fixe. Cette guerre présenta souvent des exemples de défection ; on vit des Cabinets s'engager successivement dans des causes opposées. Il n'y a pas, dans l'histoire de cette guerre, une seule année qui n'ait été signalée par des événements mémorables ; de grandes et soudaines vicissitudes firent successivement concevoir à toutes les parties de brillantes espérances et de grandes alarmes. C'est dans ces vicissitudes, et encore plus dans les germes de défiance, de jalousie et de concurrence que l'orgueil et l'ambition ne manquent jamais de faire naître au sein de toutes les ligues, qu'il faut chercher les causes qui disposèrent les Gouvernements belligérants à se rapprocher et à s'entendre.

Dès la quatrième année de la guerre, des démarches furent faites pour le rétablissement de la paix; elles n'eurent pas le succès qu'on en attendait : elles furent plusieurs fois renouvelées; enfin, une double négociation s'établit en Angleterre et en Allemagne, et la paix fut conclue presque simultanément à Paris et à Hubertzbourg, entre les puissances maritimes et entre les puissances continentales.

A l'aide de vos recherches, vous suivrez les fils de toutes ces variations. C'est ici surtout que vous devez faire concourir à la rédaction de vos extraits la lecture des ouvrages imprimés et celle des corresponces La plus belle partie de la gloire militaire du siècle dernier se trouve renfermée dans le période de temps qui est le sujet de vos observations : de là est aussi partie l'impulsion qui a été donnée à la politique des premières puissances pendant le reste de la durée de ce siècle. Il importe de rassembler, sur d'aussi importants objets, tous les faits, toutes les observations, tous les jugements enfin qui ont été portés, et toutes les opinions que s'en sont faites les contemporains et les écrivains qui leur ont succédé.

Cependant, il convient de le dire, ce siècle, dont nous sortons à peine, est encore bien près de nous, et sa bibliographie se compose d'un bien petit nombre de faits historiques. Celui que le plus célèbre des écrivains de ce temps a publié sur le siècle de *Louis XV*, n'est qu'une ébauche extrêmement peu soignée; l'attrait d'un style élégant et pur peut seul être un motif d'en faire la lecture : mais vous y trouverez peu de recherches, peu de critique; et une certaine témérité dans les opinions que cet écrivain se permet d'exposer, doit vous inspirer une juste défiance sur l'étendue de ses vues et sur la solidité de ses jugements. Vous aurez une source plus abondante d'instruction dans les œuvres de *Frédéric II*, et particulièrement dans l'ouvrage intitulé l'*Histoire de mon temps.* Je recommande encore à votre attention l'*Histoire de la guerre de sept ans*, par le général *Lloyd*; le *Tableau des guerres de Frédéric-le-Grand*, par *Muller*, et l'*Histoire du maréchal de Saxe*, par d'*Espagnac.*

Vous trouverez peu de renseignements dans les derniers volumes d'histoire générale, composés par des écrivains de la fin du siècle dernier. Ceux d'entre eux qui ont aspiré à se faire une réputation d'exactitude et de sagesse, se sont arrêtés au règne qui précédait celui sous lequel ils ont vécu. L'histoire de *Hume* finit à l'année 1689. L'ouvrage très-distingué et très-instructif de l'abbé de *Condillac* s'arrête au traité d'Utrecht; *Voltaire*, comme je l'ai dit plus

haut, a peu ajouté à sa gloire, en voulant étendre jusqu'au temps où il vivait son *Histoire générale des
temps modernes.*

Le dernier ouvrage de M. *Koch* (*) et celui que
M. *Ancillon* a publié il y a huit ans (**), peuvent
être ajoutés à la liste que je viens de donner. Je vous
recommande particulièrement l'*Abrégé de l'histoire
des Traités de paix* du premier de ces deux auteurs.
Cet ouvrage doit être considéré comme le *vade mecum*
des élèves du Ministère, pendant tout le cours de leur
instruction, à quelque durée qu'elle se prolonge (***).
Je vous recommanderai encore la lecture du tableau
historique qui se trouve en tête de chacun des volumes de l'*Annual Register.* Cet ouvrage, qui date de
1752, se trouve aux Archives, ainsi que la suite de la
gazette de Leyde, depuis l'année 1760. Ces sortes de
collections sont très-utiles à consulter, non-seulement pour la suite complète des événements, mais
parce qu'elles contiennent encore toutes les pièces
officielles relatives à ces événements, qui ont été suc-

(*) *Tableau des Révolutions de l'Europe, depuis le bouleversement de
l'Empire romain en Occident jusqu'à nos jours.*

(**) Le livre de M. ANCILLON est malheureusement resté inachevé.

(***) Les cahiers de M. de KOCH, imprimés à Bâle, en 1796, formaient
quatre petits volumes in-8°. Ils sont compris, mais avec des additions importantes, dans les différentes subdivisions de l'*Histoire générale des
Traités de Paix.*

cessivement publiées par l'ordre et quelquefois aussi sans la permission des Gouvernements.

Il reste encore une classe de livres à consulter; c'est celle des mémoires, des actes publics, des manifestes, des réfutations officielles et non officielles, qui ont été publiés dans le temps. Il y a un mémoire intéressant qu'il importe de lire : il est intitulé *Mémoire historique* sur la négociation de la France avec l'Angleterre, depuis le 16 mars 1761 jusqu'au 20 septembre de la même année, Imprimerie royale, 1761 (*). — Il existe une collection de mémoires des commissaires anglais et français, en trois volumes in-4°, où se trouvent les premières conférences qui s'ouvrirent à Páris, en 1750, dans l'objet de concilier les différends relatifs à l'intelligence du sens contesté des articles du traité d'Aix-la-Chapelle : j'en ai parlé plus haut. Vous pourrez feuilleter avec fruit la Chancellerie de *Faber*, le Recueil des traités de *Jenkinson*, le Recueil des déductions, manifestes, déclarations et traités du roi de Prusse, par M. de *Hertzberg*, un des principaux et le plus célèbre ministre de ce Prince ; le Recueil des principaux traités de *Martens*, le Recueil des actes et mémoires authentiques des négociations faites pour la paix de 1761, le Pacte de

---

(*) Ce Mémoire est inséré dans le tome IV de l'*Histoire des Traités*.

famille et les conventions subséquentes entre la France et l'Espagne, par *Dupont de Nemours*. Ces Recueils, outre les actes qui sont indiqués dans leurs titres, renferment encore un grand nombre de pièces accessoires de discussion, dans lesquelles vous trouverez développées une foule de prétentions et de vues, qui, ne s'étant point réalisées, ont dû ne pas parvenir à la connaissance des contemporains, et que les historiens et les publicistes ont par conséquent dû ignorer : elles méritent d'autant plus de fixer votre attention, que, dans toute cette négociation, il y a deux sortes de dangers contre lesquels il faut savoir se prémunir, celui de voir échouer des plans qui n'auraient pas été proposés avec assez de prudence, ou soutenus avec assez de fermeté, ou enfin dont le succès ne serait pas secondé par les circonstances, et celui de prendre l'alarme, en voyant se développer tout-à-coup des propositions, des demandes inattendues, qui, soutenues d'abord avec tout l'appareil d'une détermination invariablement arrêtée, doivent cependant céder un peu plus tôt, un peu plus tard, à la dextérité d'un négociateur habile, et dont le caractère éprouvé sait opposer à propos une résistance supérieure à l'attaque.

Il y a encore une sorte d'ouvrages qui, dans l'objet de cette partie de votre travail, doivent non pas être lus, mais consultés pour les renseignements de détail que vous pouvez y trouver relativement aux divers objets de vos recherches. Je vous ai déjà cité l'Histoire politique et philosophique de l'abbé *Raynal*; je vous indiquerai encore le grand Trésor historique du commerce des Hollandais, l'Essai sur l'état du commerce de l'Angleterre, le Dictionnaire universel de commerce de *Savary*, la partie de l'Encyclopédie méthodique qui concerne la Diplomatie, le Dictionnaire universel de la géographie commerçante de *Peuchet*, le Dictionnaire des sciences morales, économiques, politiques, etc., etc., de *Robinet*. Vous trouverez dans ce dernier ouvrage quelques mémoires intéressants sur les formes de la tenue des Congrès. Les Archives vous fourniront aussi sur ce sujet des rapports instructifs qui ont été rédigés par M. *Ledran*. Lorsque vous en serez à la partie de votre travail qui se rapporte à l'histoire de la négociation de la paix de Paris et de celle d'Hubertzbourg, il conviendra que vous ayez des notions bien établies sur les usages et les règles qui ont été généralement, et dans tous les temps, observés par les négociateurs de toutes les puissances.

Il me reste à vous parler des manuscrits. Vous n'avez plus maintenant à travailler sur un aussi grand nombre de correspondances. Au moment où la guerre

a éclaté, les Légations accréditées auprès des puissances belligérantes ont été rappelées ; mais les dépêches de celles qui ont survécu à l'état de guerre
sont devenues plus intéressantes. La correspondance
de Vienne doit être l'objet d'une étude toute particulière. Cette Cour devint alors l'alliée de la France ;
et cette alliance subit, dans le cours de peu d'années,
des variations qui n'ont pas été bien connues dans le
temps, et que les écrivains mêmes du temps présent
ne connaissent pas bien encore. Il s'est en même
temps établi, sur l'utilité, sur l'origine et sur les
effets nécessaires de cette alliance, des opinions
presque contradictoires. Une étude bien faite de la
correspondance de la Légation française à Vienne,
vous donnera, sur ces importants objets, des notions
positives et précises. Vous y verrez quel fut le véritable auteur des premières liaisons du Cabinet de
Versailles et de celui de Vienne ; par quels degrés et
dans quelles circonstances, cette alliance, qui n'était
d'abord que défensive, devint offensive, et onéreuse
à la France ; comment, et par quelle entremise, elle
fut ramenée à des conditions plus modérées, moins
désavantageuses et plus justes. La connaissance de
tous les faits relatifs à ces variations, vous donnera
les moyens qui ont manqué à tous les historiens pour
tracer un tableau fidèle de la situation pénible dans

laquelle se trouvait le ministère de *Louis XV* à l'époque des premières ouvertures , et surtout au dernier période des négociations de la paix.

La correspondance la plus intéressante après celle de Vienne, est celle d'Espagne. Cette Cour, que des liens de famille et d'intérêt commun attachaient à la politique de la France, ne servit longtemps ses vues que par des vœux stériles et les offres d'une médiation que l'Angleterre refusait d'accepter. On lui demanda d'abord son accession à l'alliance de 1756 avec l'Autriche. Le faible, l'indolent *Ferdinand VI* régnait, et il était gouverné par un ministre irlandais qui était voué à l'Angleterre. *Charles III* lui succéda; l'étranger fut renvoyé : le duc de *Choiseul* avait alors la principale influence dans le ministère de France; le pacte de famille fut conclu, et l'Espagne déclara la guerre à l'Angleterre. Tous les détails préparatoires qui se rapportent à ces importants événements, sont du plus grand intérêt. Ils vous feront connaître que les bonnes mesures, même lorsqu'elles sont conçues et exécutées par des hommes habiles, ne produisent pas toujours les bons résultats qu'on est fondé à espérer. Le pacte de famille fut sans doute une conception politique du premier ordre : cependant elle coûta aux Espagnols quatorze vaisseaux de ligne et autant de frégates. L'Espagne per-

dit de plus, cent cinquante bâtiments de commerce,
et des sommes immenses, qui furent prises à la Havane; et les conditions de la paix furent plus oné-
reuses pour la France, que si nous avions traité seuls
avant cette alliance, sur les bases qui avaient été
acceptées par l'Angleterre. Le pacte de famille n'a
donc pas atteint le but de celui qui en avait conçu
l'heureuse idée. Quelle en fut la cause? Vous la
trouverez dans les circonstances du temps où ce
grand et mémorable engagement fut contracté. Il
aurait réellement produit plus tard tous les avantages
qu'on avait droit d'en attendre, s'il avait été conclu
dans une époque de paix, et après le rétablissement
de la marine des deux puissances.

M. le duc de *Choiseul* était un grand ministre, on
peut dire même, le plus grand ministre de son
temps, et un des plus grands du siècle dernier. Plus
éclairé que lord *Chatam,* doué d'un esprit plus fécond en ressources, et avec des vues plus étendues,
il avait la même élévation de caractère, le même
amour passionné pour la gloire, et le même dévouement aux intérêts de son pays. Aucun de ses contemporains n'a pu lui être comparé pour la hardiesse des
desseins, et pour la constance, l'ardeur, l'activité et
la vigueur qu'il mettait à leur exécution. Toutefois il
ne put procurer à la France qu'une paix sans gloire,

et des avantages qui étaient loin de compenser les sacrifices auxquels elle était obligée de souscrire. M. le duc de *Choiseul* fut mal servi par les circonstances : la France et ses alliés s'accordaient peu dans leurs vues; chacun d'eux ne voyait dans la guerre commune que le but particulier de son intérêt. Le Cabinet de Versailles avait en même temps à traiter avec l'Angleterre pour ses intérêts maritimes, et avec l'Allemagne pour les intérêts de sa politique continentale; et quand son attention était absorbée par les difficultés de cette double négociation, il devait encore négocier à Vienne et à Madrid pour maintenir un concert que la jalousie, l'ambition et l'égoïsme tendaient sans cesse à détruire. M. de *Choiseul* avait ainsi à mener de front quatre négociations également épineuses, et en même temps il administrait ou dirigeait à la fois trois ministères : il faut dire encore que la France avait perdu ses grands hommes de la guerre de 1742, et que, dans la guerre de Sept-Ans, elle eut à combattre sur mer et sur terre les plus grands généraux de l'Allemagne et les plus célèbres marins de l'Angleterre.

Je vous engage à chercher dans ces pièces, et à insérer dans vos extraits, tous les renseignements de détail qui pourront vous donner une juste idée de tous ces désavantages. Ce n'est qu'en les pesant, en les comparant avec la politique du Cabinet, et en les rapportant ensuite à la politique générale, que vous pourrez bien apprécier la direction donnée par le ministère français à la négociation, et les principes sur lesquels il a consenti à la paix.

Après les correspondances de Vienne et d'Espagne, et celles de la négociation, vous ne trouverez plus, dans les cartons, que des correspondances du second ordre. Cependant, comme tous les Gouvernements et toutes les Légations ont dû être singulièrement attentifs aux vicissitudes, et inquiets sur l'issue de cette grande et mémorable guerre, il n'y avait aucune position diplomatique en Europe où l'on n'eût pas un très-grand intérêt à bien suivre la marche des événements, et à présenter leur résultat sous les rapports de la politique générale. Je placerai même ici une observation qui ne sera pas sans importance, sur le genre de service qu'on peut attendre des Légations secondaires.

J'ai fait moi-même une revue particulière et assez soignée de la correspondance de ces Légations; et j'ai eu tout lieu de me convaincre, en la comparant avec celle des grandes ambassades, que les moyens d'information qu'on peut trouver dans ces sortes de recherches ne sont proportionnés en aucune manière, par leur intérêt et leur valeur, à la puissance et à l'importance des Gouvernements auprès desquels les Légations sont accréditées. J'ai été particulièrement frappé de l'abondance des renseignements qu'on pouvait recueillir dans la correspondance de nos Légations à Venise, quand les ministres que la France entretenait auprès du Gouvernement de cette république, étaient doués de quelque zèle, et savaient se prévaloir pour s'instruire, des avantages de leur position. Ce que je vais dire sur ce point, à l'appui de mon observation, pourra trouver une application plus ou moins juste, et plus ou moins étendue, aux autres Gouvernements de la même classe.

Depuis le traité de Passarowitz, le Gouvernement de Venise avait senti que les ressources de sa population et de ses revenus ne pouvaient lui fournir des moyens suffisants pour protéger son territoire par des forces défensives. Se voyant alors à la merci de la politique extérieure, il jugea qu'il ne pouvait fonder sa sûreté que sur le système fédératif, système incertain et vague, qui n'offre de garantie que quand il est soutenu par un bon système fiscal et par un bon système militaire.

Le Gouvernement de Venise ne pouvait donner à son système fédératif aucun de ces deux appuis; il croyait y suppléer par une vigilance extrême sur tous les mouvements de la politique des Cabinets de l'Europe. Il avait sans cesse les yeux ouverts sur les intrigues des Cours, sur les projets des ministres, sur les factions qui divisaient les peuples et les Gouvernements ; et, profitant assez habilement de l'avantage que donne la première découverte d'un plan, dont, par l'ensemble de ses observations, il était plus à portée de prévoir les conséquences, il avait le temps de se placer hors de portée, et d'en éluder l'atteinte : il suivait assidûment le fil de toutes les trames politiques, dévoilait avec art ce qu'il était de son intérêt de faire connaître ; et, mettant un prix à des révélations faites avec réserve, il se ménageait ainsi les moyens d'échapper à l'avidité de ses ennemis, et d'intéresser les sentiments de ceux qu'il appelait ses alliés ou ses amis.

Venise était donc un grand foyer d'espionnage. Les dépêches de ses ambassadeurs étaient lues en plein Sénat ; et, des séances de cette assemblée, tous leurs mystères filtraient, si l'on peut employer cette expression, dans la nombreuse classe des patriciens. Il est vrai qu'il n'existait aucun point de contact entre les ambassadeurs étrangers et les membres du Gouvernement, ni même avec aucun individu de la classe aristocratique : mais l'esprit de perquisition tenait sans cesse en haleine toutes les personnes qui appartenaient à cette classe élevée, et leur faisait at-

tacher le plus grand prix à la découverte de quelques
faits nouveaux; et, comme il est reconnu en matière
d'espionnage que cette profession ne s'exerce avec
quelque succès que par un échange mutuel de révélations, il s'était naturellement établi une classe
d'intermédiaires officieux qui, intervenant sans cesse
entre les nobles de Venise et les ministres étrangers,
jouaient avec une extrême dextérité le rôle de double espion. C'était ensuite à la sagacité des personnages éminents qui recevaient les résultats de ce
singulier échange, à savoir discerner la sincérité des communications qui leur étaient faites.

Ainsi l'histoire des relations politiques du Gouvernement de France avec celui de Venise, est, en quelque sorte, le tableau des correspondances diplomatiques de tous les Gouvernements de l'Europe : car
on s'apercevra aisément que le Gouvernement de
Venise, qui ne négociait jamais par interlocuteur,
avait dû se faire en même temps un besoin et un
système de sa lenteur à prendre un parti; et cette
lenteur avait toujours pour motif de consulter les
impressions de tous les autres Gouvernements, avant
de laisser pénétrer les siennes.

Dans le déclin progressif que la république de
Venise a eu à subir depuis le traité de Passarowitz,
et, en remontant plus haut jusqu'à l'origine de cette

décadence; depuis la ligue de Cambrai, c'est à sa vigilance inquiète, qui s'étendait à tout, et qui ne s'est pas un instant démentie, que son Gouvernement a principalement dû l'espèce de considération et de force d'opinion dont il a joui jusqu'au dernier moment de son existence : c'est ainsi qu'il a su se dispenser d'intervenir dans les guerres générales, et de prendre part aux vicissitudes politiques qui appauvrirent et ébranlèrent tant d'autres Gouvernements, moins faibles peut-être, mais en même temps moins sages et moins prévoyants que lui.

J'ai lu, avec une extrême attention, toute la suite de la correspondance de la Légation française à Venise, depuis l'année 1788 jusqu'à l'époque de l'anéantissement de cette République. J'ai été surpris et charmé de trouver dans cette correspondance les renseignements les plus curieux et les plus instructifs sur la politique générale, sur les vues, les mesures, les espérances , les projets, les efforts de toutes les puissances du Continent pendant ce premier période de la durée de la Révolution française. Si les monuments de toutes les relations diplomatiques de cette mémorable époque étaient perdus, à l'exception de la correspondance française avec le Gouvernement de Venise, je ne crains pas de déclarer qu'on trouverait, dans les dépêches de cette Légation, des matériaux suffisants pour recomposer un tableau général et complet de toute l'histoire diplomatique de ce temps.

Vous ne pouvez donc pas manquer de recueillir, dans les cartons de la Légation française à Venise, des renseignements qui vous seront utiles. Vous en trouverez également dans ceux des Légations françaises en Allemagne; et enfin, quand cette source d'informations sera épuisée, vous serez arrivé à la fin du second période de votre travail. Tous les matériaux du grand tableau historique et politique que vous aurez à tracer, seront sous vos yeux. Vous n'aurez plus alors qu'à vous recueillir, à méditer longtemps le sujet sur lequel votre esprit, enrichi d'une si abondante moisson d'observations et de faits, devra s'exercer seul, et sans le secours d'autre guide. Cette partie de la tâche qui vous est imposée, est incontestablement la plus difficile; mais elle est en même temps la plus attachante.

Je me contenterai de vous donner des conseils sur quelques détails de ce dernier travail : ces conseils seront en même temps un résumé de tout ce qui précède.

Vous avez à tracer en traits rapides, 1° un tableau de la situation générale des puissances de l'Europe au temps du traité de Westphalie; 2° un précis des

changements politiques qui sont survenus, depuis ce
traité jusqu'à celui d'Aix-la-Chapelle, dans les rapports des grandes puissances entre elles, ainsi que
dans les relations respectives de dépendance et de
protectorat entre les grandes et les petites puissances ; et il est entendu que vous devez insister plus
particulièrement sur les variations successives que
le système fédératif et le système politique de la
France ont subies dans le cours de ce période ; 3° un
tableau de la situation générale des puissances de
l'Europe, à l'époque du traité d'Aix-la-Chapelle ; et
cette première partie du tableau que vous avez à tracer, doit être faite d'après le souvenir de vos anciennes lectures, et d'après les extraits de la lecture
récente de quelques ouvrages dont je vous ai indiqué
les titres, et sur lesquels je vous ai recommandé de
faire régulièrement des extraits soignés à mesure que
vous les lisiez.

Vous avez à observer, particulièrement dans la rédaction de cette partie de votre tableau général, les
changements qui se sont opérés dans les rapports
politiques, à rechercher les causes de ces changements, et à en indiquer les conséquences. Vous avez
des fautes et des erreurs à imputer aux ministres,
aux Gouvernements qui ont été, soit volontairement,
soit involontairement, la cause des maux que leur pays

a soufferts et a fait souffrir aux autres. Les guerres injustes et téméraires sont toujours de grands délits politiques, dont il faut que les premiers auteurs soient signalés à la désapprobation de la postérité. Quand, dans vos lectures, vous aurez trouvé, sur ces différents objets, des données positives, des preuves formelles, vous devez les avoir consignées en citations textuelles, tirées, soit de pièces officielles, soit du témoignage des écrivains accrédités. Ces citations doivent figurer dans vos extraits. Par l'impression que vous aurez reçue vous-même de la lecture des mémoires, des rapports, etc., qui ont passé successivement sous vos yeux dans le cours de votre travail, vous avez dû juger que des citations bien choisies et bien appliquées, sont tout ce qu'il y a de plus propre à animer une discussion, et à donner de la force à une suite bien ordonnée de faits, d'observations et de raisonnements. Voilà de quoi se compose la première partie de votre tableau général.

La seconde partie de ce tableau est proprement l'objet principal, et comme de prédilection, du travail que vous avez à faire. Vous partez du période où les rapports du système général des États ont été déterminés et fixés par un traité ; vous avez à observer les causes des changements qu'ils doivent bientôt subir : vous rechercherez d'abord les motifs ou les prétextes de la guerre; vous vous étudierez à les bien discerner dans leurs plus imperceptibles indices, et sous tous les voiles trompeurs de la bonne intelligence apparente des Légations et des Cabinets respectifs ; vous en suivrez la progression et vous arriverez au moment où la guerre a éclaté.

Vous verrez cette guerre, bornée d'abord dans son objet et dans ses moyens, s'animer par degrés, et montrer bientôt, dans sa marche et dans ses vues, une ardeur et une étendue qui font craindre que le système politique de l'Europe ne soit renversé et reconstruit sur de nouvelles bases. Vous devez étudier ces progrès et ces vicissitudes; vous devez apprécier les maux, les dangers, les efforts, les succès, et, à travers toutes ces vicissitudes, suivre la naissance et l'influence des causes qui ont conduit tant d'ennemis ambitieux et acharnés à une négociation qui devait modérer toutes les ambitions, éteindre tous les ressentiments et concilier tous les intérêts.

Ici, comme dans la première partie de votre tableau, je vous recommande de faire un bon choix et un bon usage des citations que vous trouverez dans vos extraits. Toutes les injustices doivent être dévoilées. Il faut tenir compte à toutes les parties, de la sagesse, de la modération, du courage qu'elles ont montrés dans toutes les circonstances. Il faut que tous les motifs de jalousie, d'ambition, d'avidité, de domination injuste et exclusive, soient dévoilés, et que l'on sache à qui s'en prendre du fléau qui alors a coûté tant de sang et tant de trésors à l'Europe. Il faut aussi que les preuves de raison et de sagesse qui ont été données par des Gouvernements plus modérés, soient constatées; et vous devez vous attacher à les faire bien connaître. Vous devez en même temps signaler l'ardeur, le zèle et l'activité des ministres qui, sans cesse occupés du désir de rapprocher les Gouvernements, stimulant les plus indolents pour les porter à faire des efforts qui puissent concourir au but salutaire qu'ils avaient en vue, et luttant contre l'obstination de ceux qui ne voulaient mettre ni terme ni mesure à leurs entreprises, ont enfin réussi à procurer aux peuples les bienfaits de la paix. Sur tous ces points, vous ne devez pas vous borner à de simples assertions; il faut chercher et trouver des preuves dans les documents officiels, et appuyer ces preuves par des citations positives et textuelles.

On a dit de l'histoire qu'elle était la première leçon des Rois : elle est surtout celle des classes d'hommes et de professions qui sont destinées à les servir; et cette maxime trouve ici une application toute spéciale. Car les hommes dont il vous importe

aujourd'hui d'observer le langage et la conduite, et
parmi lesquels vous aurez un jour à chercher les
exemples qu'il sera de votre devoir et de votre intérêt de suivre, ont eu une grande part aux événements
qui ont décidé du sort des Gouvernements et des
peuples : ils doivent donc être le constant objet de
votre attention ; et, dans le grand tableau que vous
aurez à tracer, ce sont eux, c'est-à-dire les principes
d'après lesquels ils ont agi, la direction qu'ils ont
suivie, ce sont leurs vues, leurs succès, leurs erreurs
et leurs fautes, que vous devez principalement faire
ressortir.

Dans le cours des négociations, leurs fonctions
avaient pour objet d'abréger la durée de la guerre,
et d'accélérer le terme désiré de la conciliation de
tous les intérêts. Ont-ils fait tout ce qui était en leur
pouvoir? Ont-ils développé le zèle, l'énergie qui
étaient dans les obligations de l'importante mission
dont ils étaient chargés? ont-ils su maîtriser leurs
passions personnelles, si, comme il arrive trop souvent, elles ont été mises en jeu par les circonstances?
Leurs démarches, leurs offices, leurs dépêches por-
tent-elles toutes ce caractère de mesure, de sagesse,
de dignité, qui, dans d'aussi grandes et d'aussi épineuses discussions, peut seul assurer le succès des
prétentions même les plus justes et les plus mo-

dérées? Cherchez ici, sans craindre de montrer une présomption déplacée, à vous faire une opinion établie sur les hommes dont vous étudiez la conduite; et jugez en même temps leurs actions, leur langage, leurs écrits. Ce que vous écrirez, les jugements que vous porterez, ne sont pas destinés à être rendus publics. En portant ces jugements, vous ne prétendrez sans doute affecter aucune espèce de supériorité sur des hommes qui tous étaient plus ou moins recommandables par leur caractère, par leur expérience, par leur savoir, par leurs talents, par leurs services. Mais nous avons aujourd'hui sur eux un avantage dont nous ne voulons nous prévaloir que pour notre instruction. Nous connaissons mieux qu'eux aujourd'hui l'ensemble des événements dont ils n'avaient que des notions incertaines et partielles; et les résultats de leurs travaux, mieux et plus généralement appréciés qu'ils n'ont jamais pu l'être de leur temps, nous mettent en mesure de juger et de reprendre des hommes qui, nous n'éprouverions aucune peine à l'avouer, avaient certes plus de discernement et de prudence, et étaient en même temps plus capables de bien faire que nous.

La même observation s'applique aux Légations. Dans le période de la paix, cette agence est destinée à maintenir la bonne intelligence entre les Gouvernements; et ce n'est que par l'exercice assidu et constant d'une vigilance sage et éclairée, que les agents diplomatiques peuvent espérer de remplir le but de leur mission. En relisant vos extraits, vous devez y trouver tous les renseignements qui peuvent vous faire connaître si les minitres français auprès des Cours ont bien rempli les devoirs de leur place; s'ils ont été attentifs à saisir les premiers indices des changements qui devaient survenir, peu d'années après, dans les rapports politiques des Gouvernements; s'ils ont travaillé à propos à dissiper les premières impressions, à prévenir les premières enreprises, à deviner les premières embûches d'une politique insidieuse, jalouse, ambitieuse et ennemie; s'ils ont enfin su prévoir les premières attaques qui seraient ouvertement adressées à la politique française; et s'ils ont opposé à ces attaques une résistance prudente, opportune et bien calculée.

. . . .

Je vous ai donné tous les éclaircissements dont il m'a paru que vous aviez besoin; la route vous est maintenant tracée, et je dois vous abandonner à vous-même. Vous connaissez les divers aspects sous lesquels vous devez envisager, étudier, méditer, analyser les correspondances diplomatiques; vous savez quels sont les ouvrages que vous devez consulter, dans quel ordre, et dans quelle vue ils doivent être lus. Ces correspondances vous seront remises ; les livres des Archives vont être également à votre usage. Cependant, comme ces documents ne seront pas toujours à votre disposition, et que, du moment où vous vous éloignerez de nous, vous ne pourrez plus trouver que dans votre bibliothèque les moyens de continuer le cours de votre instruction, je crois devoir compléter le travail que je me suis proposé de faire pour vous, en ajoutant à ces explications quelques conseils sur le choix des livres qui doivent successivement former la bibliothèque d'un agent diplomatique ; et c'est par là que je terminerai les indications que je m'étais proposé de vous tracer.

(Cette partie de l'instruction trouvera sa place dans la *Bibliographie* qui termine le *Code diplomatique*.)

Les deux pièces suivantes, émanées de la même autorité, et qui renferment d'utiles préceptes sur différentes branches des Études diplomatiques, sont naturellement appelées à servir de complément aux
Conseils à un élève du ministère des Relations Exté-
rieures.

————

II.

CONSEILS A DES SURNUMÉRAIRES.

————

Le service du ministère des Affaires Étrangères
n'est pas un objet d'enseignement, il n'y a pour
lui ni disciples ni maîtres; il est cependant, et il doit
être, le sujet d'une sérieuse ou persévérante étude
pour ceux qui s'y engagent ou qui s'y trouvent engagés; mais l'expérience seule peut leur en apprendre tous les devoirs, et ce n'est qu'avec son secours
et celui du temps, que les connaissances qu'ils ac-
quièrent par degrés, se fortifiant et s'enracinant
dans leur esprit par le renouvellement des mêmes
travaux, peuvent leur donner ce tact heureux qui,
dans toutes les affaires, aide à trouver sans recherche et sans effort la solution de toutes les difficultés

et de tous les doutes, dans un recours facile et sûr aux lois qu'il faut appliquer, et aux formes qu'il convient de donner à tous les genres de travaux qui entrent dans la compétence d'un grand service.

Il m'a semblé cependant qu'il y aurait de l'avantage à faciliter sur ce point, par des règles tracées d'avance, l'ouvrage du temps, et celui de l'expérience ; et, après avoir conçu l'idée de faire d'abord indiquer ces règles par ceux de mes collaborateurs à qui la connaissance et la pratique en sont depuis longtemps familières, j'ai pensé qu'il ne serait pas impossible de les faire rechercher et découvrir successivement par les jeunes gens qui ne sont pas depuis assez de temps au service de nos bureaux pour les avoir encore apprises, et même parmi ceux qui, aspirant à être admis, n'y arrivent que pour constater leur aptitude, et y faire preuve de leur vocation.

Les observations que j'ai à faire dans ce but, doivent être différemment entendues par les uns et par les autres : les premiers ne devront y voir qu'une recommandation de faire immédiatement, et de souvenir, le travail que j'ai à demander à tous; je conseillerai aux autres de s'astreindre à faire le même travail peu à peu, par degrés, par parties, et à mesure que les diverses pièces qui leur seront données, soit pour essais de rédaction, soit comme expéditions à faire, leur passeront successivement sous les yeux.

Toutes les méthodes de travail étant, de leur nature, techniques, sont difficiles à bien exposer, et
tout aussi difficiles à bien entendre. Je mettrai autant
de clarté que je le pourrai dans les explications que
j'ai à donner, pour que la mienne soit bien com-
prise ; mais je dois dire que moi-même je ne compte
pas assez sur l'exactitude et l'efficacité de ses règles,
pour n'être pas persuadé qu'elle a besoin d'être es-
sayée, d'être éprouvée, et que la pratique seule peut
lui faire acquérir ce qui lui manque, pour qu'elle
atteigne le but d'utilité générale et constante que je
dois avoir en vue ; ainsi, c'est de ceux-là mêmes à qui
je la destine que j'attends ses perfectionnements. Je
commence, et ici c'est uniquement à la seconde classe
de mes collaborateurs que j'adresse mes conseils.

Toutes les fois qu'ils seront chargés, soit de rédiger, soit de copier un rapport ou une dépêche, ils en
noteront l'objet sur une carte ou un feuillet de la
dimension d'un quart de feuille. Cette dépêche, ce
rapport, sont ou un projet de demande, ou un projet
de réponse. La première pensée qui doit se présenter
à leur esprit, c'est qu'il y a dans les deux cas une
raison légale ou de principe qui se tire, soit du
droit, soit du bon sens, soit d'un traité, soit de l'u-
sage établi, soit enfin de l'intérêt public sous le rap-

port du commerce, de la politique, de la morale, etc. ;
et c'est dans cette raison qu'ils doivent chercher tous
les motifs de la demande ou de la réponse dont ils
auront à proposer le sujet à l'approbation ou à la si-
gnature du ministre : cette raison, et la conséquence
pratique qui en dérive, doivent être notées et inscrites pour que le souvenir n'en soit pas perdu. Ces
notes sont les premiers éléments du système de direction que, dans le ministère, tout homme de bureau doit former à son propre usage pour s'assurer
que, de quelque nature que soit une affaire qu'il sera
désormais obligé de traiter, il aura une règle qui le
guidera sûrement dans toute la diversité des travaux
qu'il pourra être chargé de faire.

Je viens de dire que toutes les notes doivent être
inscrites sur une carte ou sur un feuillet de papier ;
c'est qu'il y a telle demande dont l'objet est si simple, et telle raison d'une demande ou d'une réponse
qu'il est si facile de trouver, que les notes peuvent
en être consignées dans l'étendue de quelques lignes. Ainsi, quand cette raison se tire de l'usage ou
du bon sens, il suffit de noter en un seul mot son
objet, et peu de paroles peuvent exposer fort clairement le motif et la justification du travail proposé ;
mais quand l'objet de ce travail tient au Droit civil,
au Droit criminel, au Droit commercial, à des stipu-

lations ambiguës de traités, à des intérêts généraux de politique et de commerce, on doit comprendre que souvent un feuillet ne donnera pas assez de marge, pour y bien exposer les règles qui se réfèrent à ce genre élevé de principes et de décisions et, je le dis à regret, on ne sait pas assez que dans le service du ministère, et dans celui surtout des bureaux de la chancellerie, comme encore dans celui des bureaux des ambassades et des légations, le recours à ces grandes et imposantes autorités, pour des affaires d'intérêt privé, n'est pas moins indispensable que fréquent.

La justice est la première dette des gouvernements, et le premier besoin des peuples. Le recours à ses bienfaits est un droit qui appartient à tous les hommes sans distinction d'état, de condition et de patrie ; mais elle se modifie quelquefois dans ses lois, dans ses procédés, et dans ses formes, selon la diversité des lieux, et au gré d'une foule de circonstances qui souvent rendent son assistance moins certaine et plus difficile à obtenir. Parmi les classes qui ont à invoquer cette assistance, les positions les plus défavorables sont celles des étrangers, des absents ; et, dans ces classes, celle des réclamants dont les droits se fondent sur des titres d'une origine qui en reporte la discussion au temps et au lieu où ils vivent. Pour les Français qui ont été ou sont établis au dehors, pour les étrangers qui ont été ou sont établis en France, et pour les représentants des uns et des autres, le ministre des Affaires Étrangères est le protecteur ou l'intermédiaire nécessaire de ce genre de réclamation; et comme les oppositions ou les résistances qui peuvent empêcher le succès, ne proviennent le plus souvent que des différences qui existent entre la législation civile, commerciale, criminelle, etc., d'un pays et celle des autres, et que ces différences ne peuvent se concilier que par le Droit public, soit naturel, soit conventionnel, soit coutumier, il suit que les travaux qui sont destinés à l'acquit des devoirs du ministère dans cette partie de ses attributions, ne peuvent se faire avec quelque apparence de succès, si les personnes qui en sont chargées sont et restent ignorantes de ces diverses législations, de leurs différences, et de la science générale et commune, à qui seule appartient le droit de les accorder.

Je n'établirai cependant pas qu'on ne puisse se rendre habile à faire tous les travaux qui entrent dans les attributions du service du ministère, si l'on ne cherche à devenir un savant jurisconsulte ou un publiciste consommé ; mais je ne craindrai pas de déclarer qu'il en est peu où la connaissance des règles du Droit civil, du Droit commercial, ainsi que celles du Droit public, ne soit pas d'un utile secours

pour la recherche, le discernement et le bon emploi
de tous les moyens qui, dans les affaires contentieuses, doivent être mis en œuvre à l'appui des droits
dont le ministère a la charge de protéger la défense,
et qu'il en est un très-grand nombre où cette connaissance est indispensable ; je dirai donc à ceux qui
ont été assez heureux pour avoir pu comprendre
dans les cours élémentaires de leur première éducation, une étude spéciale du Droit civil et du Droit
public, qu'ils doivent fort s'en applaudir, et quant
à ceux à qui une fâcheuse expérience fait sentir à
tous les moments du jour le besoin des connaissances
qui leur manquent, et le regret de n'avoir pu les acquérir, je ne puis que les renvoyer à nos *Conseils
à un élève*, où ils trouveront à la page 18 et suivantes (*), l'expression du système d'études à l'aide du
quel, s'ils ont le courage et la patience d'en suivre les
règles avec persévérance, je crois pouvoir les assurer qu'ils sauront se faire, sur les deux sciences qu'ils
ont un si grand intérêt d'amour-propre et de devoir
de ne plus ignorer, un fonds solide d'instruction,
qui, s'enrichissant par degrés du fruit de toutes leurs
lectures, et de celles même qui sembleraient les plus
étrangères à l'objet direct de leurs recherches, finira
en peu d'années par les mettre en mesure de traiter

(*) Voy. ci-dessus, § II, p. 115.

avec confiance et avec parfaite connaissance de cause, toutes les affaires contentieuses qui sont dans la compétence de leur bureau.

Je reviens à mon sujet, dont cette digression m'a un peu éloigné : j'ai dit plus haut que les notes qu'il convenait de faire sur chaque sujet de travail, devaient d'abord en indiquer l'objet, et ensuite, qu'il fallait chercher et exposer la raison, ou les motifs de la décision qui devait intervenir ou qui était intervenue. J'observe maintenant que les mêmes sujets se distinguent presque généralement par des différences. Je crois que je me rendrai plus sensible par des exemples.

Je suppose que le bureau ait à répondre à une demande d'extradition , il faudra inscrire en haut de la carte ou feuillet explicatif, à gauche et en grosses lettres, *extradition* (demande d'), et ensuite à la droite, la différence caractéristique de l'objet de la demande. Je vais donner une idée de ces différences :

1° L'extradition peut être demandée par un État avec qui nous nous trouvons, sur ce point, réciproquement engagés. Elle peut l'être encore par un État avec qui nous n'avions jamais eu d'engagement, ou bien à l'égard de qui ce genre d'engagement n'existe plus ; sa durée telle qu'elle avait été assignée par les traités étant arrivée à son terme. Voilà trois différences, et chacune d'elles doit être marquée au-dessus de sa note explicative, par le timbre de gauche : ainsi au haut de la note on lira, *extradition* (*demande d'*), et à droite, *engagement* ou *sous-engagement de réciprocité*.

2° Dans les demandes de cette dernière espèce, il y en a qui viennent d'un État dont la constitution politique est telle, qu'il peut admettre celles de même nature qui lui seraient adressées par la France, et d'autres peuvent venir d'un État dont les lois interdisent toute espèce d'extradition. Voilà deux nouvelles différences; les timbres caractéristiques de droite seront *réciprocité*, ou *réciprocité refusée*, ou *réciprocité impossible*.

3° Il y a des demandes d'extradition pour des crimes d'une nature si odieuse, que l'impunité acquise par l'évasion de l'auteur du forfait est un malheur et un danger pour le pays, surtout, qui donne asile au criminel réclamé; autre différence qui doit être indiquée dans le timbre de droite par une appellation convenable.

4° Il y a, au contraire, des demandes d'extradition pour des actes qui ne sont délits condamnables et punissables que dans les pays où ils ont été commis. Ces actes, même là où la vengeance plutôt que la justice les poursuit pour les punir, peuvent ailleurs être réputés honorables. *Tels furent ceux dont, pendant vingt ans, la Révolution française a vainement tenté de faire des crimes,* et qui, dans un meilleur temps, sont devenus des titres légaux à un recouvrement de droits, etc., etc.

5° Il y a des demandes d'extradition faites par des puissances exigeantes, en même temps illibérales, qui réclament souvent et ne répondent jamais que par des refus, etc., etc. Réciprocité négative.

6° Il y a des demandes d'extradition pour des délits sans gravité, dont l'impunité est de peu de danger pour les lois qu'ils ont offensées, et de nul danger pour celles du pays où le délinquant s'est soustrait à la peine encourue.

7° Enfin, il peut se présenter des demandes d'extradition pour des cas non avenus et qui peuvent ne jamais se reproduire. Ces sortes de demandes sont sans précédents, et les règles à suivre sont impossibles à indiquer d'avance. Spécialité.

C'est à dessein que j'ai exposé tous ces exemples. Ce genre de demandes est un des titres de tous les objets de travail, qui sont à la charge de la chancellerie des Affaires Étrangères, et ce titre se divise en genres : toutes les différences que j'ai indiquées, et celles qui ont échappé à mes souvenirs et qu'il faut s'attacher à connaître, forment autant d'espèces, et les cas par-

ticuliers qui diffèrent de tous les autres sont les spé-
cialités qui doivent être mises à part pour être notées
comme exceptions.

Il faudra passer en revue tous les autres objets de
travail dont les titres se présentent vaguement et
très-incomplétement à mon esprit sous les noms suivants : 1° demandes d'autorisation ; ce premier titre
se divise en un grand nombre de genres; 2° demandes de renseignements; 3° demandes d'actes d'é-
tat civil, tels que naissance, mort, mariage, etc., et
on peut y joindre demandes de certificats de service
ou de vérification de faits, qu'il importe aux réclamants de constater; 4° griefs prétendus, soit de la
part d'étrangers contre des autorités françaises, soit
de la part des Français contre des autorités étrangères. Ce titre doit se subdiviser en un grand nombre
de titres spéciaux; il comprend tous les genres de
dommages dont les Français peuvent avoir à souffrir
au mépris des droits qui leur sont assurés, soit par
les principes de la justice générale, soit par les traités ; 5° services allégués, révélations, projets, travaux de toute espèce offerts, adressés, soit dans des
vues de bien public et par l'impulsion d'un zèle dé-
sintéressé, soit dans des vues de récompense.

Je ne porterai pas plus loin cette énumération.
L'imperfection de toutes celles que je pourrais faire

avec le dessein de comprendre tous les objets de travail qui surviennent ou peuvent survenir dans nos
bureaux, l'imperfection de celles même que tout
autre que moi pourrait tenter dans le même but,
sont une preuve de plus de l'utilité, je dirais presque
de la nécessité de la méthode que je propose, et qui
peut seule donner le moyen d'en obtenir une qui soit
classique et telle qu'il est désirable de l'avoir. Elle se
fera progressivement et sans qu'il soit besoin d'aucune contention d'esprit, ni d'aucun effort de mémoire, pour s'assurer que rien ne sera omis de ce qui
doit la rendre aussi complète qu'elle doit l'être, et il
en est ainsi des règles de solution et des décisions qui
se rapportent à chacun des objets dont elle doit présenter l'exacte indication. Je recommande surtout
que la plus grande attention soit donnée aux notes
qui sont relatives au quatrième titre : il comprend les
objets de la plus grande partie des travaux de la
chancellerie et d'une des plus importantes de ceux
du ministère.

Les règles qu'il importe de rechercher, pour pouvoir se faire une bonne et sûre direction dans les travaux dont je viens d'ébaucher l'énumération, existent ; elles sont connues, mais elles ne sont pas toujours observées, parce que la multitude, la variété et
'urgence des affaires en font souvent perdre ou con-

fondre les souvenirs. Le meilleur moyen, à mon gré, d'en assurer une facile, constante et invariable exécution, est, si je puis ainsi m'exprimer, de les rendre ostensibles et visibles, afin que ceux qui doivent les consulter et les suivre puissent, à tous les instants, les avoir au besoin sous les yeux, et c'est là le résultat que je crois pouvoir attendre de la méthode dont j'ai exposé les premiers procédés : mes lecteurs trouveront, à la suite de ces indications, un modèle de la forme de ces notes, et un assez grand nombre d'exemples de la manière dont elles doivent être remplies.

Je me reporte maintenant dans l'avenir, à une époque plus ou moins éloignée du moment où cette méthode aura été adoptée et suivie. Les jeunes gens qui auront bien lu tout ce qui précède, s'ils ont déféré à mes conseils, ont fait assidûment des notes indicatives et spécialement analytiques sur chacune des pièces qui, dans le cours d'un temps donné, faisaient la tâche habituelle de leur service de tous les jours. C'était une demande qu'on adressait au ministère; c'était une question qu'on proposait; c'était un grief qu'on alléguait, une difficulté qu'on proposait de résoudre; c'était, enfin, la protection du gouvernement du Roi qu'on réclamait pour la défense d'un intérêt légitime ou contre la violation d'un droit assuré par les traités, par le Droit public, par les principes généraux de la justice naturelle. La note analytique inscrite sur le feuillet a dû indiquer, pour chaque affaire, l'objet qui lui est propre; elle a marqué les différences qui distinguent, dans les objets de même nature, l'espèce particulière de celui qui devait être inscrit dans la note. La carte ou la feuille où cette note a été consignée, contient la raison qu'on a eu soin de rechercher, d'étudier et de discuter, des motifs de la solution et de la réponse qui devrait être faite au nom du ministère; c'est ce que j'ai déjà recommandé au commencement de ces instructions.

Il y a six mois, un an que les élèves se sont imposé la tâche de faire ces notes d'analyses et de rapports abrégés sur chacune des pièces qu'ils ont eu a lire; ils ont jeté pêle-mêle ces feuilles volantes dans des cartons destinés au seul usage de les garder. Toutes les affaires des chancelleries leur ont ainsi passé sous les yeux, et ils ont été en même temps en mesure d'en connaître la matière, les objets, et de chercher et de trouver, dans toutes les sources du Droit, les diverses raisons de la détermination qui devait être prise à l'égard de chacune de ces affaires. Les premières notes indicatives qu'ils auront faites auront été incomplètes, défectueuses; ils auront d'abord commis plus d'une méprise; mais les mêmes objets s'étant souvent représentés à leurs yeux, ils retrouveront dans les cartons un assez grand nombre de notes sur le même objet de travail ; ils rejetteront les premières pour garder celles qui constateront, pour eux, les progrès qu'ils auront faits dans la connaissance des affaires du service. La méthode que je recommande n'eût-elle pas un autre résultat et un autre objet, on ne saurait contester qu'ils suffiraient pour la faire adopter.

Mais on concevra sans peine qu'il est possible et facile même de faire un bien plus utile usage de cette foule de rapports qui contiennent, sans lacune et sans omission, les matériaux de toute la polémique contentieuse et administrative du ministère, ainsi que les éléments et les documents de la solution de toutes les difficultés qui ressortent de cette polémique. Le premier travail à faire, quand celui de la rédaction des notes est accompli et qu'on est parvenu à en rassembler au moins autant qu'on a eu d'affaires à traiter dans les bureaux : le premier travail à faire, dis-je, sur cette masse d'extraits qui sont des espèces de rapports abrégés de tout ce qui a été traité et discuté dans une période donnée, est celui de rassembler toutes les notes qui traitent du même objet et de les placer dans autant de cartons distincts. Ce premier triage, au moyen des timbres indicateurs de gauche, sera le travail de quelques moments. Le second travail est de séparer dans chaque carton les notes qui sont timbrées du même titre à gauche, et celles qui, à droite, portent le titre des différences, constituent l'espèce qui est propre à leur objet, et dans chaque carton de faire autant de dossiers des séries de notes qui se rapportent à la même espèce. Le troisième travail sera celui de faire un choix parmi les notes qui ont été plusieurs fois répétées sur le même objet, c'est-à-dire, de réserver celles qui, ayant été faites les dernières avec plus de soin et avec plus de connaissance de cause, remplissent le mieux les conditions prescrites par la méthode, et de rejeter celles qui ne doivent plus être regardées que comme d'imparfaites et inutiles ébauches: Ces travaux ont une assez grande importance et présentent d'assez grandes difficultés; ils ne sont cependant que préparatoires à celui qui est le but final de la méthode proposée, et ce travail est celui qui me reste à décrire.

Toutes les affaires contentieuses du ministère étaient mêlées et confondues dans les indications des notes qui avaient été successivement jetées pêle-mêle dans les cartons. Mais on fait le triage de celles qui exposent avec le plus d'exactitude les objets des travaux et leur genre, et qui en même temps développent le mieuxlesmotifs tirés du Droit civil, du Droit politique, du Droit commercial, de l'usage ou du bon sens qui devaient déterminer la demande qu'on avait à adresser, ou la réponse qu'on avait à faire, ou la solution qui devait être donnée. Toutes ces notes ont été classées dans un ordre régulier. Chaque objet de travail se trouve ainsi subdivisé en un certain nombre de genres dont chacun a son dossier, et dans la rédaction soignée des notes de ce dossier on lit tout ce qui peut établir la règle du travail du bureau sur toute la diversité de ces objets. Voilà des matériaux suffisants pour faire *un corps de doctrine pratique,* qui servira désormais de direction uniforme et constante pour l'ensemble du service de la chancellerie des affaires contentieuses. Là, seront distinctement indiqués, dans un ordre régulier, tous les objets de ces travaux. Ce tableau sera divisé en titres, les titres en chapitres. Toutes les variétés des demandes qui peuvent être adressées, des réponses qui peuvent être faites, des questions qui peuvent être proposées au ministère, y trouveront la règle de rédaction des lettres ou des rapports à faire et des solutions à donner; et enfin avec une table bien faite et des numéros d'ordre, le commis le plus novice apprendra, en quelques minutes de lecture, ce qu'il faudra qu'il fasse pour se bien assurer que le travail qui lui aura été demandé, de quelque nature qu'en soit l'objet et à quelque genre qu'il appartienne, s'il se conforme exactement à la règle qui lui est propre, et qu'il verra clairement exposée dans le tableau de chaque genre, sera agréé par ses chefs.

Je reviens maintenant à l'énumération si imparfaite que j'ai cru devoir présenter plus haut : elle n'était qu'une simple ébauche, mais à la période du travail de mes jeunes collaborateurs, où je les ai fait parvenir, il en est autrement de celle que la pratique longue, assidue et soigneuse de la méthode proposée les aura mis à portée de faire ; pour cette fois nous avons enfin une énumération véritablement complète, et qui comprend, sans omission et sans lacune, tous les objets du travail de la chancellerie : leur nombre est grand et, dans l'ensemble, leur importance n'est pas moindre ; il est, en effet, peu d'intérêts, soit généraux, soit individuels, soit privés, soit publics, qui ne tiennent par quelque lien direct ou indirect à un des objets de cette énumération, et à la vue d'un tableau aussi chargé d'objets de travail et de sujets d'étude, je ne doute pas que les personnes qui étaient le plus disposées à mal apprécier l'utilité relative de cette partie du service du ministère, parce qu'elles n'en jugeaient que par le peu d'intérêt de quelques détails isolément aperçus, ne se désabusent en observant à quelle variété, à quel nombre, à quelle masse d'intérêts les travaux de ce service correspondent. Le commerce national, le commerce étranger, les rapports qui les lient ou qui les mettent en concurrence, ceux qui font dépendre leurs règles respectives de la connaissance de leurs moyens d'agir, de leurs causes, de leurs résultats, de celle des traités, de l'étude, de l'application des principes du Droit public, l'intervention nécessaire des gouvernements amis, des gouvernements ennemis, du gouvernement du Roi, dans un immense ensemble d'affaires privées, l'accord plus ou moins positif, la collision plus ou moins ouverte de leurs lois, des procédés de leur administration, de l'exercice de leur pouvoir, etc., tous ces éléments de discussion, tous ces sujets de controverse se présentent à chaque instant pour être mis en œuvre dans la multitude des questions qui tous les jours s'élèvent, de quelque partie du monde civilisé, pour venir chercher leur solution dans cette division du ministère. Certes, je ne crains pas de convenir que le travail qui se rapporte directement à la grande correspondance diplomatique des Cabinets, offre à la première vue de plus beaux et de plus attrayants aspects; mais à qui cherche principalement l'utilité pratique, journalière et constante, tant pour son instruction que pour le bon emploi du pouvoir qui a été donné au ministère de

protéger efficacement au dehors les droits et les intérêts des sujets du Roi, la coopération au travail de la
chancellerie ne présente pas des résultats moins importants. Ici, le bienfait que l'on attend de l'exercice
bien dirigé de ce pouvoir, la protection qu'on solli-
cite, l'assistance qu'on espère, la justice qu'on ré-
clame, résultent presque immédiatement du travail
qui a pour objet de les assurer à qui est en droit de
les obtenir. Au fait, n'est-ce pas principalement pour
ce but que sont faits les traités? N'est-ce pas à cette
fin que tendent les négociations? Et le Droit public
lui-même a-t-il un autre objet final que celui d'assurer, dans tous les lieux, dans tous les temps, les droits
généraux qui appartiennent à tous les individus de
chaque État, et celui encore de les prévenir et de réparer les dommages que les hommes de tous les
rangs, de toutes les classes et de toutes les nations,
peuvent être exposés à subir, dans leurs intérêts,
dans leurs droits, quand les uns et les autres ne sont
pas placés sous la sauvegarde immédiate des lois de
leur pays?

Il ne me reste qu'une recommandation à faire.
Dans tout ce qui précède, je n'ai été occupé que du
fond des sujets, de la nature et de l'objet des divers
travaux, et du motif des déterminations que le bureau doit proposer après qu'il aura fait un examen

approfondi de toutes ces affaires. Il y a cependant des règles à observer relativement aux formes; mais elles sont en rapport avec celles dont la recherche est le principal objet de la méthode proposée; ici, les règles doivent être un sujet à part d'observation et d'étude; elles se rapportent principalement, et presque uniquement, à un seul point, l'*état* des personnes à qui s'adresse la partie de la correspondance du Ministère dont la chancellerie est chargée, et les motifs de ces règles se tirent des différences que ces personnes présentent dans leur position, leur rang, leur pouvoir, leur crédit, en ne perdant pas de vue celles qui se tirent de leur caractère et de leurs dispositions connues. Les circonstances de temps et de lieu, et celle des événements récents, peuvent aussi entrer dans l'appréciation de ces motifs. Sur tous ces points, on doit se faire une constante loi d'avoir égard aux nuances même les plus légères, qui marquent ces différences, et c'est surtout dans l'appréciation de ces nuances qu'il faut savoir se faire des règles de bienséance dont on ne doit jamais s'écarter; car c'est sur les prétentions qui portent sur ce genre souvent inaperçu de différences de position, que s'élèvent les plus vives contestations, et que les susceptibilités se montrent le plus irritables. Des mésintelligences qui ont fini par produire de graves résultats ont quelquefois été suscitées par la seule cause de l'oubli ou de l'ignorance de ces règles. Ici donc leur recherche et leur indication sont en même temps et plus difficiles et plus nécessaires. Je n'en sauverais pas les difficultés en entrant dans plus de détails ; et je trouve d'ailleurs utile de les laisser subsister : elles seront un sujet d'émulation et d'épreuve pour le discernement, le tact et la sagacité de ceux à qui ces *Conseils* sont destinés ; et, à cet égard, comme à l'égard de tout ce que ce travail doit leur imposer de soins, j'ai la plus entière et, je crois, la plus juste confiance dans le résultat de cette épreuve.

Toutefois, pour donner à mes recommandations sur ce point un crédit qu'elles ne peuvent tenir de moi, je crois devoir ici citer le texte entier de quelques dispositions du règlement des chancelleries du ministère des Affaires Étrangères qui, se rapportant uniquement aux travaux de quelques-uns des bureaux de cette division, me semblent cependant être généralement applicables à tous les travaux du même genre, quelle que soit d'ailleurs la position de ceux qui, sous quelque titre et dans quelque lieu que ce soit, peuvent en être chargés. Ces dispositions se trouvent au titre III, articles 18 et 19 du règlement particulier de la chancellerie, qui a été arrêté le 17 janvier 1826. Elles déterminent ce qui doit être observé, non-seulement quant à la forme des travaux, mais encore quant au fond des sujets : cependant j'espère que mes lecteurs ne les trouveront, ni surabondantes, ni superflues.

Art. 18. En conformité des bases des règlements arrêtés par le Ministre, dans une décision du 30 novembre dernier, et adressée à tous les chefs du service de son ministère, tous les rapports doivent contenir : 1° une exposition précise et complète de leur objet : 2° la suite et l'ensemble des informations recueillies ou contradictoirement alléguées; 3° la vérification des unes et des autres, et définitivement le véritable état des choses en point de fait; 4° les précédents du même genre de faits dans des cas semblables ou analogues; les décisions qui furent alors prises, et les conséquences qui en sont résultées; 5° l'indication des principes de Droit d'où doit se tirer la solution des difficultés respectivement présentées, soit la décision à donner sur les prétentions opposées; 6° la théorie raisonnée de ces principes, et leur application à l'objet du rapport; 7° la décision finale.

La forme de la décision, soit qu'elle doive être l'objet d'un projet de lettre ou d'un arrêté ministériel, ou enfin d'un projet d'ordonnance à soumettre à l'approbation du Roi, doit toujours être jointe au rapport.

Art. 19. A l'égard de la rédaction des lettres, dépêches, notes, offices, etc., et autres pièces qui sont destinées à être souscrites du nom d'un ministre du Roi, il y a des règles à suivre sur la forme de cette correspondance.

Sur le premier point, les rédacteurs ne doivent jamais perdre de vue que la correspondance qui traite des affaires publiques, doit être simple, précise, facile et grave; que les ornements y conviennent peu; et que toute affectation et toute recherche doivent en être sévèrement bannies.

Toutefois, la correspondance du Ministère doit toujours être correcte : la correction unie à la clarté, suffit au seul genre d'élégance qui lui convienne; mais il faut surtout qu'elle soit exempte de ces négligences, de ces constructions vicieuses et forcées qui accusent l'ignorance ou la précipitation du travail; et enfin, on doit en exclure avec soin ces expressions triviales, et ces locutions vulgaires que, par les bienfaits d'une éducation mise aujourd'hui à la portée de tout le monde, on s'étonnerait de trouver, même dans les correspondances privées de la moyenne classe de la société.

Sur le second point, le tableau du protocole qui a

été adressé à tous les bureaux, présente des règles dont l'observation est facile ; mais il en est d'autres qui ne peuvent être textuellement indiquées, et dont le bon goût, le discernement, l'étude et le sentiment des bienséances peuvent seuls faire connaître l'usage. Il y a des nuances de ménagements ou d'égards qui, soit dans le blâme ou dans la louange, et quand on veut récompenser ou punir, doivent diversifier les expressions de la même pensée, selon le caractère ou la position plus ou moins élevée de celui à qui l'on écrit. Les rédacteurs ne sauraient faire trop d'efforts pour répondre, en ce point, à toutes les exigences de leur position. Le règlement ne peut que leur indiquer le but : quant aux moyens de l'atteindre, ils ne les trouveront que dans l'amour du travail, l'habitude d'observer et de réfléchir, le goût des bonnes lectures, et surtout de celles d'un choix bien fait dans les anciennes correspondances du Ministère.

Voilà ma méthode ; j'espère que les procédés en seront bien compris, et que leur motif et leur but seront justement appréciés. Je suis loin de croire que, telle que je la présente, elle doive produire tout le bien que j'en attends ; mais je compte sur le zèle et l'intelligence des jeunes gens qui auront à la mettre en œuvre. La pratique les éclairera sur ses défectuosités, et chacun d'eux y suppléera par de nouveaux et de meilleurs procédés que ceux que je conseille. Un peu plus tôt, un peu plus tard, cette méthode sortira de leurs mains plus praticable que je ne la leur donne. Au reste, si elle ne devait produire d'autre bien que celui de les accoutumer à chercher, en toutes choses, la raison de ce qu'ils ont à faire et de ce qu'ils font, de leur faire observer les rapports de l'objet de leur travail avec les principes des sciences d'où se tire la solution des difficultés qu'ils ont à résoudre, et de leur faire comprendre surtout de quel intérêt il est pour eux d'étudier ces sciences, dont les principes, quand on se fait un devoir de profession de les mettre en pratique, peuvent seuls, par les habitudes d'une juste et persévérante application, les mettre en mesure de bien remplir, dans la discussion de toutes les affaires, la tâche qui leur est imposée, je crois que le temps que j'ai mis à en concevoir le plan et à en indiquer les procédés, ne serait un temps perdu ni pour eux ni pour moi.

NOTE APPROBATIVE.

« Je ne puis qu'engager messieurs les employés des chancelleries à suivre l'excellent plan qui leur est tracé ; pour peu qu'ils s'y astreignent, ils ne peuvent manquer d'acquérir des connaissances et des habitudes aussi précieuses pour eux-mêmes qu'utiles à l'État. »

Ce 31 octobre 1825.

Signé le baron de D*** (*).

Ces *Conseils* étaient uniquement destinés aux surnuméraires récemment admis dans les bureaux du ministère; l'approbation qu'on vient de lire en a fait une sorte de règle générale pour les classes mêmes plus éprouvées de tous ceux qui coopèrent aux travaux de la chancellerie. Dans le peu de temps qui a été donné à la pratique de cette règle, je puis attester qu'elle a déjà porté d'heureux fruits, et peut-être est-il permis de croire que si elle se propageait au-delà de la sphère où elle est aujourd'hui restreinte, le service des agences politiques, des agences consulaires, et même tous les services, pourraient en retirer des avantages réels. Les affaires qui se traitent dans les bureaux des légations et des consulats, sont en effet les mêmes que celles qui font l'objet des travaux de la chancellerie, et quant à ceux des autres administrations, les objets de leurs divers services ont tous le même but, se dirigent par les mêmes procédés, et se fondent, dans les décisions à prendre, sur

------

(*) Le ministre des Affaires Étrangères, en 1825, était le baron Maxence de Damas, nommé, trois ans plus tard, gouverneur du Duc de Bordeaux, qu'il suivit dans l'exil.

les mêmes principes. Ce sont toujours des droits, des intérêts privés qu'il s'agit de concilier, soit entre eux, soit avec les droits et les intérêts publics. La règle de décision se trouve toujours dans une source de droit, et il ne s'agit que de la chercher, et, quand on l'a trouvée, de l'appliquer à tous les cas particuliers. La méthode indiquée dans mes conseils peut donc devenir utilement applicable à d'autres services qu'à celui du ministère ; c'est, au reste, ce qui ne peut être constaté que par une expérience plus longue, plus heureuse et plus étendue ; et si les résultats répondent à mon attente, la notoriété du succès suffira pour remplir, sur ce point, le vœu que je me permets ici d'exprimer.

Les objets les plus importants de la pratique de la méthode approuvée, sont la recherche de la règle de décision et l'indication précise du genre de droit où cette règle se trouve établie ; or, il faut remarquer que, pour les administrations civiles, judiciaires, militaires ou financières, ce double but est plus facile à atteindre, attendu que le service de ces administrations est, en toutes choses, réglé, dirigé, déterminé par les ordonnances, et il n'en est pas ainsi dans l'administration des Affaires Étrangères. Les principes politiques sur lesquels se fonde ce qu'on nomme le Droit public, sont la première, et, pour ainsi dire, l'unique règle de cette administra-

tion. Car pour toutes les affaires où elle est obligée
d'aller chercher ses motifs de décision dans le Droit
civil, dans le Droit criminel, dans le Droit commercial ou dans l'usage, l'application pratique de leurs
dispositions, telle qu'elle est prescrite par les diverses
parties de la législation générale, ne peut s'en faire que
d'après ces règles et dans les formes qui soient parfaitement en accord avec les principes du Droit public.

EXEMPLES DE FORMES REMPLIES.

† La première colonne doit présenter la date de
la demande adressée au ministère, et au-dessous
celle de la décision et de la réponse.

†† La seconde colonne indique le nom du réclamant, son rang ou son état, son pays, et au-dessous
elle désigne la légation ou l'autorité locale qui donne
appui à sa demande.

††† Dans la troisième colonne se trouve exposé
l'objet de la réclamation.

IV. Quatrième. Motifs énoncés de la réclamation ;
on doit indiquer le principe du droit sur lequel elle
est fondée.

V. Cinquième colonne fait connaître la décision du
ministère.

VI. Sixième colonne indique si cette décision est
fondée sur les règles ou les principes du Droit pu-

blic, du Droit civil, du Droit commercial, de l'usage, de la justice naturelle, du texte des traités; ou enfin, à défaut de règle, sur le libre exercice de la volonté du gouvernement du Roi.

Ces formes ne devant donner qu'un exemple, il n'est pas besoin d'y marquer nominativement les parties, ni les noms du lieu, ni les traités et les lois, et celles de leurs dispositions qui sont applicables à la cause. Celles qui ont été faites dans le bureau n'ont omis aucune de ces indications.

1

Année.	Réclamants.	Objet.	Motifs.	Décision.	Raison.
†	††	†††	IV.	V.	VI.
25 février. 1826. 10 Mars.	Question d'extranéité réclamée par la famille X...., étrangère. Sa demande est appuyée par la légation de...	L'extranéité établie, la famille a le droit d'intervenir dans la gestion d'une succession laissée en France par un membre décédé.	Les traités qui spécifient le cas allégué, et décident dans l'intérêt de la demande; les principes du Droit public, et la justice naturelle qui militent pour la même cause; enfin, des jugements rendus.	Réponse négative.	Les traités ne spécifient pas le cas allégué, et ne décident rien dans la cause. Le Droit public, la justice naturelle viennent à l'appui de la décision, et enfin, les lois françaises, et des jugements rendus la prescrivent.

OBSERVATIONS.

La contradiction des motifs allégués, et l'appui efficace qui a été donné à la réclamation, ont fait une nécessité d'apporter le plus grand soin à l'instruction de cette affaire. Et, comme par ces références à deux législations différentes, et à des conventions dont les dispositions étaient invoquées par une des parties, elle se compliquait en même temps des règles du Droit civil et des principes du Droit public, il a été d'abord jugé que la cause, une fois instruite dans le bureau, le rapport et ses pièces justificatives devraient être soumis à une commission composée de jurisconsultes et de publicistes, et que l'avis motivé, qui serait présenté par cette commission, déterminerait la décision à prendre.

C'est ainsi, en effet, qu'il a été procédé. La commission a été formée de deux jurisconsultes, trois publicistes et un secrétaire de légation. Toutes les pièces et documents de la cause lui ont été présentés ; deux rapports lui ont été soumis, l'un par un publiciste, l'autre par un jurisconsulte, où la cause a été disputée sous le point de vue de sa double référence au Droit civil et au Droit public. La légation de..... ayant exprimé le désir de voir assister à la délibération, et dans l'intérêt de la partie étrangère, un jurisconsulte de son choix, il a été fait droit à cette demande. C'est enfin, sur l'avis motivé qui a été unanimement souscrit par tous les commissaires, qu'une décision négative est intervenue et a été adressée à la légation réclamante, à la suite de l'avis de la commission. Il a été jugé que, par une simple lettre d'envoi de l'avis de la commission, on donnait à la réponse du Ministère une forme plus convenable, en ce qu'elle prévenait toute discussion polémique sur un sujet, que ses difficultés et son importance placent au-dessus de la compétence des bureaux de légation ou de ceux mêmes d'un ministère.

2

Année.	Réclamants.	Objet.	Motifs.	Décision.	Raison.
25 janvier 1826. 4 février.	Légation de..	Demande d'extradition de N..., soldat du régiment de...	Il a échappé à la poursuite des autorités locales, et s'est réfugié en France, où tout asile doit lui être refusé.	Il a été remis aux autorités locales.	Convention d'extradition, du 9 août 1820, entre la France et la...

OBSERVATIONS.

L'extradition pour fait de désertion a des règles clairement établies et qui s'exécutent sans contradiction ; ces règles se fondent sur des traités ou sur des usages convenus. Il n'en est pas ainsi des autres délits qui peuvent en provoquer la demande. Chaque gouvernement s'est fait, sur ce point, des règles auxquelles les autres gouvernements croient devoir se conformer à son égard pour le motif de la réciprocité. Il conviendrait néanmoins de considérer : 1° si la justice n'est pas un bien et un devoir communs entre les États, et si dans la poursuite d'un scélérat qui, après avoir troublé l'ordre dans un pays à la faveur de l'impunité, ira le troubler dans tous les autres, le concours qui accorde n'est pas plus moral et ne vaut pas mieux que la réciprocité qui refuse : 2° s'il y a de la dignité à protéger le crime, et si l'hospitalité donnée à celui qui l'a commis, est un droit, un malheur, ou un tort; 3° enfin, si le gouvernement qui se laisse enchaîner dans un système de refus par une législation étrangère, ne se montre pas plus dépendant que celui qui se met en position de pouvoir refuser ou accorder, au gré de son intérêt ou de son libre arbitre.

Ces réflexions n'expriment qu'un vœu et ne sont fondées ni sur l'usage ni sur les lois. La règle pratique a été jusqu'ici rigoureusement établie sur le principe de la réciprocité, et je donne ici l'exemple de la liberté avec laquelle les rédacteurs des notes peuvent se permettre de s'exprimer; car enfin, c'est pour eux et pour leur propre instruction que ces notes sont faites.

3

Année.	Réclamants.	Objet.	Motifs.	Décision.	Raison.
3 janvier 182. 24 janv	La Régence d'Alger.	Réclame l'extradition de P.-A. Ab..., négociant algérien, détenu pour dettes à Marseille.	La Régence considérait la détention comme arbitraire.	Réponse négative.	Le défaut de convention d'extradition avec Alger. La qualité de détenu pour dettes.

OBSERVATIONS.

Le Ministre compétent, consulté sur cette affaire, a partagé l'opinion de celui des Affaires Étrangères. Il a pensé que la demande de la Régence ne pouvait pas être accueillie :

1° Parce qu'il n'existe pas entre les deux États de convention d'extradition ;

2° Parce que, lors même qu'une pareille convention existerait, elle ne pourrait recevoir d'application qu'à l'égard d'individus prévenus de crimes publics, et que le réclamé n'est pas dans cette position ; et 3°, enfin, parce que l'emprisonnement de cet étranger étant purement civil, et ayant lieu à la seule requête de ses créanciers, il ne peut appartenir qu'à ceux-ci de le faire cesser.

4

Année.	Réclamants.	Objet.	Motifs.	Décision.	Raison.
23 février 1826. 2 mars.	M. V....... sans recommandation.	Demande si le droit d'aubaine est réciproquement aboli entre la France et la Sardaigne.	Intérêts personnels en Piémont.	Réponse affirmative.	Traité du 24 mars 1760.

OBSERVATIONS.

Les étrangers jouissent en France des avantages résultant de l'abolition du droit d'aubaine, sans condition de réciprocité. Quant aux Français qui sont établis au dehors, leur intérêt et leur droit sont réglés par des traités, et généralement ces règles se fondent sur le principe de la réciprocité.

Les Français jouissent dans les États de Sardaigne, relativement à la capacité d'acquérir ou de transmettre, des mêmes droits que les régnicoles, et la réciprocité avait lieu en France à l'égard des sujets sardes avant la loi abolitive du droit d'aubaine ; cette réciprocité a été consacrée par le traité du 24 mai 1760.

Année.	Réclamants.	Objet.	Motifs.	Décision.
12 janvier 1822. 21 mars 1822.	N. N... négociants français établis à l'étranger.	Est-il nécessaire que les jugements des cours royales soient légalisés par le ministre des Affaires Étrangères pour être mis à exécution par les consuls de sa majesté ?	Leur intérêt personnel à la solution de cette question.	Réponse affirmative.

OBSERVATIONS.

Cette question ayant été soumise au comité de législation du conseil d'État, ce comité a été d'avis que les jugements des cours royales devaient être légalisés par le ministre des Affaires Étrangères, pour être mis à exécution par les consuls du Roi dans les pays étrangers.

5

Année.	Réclamants.	Objet.	Motifs.	Décision.	Raison.
30 mai 1819. 24 juin.	M. L......, sans appui de légation.	Demande la réintégration dans la jouissance d'un titre et d'une dotation accordés dans le xvie siècle par un de nos rois à un des auteurs du réclamant.	Convention passée entre le donataire exerçant alors dans son pays la suprême autorité du souverain et le roi de France; documents dont l'authenticité ne peut être contestée.	Réponse négative.	Retour à la couronne par un arrêt souverain rendu et enregistré au parlement, peu d'années après la date de la concession, et motivé sur la déchéance encourue pour violation patente des engagements contractés par le donataire.

OBSERVATIONS.

Cette affaire a été originairement compliquée par
une foule d'incidents qui, sous les règnes suivants,
furent ou inconnus, ou mal appréciés, et la famille
du donataire ayant obtenu des grâces trop libérale-
mant accordées, elle s'en fit un titre pour réclamer
les objets de la première concession; des circonstances honorables pour elle furent un motif d'atténua-
tion pour la forfaiture primitivement encourue, et
au commencement du xviiie siècle, une convention
entre des commissaires du Roi et les mandataires des
héritiers du donataire, arbitra une compensation en
vertu de laquelle les réclamants reçurent une somme
considérable et firent en retour la renonciation la
plus formelle et la plus absolue à toute espèce de

prétention contre la France, pour les anciens droits concédés et irrévocablement perdus.

La discussion de cette demande a exigé de longues et laborieuses recherches, et, à raison de l'importance de son objet, il a été jugé que, pour donner plus de crédit à la décision qui serait prise, elle ressortirait des délibérations d'une commission composée de personnages recommandables et choisis dans les premiers corps de l'État ; cette commission a été formée de trois pairs de France et de deux conseillers d'État, et son avis, motivé sur l'expositon de tous les faits et de tous les principes de la cause, ayant été sanctionné par l'approbation du Roi, le Ministre l'a fait valoir auprès du réclamant comme une décision souveraine. Cette affaire, désormais, ne pourra plus être produite.

III.

CONSEILS A UN JEUNE VOYAGEUR.

J'avais des conseils à donner à un des jeunes élèves du Ministère, qui vient d'être chargé d'une mission temporaire pour le Brésil. J'ai demandé à celui d'entre eux, qui préside aux travaux de tous (le vicomte de C***), des instructions telles qu'il se les ferait à lui-même s'il avait été l'objet du choix du Ministre, pour remplir cette mission : il me les a remises ; ce travail est bien ; il présente des vues ingénieuses et justes ; mais ses recommandations ne sont pas à l'usage de tout le monde ; il faudrait, à celui qui aurait à les suivre, l'avide curiosité, l'activité d'esprit, et l'essor d'imagination de celui qui les a conçues, et cette réunion de qualités est peu commune. Heureusement, pour les affaires, elle n'est pas un besoin.

J'attends, du voyage du jeune élève à qui j'adresse les miennes, des résultats plus substantiels et plus faciles à recueillir. Ce ne sont pas des émotions vives et de poétiques descriptions que je lui demande. Je le laisse aller à Rochefort, s'embarquer, passer la mer et débarquer. Je crois bien qu'il ne pourra rien faire de mieux, dans cet intervalle de temps, que d'écrire un journal où, se laissant aller à ses premières impressions, il se rende compte à lui-même de toutes celles qu'il aura reçues des objets qui attireront son attention et des situations fort diverses où il se trouvera successivement placé en courant sur les grands chemins, ou en visitant les ports, les chantiers, les arsenaux d'une ville maritime, et en naviguant sur la haute mer. A l'égard de tous ces sujets d'observation, je ne puis que lui conseiller de s'astreindre à écrire tous les jours quelques pages, et de suivre, dans ce travail, les indications qu'il trouvera dans les instructions de son ami.

C'est à Rio-Janeiro que commencent les miennes : là, ce que je lui recommande d'observer, ce n'est pas la nature si belle, si nouvelle pour lui, si riche en merveilleux effets de perspective, et dont le premier aspect excitera en lui un premier sentiment d'admiration et de surprise. C'est pour les hommes que je veux qu'il réserve tout son intérêt ; pour les hommes uniquement ; pour leurs mœurs et pour les différences, surtout, qui existent entre ces mœurs et celles de l'Europe. Je veux, enfin, qu'il s'attache particu-

lièrement à trouver dans la recherche, l'étude attentive et le discernement de toutes ces différences, la
raison de celles qui, sous le rapport de l'état moral,
social, religieux et politique, distinguent de tous les
autres peuples celui qu'il va se trouver en position
d'observer.

Il y a pour les nations, sous quelque climat et
sous quelque forme de gouvernement qu'elles vivent,
des mœurs domestiques, des mœurs sociales et des
mœurs politiques. Les premières diffèrent peu d'un
peuple à l'autre; les grandes différences se font remarquer parmi eux dans les secondes; et, quant aux
troisièmes, le plus grand nombre de peuples n'en a
point. Notre jeune voyageur ne doit jamais perdre de
vue ces données de fait, dans ses observations sur les
mœurs des diverses classes des Brésiliens.

Ces classes, non-seulement au Brésil, mais encore
dans tous les pays dont se forme la vaste étendue de
la partie méridionale du nouveau monde, sont plus
distinctes qu'en Europe. L'attention que le voyageur
est toujours disposé à donner à ce qui lui semble
nouveau, y est, sur ce point, incessamment et fortement attirée par des contrastes. Les distances qui séparent les classes, le caractère moral de chacune
d'elles, leur ignorance ou leurs lumières compara-
tives, et tout ce qui résulte de toutes ces inégalités

relativement à l'empire, à l'ascendant des classes élevées ou à la condition excessivement subordonnée
des classes inférieures, sont les sujets d'observation
qui doivent le plus occuper le jeune voyageur. Ce
n'est qu'en recueillant sur tous ces points des informations exactes, détaillées et complètes qu'il pourra
se voir en mesure de se faire, au terme de sa mission, une idée exacte de la position actuelle de ce
pays, et de former des conjectures plausibles sur l'a-
venir que la Providence lui destine.

Après ce sujet d'observation, celui qui doit être le
premier, le principal, et je dirai presque l'unique
objet de son attention, c'est l'administration publique, c'est-à-dire, l'ensemble des rapports de tout
genre que toutes les classes des sujets ont avec le
pouvoir, et le bien qui, dans la combinaison régulière de ces rapports, unit l'intérêt public avec tous
les intérêts privés. Ce sujet est grave, élevé, et on ne
peut se flatter d'en embrasser l'ensemble d'une manière étendue, et d'en connaître les détails dans un
voyage de courte durée; mais, à l'aide d'une bonne
méthode, on peut espérer de recueillir des notions
utiles, instructives, et qui, plus tard, vérifiées et en-
richies par de bonnes lectures, peuvent atteindre le
but que tout voyageur réfléchi doit avoir en vue. Je
recommande particulièrement à celui pour qui j'ai

rédigé ces instructions, d'interroger les personnes qui lui seront indiquées, comme les plus propres à lui donner des renseignements sur les diverses branches de l'administration du pays. Je vais les passer successivement en revue, et indiquer brièvement les questions qui doivent lui être proposées.

1° Le *système financier*, qui comprend les recettes annuelles, leurs variétés, les modes de prélèvement, de répartition, leur somme totale; les dépenses, leurs espèces diverses, les sommes de chacune, les accroissements, les décroissements d'une année aux autres, leur cause, et enfin la règle et le contrôle de ces recettes et de ces dépenses.

2° Le *système judiciaire*, qui comprend la législation, les tribunaux, les degrés de juridiction, le personnel et sa hiérarchie, la marche plus ou moins lente, et plus ou moins dispendieuse, de l'administration de la justice; le crédit des cours dans l'opinion de toutes les classes de justiciables, le nombre des procès et celui des peines dans toute leur diversité, et la proportion de ces nombres avec celui des justiciables; les prisons, le nombre moyen des détenus; administration actuelle, améliorations espérées; police, ses magistrats, ses agents, sa force armée, le bien, le mal qu'elle produit ou peut produire.

3° Le *système militaire de terre et de mer*, qui

comprend la législation de cette importante branche de l'administration publique, la composition des corps des diverses armes, leur nombre, leur force, le recrutement, la milice, le caractère moral de l'officier, du soldat, sous le rapport surtout de l'instruction, du courage, de la discipline et de l'honneur; les écoles pour l'admission; les règles pour l'avancement et pour la retraite; les asiles pour la vétérance; le matériel, les arsenaux, les magasins, les chantiers, les ports, les rades, les forteresses, les projectiles, les approvisionnements, les vaisseaux armés, de tout rang; enfin la navigation marchande, de cabotage et d'expéditions lointaines, premier élément de la navigation armée.

4° Le *système de l'administration intérieure,* qui comprend le régime municipal, les priviléges, les rapports de tout genre entre les classes; le bien, le mal qui en résultent; le caractère propre de l'esclavage, de la domination, des conditions moyennes de l'aristocratie; les améliorations à tenter, à espérer ; les dangers à craindre; l'instruction publique; l'état de l'agriculture, du commerce; les mines, les fabriques, la pêche, la navigation intérieure, les routes; les hospices, les hôpitaux, la mendicité; productions principales du pays, celles qui excèdent les besoins, celles dont la somme leur est inférieure; débouchés des premiers, moyens d'échange pour la valeur des importations; prix des objets de consommation, prix des journées des ouvriers dans toutes les professions.

Je suis, à regret, forcé de passer à la hâte sur cette foule d'objets si divers, si importants, si utiles à bien connaître; et je prie le jeune voyageur de bien peser les expressions des quatre paragraphes qui précèdent, et des deux paragraphes qui vont suivre. Ce n'est pas un livre que j'ai prétendu faire pour lui, mais bien plutôt une table de chapitres, et c'est à lui qu'il appartient de les remplir. Je veux donc lui dire, avant de suivre le cours de ces indications, que dans ces paragraphes il ne trouvera pas une expression qui ne puisse, qui ne doive être le sujet d'un grand nombre d'observations; elles sont, dans le fait, prises isolément, le titre réduit d'autant de chapitres dont chacun lui offrira le texte de cent interrogations diverses, et des réponses qui doivent l'éclairer sur l'objet de chacune d'elles. Je reviens à mon énumération.

5° Le *système religieux*. La religion de l'État; les cultes, le clergé, ses classes en haut clergé et clergé du second ordre, en clergé séculier et régulier; établissement de chaque classe, sous le rapport des moyens d'existence, influence des unes sur les autres,

influence de chacune sur le gouvernement, sur l'opinion, leurs droits politiques, le degré, le caractère
de leur dépendance de la cour de Rome; moralité,
instruction, dispositions actuelles à l'égard des changements survenus et des changements à survenir; sé-
minaires, églises, paroisses, évêchés, chapelles, etc.

6° *Tableau de la population*. Répartition de la richesse publique sur ses classes; ses rapports avec
l'étendue du territoire; différences de caractère, de
mœurs, de langage, dans les villes, dans les campagnes, selon les professions, selon les origines et selon les âges; ses différences dans les diverses provinces de l'immense territoire; mésintelligence et
sympathies; accord ou opposition de droits et d'intérêts; classes qui sont dans un cours de progression
ascendante; émigrations, migrations passées, présentes et futures; le point de départ des unes, le but
des autres; les plus utiles, les plus fâcheuses, les
plus nombreuses; leur influence probable sur le présent, sur l'avenir.

Sur cette partie du sujet des observations, et même
sur toutes les autres, j'ai maintenant à prévenir le
jeune voyageur contre le danger d'un écueil sur lequel le plus grand nombre de ses devanciers, non
seulement en Amérique, mais dans les autres parties
du monde, dès le début même de leur carrière, n'ont

jamais manqué d'échouer. Partout un voyageur est et sera toujours un objet d'inquiétude et de défiance, ne fût-ce que par les motifs qu'on suppose à sa curiosité; le moindre inconvénient qui en résulte est une froideur qui repousse, ou une dissimulation qui échappe à la pénétration de l'observateur, et qui, sur toutes choses, lui fait commettre les plus grandes méprises. Le moyen le plus sûr de se prémunir contre ce danger, c'est de modérer, et surtout de voiler le désir de savoir; de n'exprimer sur rien de ce qu'on voit, ni désapprobation ni surprise, de paraître toujours confiant, satisfait et reconnaissant; d'être sobre en interrogations, et surtout enfin, de bien choisir les personnes de qui on attend de sincères et vraiment instructives informations.

Il reste un dernier sujet d'information : c'est celui de la notoriété, qui, dans les diverses classes de la population, fait ressortir des masses les personnes à qui leurs talents, leur caractère, leurs services assurent toujours un degré proportionné de crédit sur la classe à laquelle elles appartiennent, et quelquefois sur toutes les autres. Ce que le jeune voyageur doit se dire, *c'est qu'il ne pourra offrir rien de plus curieux au ministère*, au terme de sa mission, qu'une *biographie* du Brésil, dans laquelle doit figurer, en première ligne, le souverain régnant, le feu roi, leur

famille; viennent ensuite les ministres du souverain,
ses entours et les leurs. De cette région élevée, il
doit, autant que les occasions et le temps lui en donneront les moyens, descendre, parcourir tous les degrés de l'échelle sociale, et s'arrêter sur tous les
points où il trouvera le compte à rendre d'une renommée qui s'élève, ou d'une renommée acquise, et
des titres sur lesquels elles se fondent. Le Brésil,
tout le monde le sait et le voit, est loin d'être dans
une position stationnaire; et, dans les perspectives
d'un avenir plus ou moins éloigné, les notoriétés les
plus subordonnées peuvent prendre, à la faveur des
circonstances, une importance et un éclat qui, aux
yeux du ministère, doivent un jour donner le plus
grand prix aux informations que ses agents lui auront antérieurement transmises. Il y a des pays qui
sont habités par des nations sans avenir, et qui ne
laissent rien à prévoir; le voyageur les observe sans
intérêt, les quitte sans regret, et dit, en s'éloignant,
qu'elles sont historiquement finies; il y en a qui
n'ont point de passé, qui n'éveillent aucun souvenir,
mais qui offrent un grand avenir à la prévoyance.
Ces pays forment proprement le domaine dés observations du voyageur qui aspire à s'engager dans la
carrière de la politique ; *car ceux qui étudient cette
science, n'étudient le temps qui est passé, et n'obser-*

*vent celui qui se passe, que pour apprendre à lire
dans les temps qui doivent venir.*

— Quant *au moyen d'ordre*, il faut couper un
grand nombre de feuillets de papier tellière en
quatre parties, et les destiner à recevoir des notes
écrites sur tout sujet donné et à tout moment oppor-
tun. Quand on a une observation à consigner, on
prend son crayon, on met en tête du carré de papier,
à droite et en majuscule, le nom du sujet, c'est-à-
dire, soit finances, soit justice, soit guerre ou marine, soit intérieur, soit rapports politiques, soit relations commerciales, soit population, soit enfin
biographie, et en tête de gauche, l'espèce particulière du sujet d'observation, c'est-à-dire en parallèle
du timbre finances, soit impôt indirect, soit dépense, soit règle ou contrôle de la dépense, et ainsi
de suite pour les timbres de justice, d'intérieur, de
biographie, etc. Il faut avoir soin de mettre la date
entre les deux timbres. Je joins à ces instructions
quelques exemples de ces notes indicatives, et l'une
d'elles indiquera de quelle manière elles peuvent être
remplies.

Ces feuillets, ainsi marqués, peuvent, quand ils
ont été remplis selon les indications des timbres, être
jetés pêle-mêle dans un portefeuille, et, au départ du
pays, il ne s'agit plus que de rassembler les mêmes

timbres d'espèces, les mêmes timbre de genre, et de les ranger par ordre de date. On prend à part un sujet; on médite, on prend la plume, et on en fait un chapitre; on prend les matériaux d'un autre chapitre, on les passe tous ainsi en revue pour mettre de la même manière tous les matériaux en œuvre; et c'est ainsi qu'on arrive au but de composer méthodiquement un mémoire utile, instructif et complet du voyage qu'on vient de faire.

Ces *Conseils* ont été faits pour un voyage au Brésil, et pour une mission de courte durée; mais l'approbation qu'ils ont reçue m'autorise à penser que les règles qui y sont tracées sont applicables à d'autres pays et à de plus longues absences. Toute mission, quels qu'en soient le but et le point de départ, me paraît donc pouvoir offrir un sujet pratique d'application de ces règles, à celui qui en sera chargé; et, en effet, à quelque classe du Ministère qu'il appartienne, après l'acquit de ses devoirs, il lui restera toujours une assez grande marge de temps pour qu'en sa qualité de voyageur, il en puisse utilement disposer à son gré, et dans l'unique but de s'instruire; il en est ainsi, même des secrétaires de légation et d'ambassade; il en est ainsi encore des diverses classes d'agents consulaires qui, pendant leur séjour en pays étranger, peuvent s'y regarder comme des voyageurs sédentaires ; et je me persuade qu'eux aussi pourront agréer ces instructions, et s'en approprier les règles dans l'emploi qu'à ce titre ils voudront faire de leur temps.

Dès lors, l'objet de ce travail me semblerait pouvoir prendre une étendue pour ainsi dire indéfinie. Il embrasse réellement tout ce qui peut être un objet d'étude dans les pays où une foule d'objets de toute nature offrent aux recherches d'un observateur attentif des rapports plus ou moins importants à découvrir, à apprécier, à définir, soit avec le système général de la politique et du commerce, soit avec le système particulier de la politique et du commerce de la France. Sur tous ces points si étendus et si divers, je le sens, il faut qu'un voyageur se restreigne à des objets de choix, et ces objets seront probablement ceux qui offriront plus d'attraits à sa curiosité, ou sur lesquels des connaissances antérieurement acquises lui auront donné plus d'aptitude pour en acquérir de nouvelles dans un intervalle de temps plus ou moins limité.

J'ai dit plus haut que les meilleures Instructions étaient celles qu'un voyageur s'attachait à se faire pour lui-même. Voici, je crois, quelle est la manière la plus sûre et la plus facile de procéder avec quelque espérance de succès à ce genre assez difficile de travail.

Je ferai moi-même le choix d'un sujet, et je supposerai que le voyageur est disposé, par des goûts et une aptitude qui lui sont propres, à recueillir des données de fait étendues et précises sur la population d'un pays, et qu'il lui est permis d'y faire un assez long séjour pour atteindre, sur ce point, le but qu'il se sera proposé dans ce genre de recherches.

Il doit d'abord se présenter son sujet sous toutes ses faces; et, en premier lieu, il faut qu'il porte son attention sur la population du pays. Cet aspect la fait voir en masse; il n'y a point encore de détails, de variétés, d'inégalités à observer. Mais cette population doit être observée à diverses époques : les recherches qu'il doit faire dans ce but donnent lieu à un certain nombre de questions, et elles doivent être tracées d'avance. Un bon cadre de questions sur tous les aspects sous lesquels un sujet peut être envisagé, est, à mon gré, la meilleure méthode d'observations qu'un voyageur puisse tracer. Chacune de ces questions étant inscrite sur des feuillets tels que j'en ai précédemment indiqué la forme, et avec les timbres qui sont propres à leur objet, seront ensuite remplis, soit à la suite des interrogations qu'il aura adressées aux personnes les plus capables de l'instruire, soit à la suite des lectures qu'il aura faites dans le même dessein.

Les questions à faire d'avance, sur ce premier point de vue du sujet, ne sont pas nombreuses.

1° Y a-t-il eu un cens qui ait été fait par ordre du gouvernement, sous quelle direction, dans quel système? Et les résultats ont-ils obtenu, ou doivent-ils obtenir quelque créance?

2° Y a-t-il eu un tel cens qui ait été renouvelé à plusieurs époques? Quels résultats présente leur comparaison? A quelles causes doivent être attribuées les différences?

Le second aspect de la population me semble devoir être le rapport du nombre avec l'étendue du territoire : ce point de vue ne donne encore lieu qu'à un petit nombre de questions.

Quel est le nombre des habitants de toutes classes par provinces et par leurs subdivisions, par lieue carrée, en déterminant la mesure de la lieue et en retranchant le nombre des militaires absents, qui ne doivent pas être compris dans le rapport?

Si la population a été estimée à diverses époques, quelles sont les différences qui résultent de la comparaison, sous le rapport du nombre à l'étendue, et quelles sont les causes de ces différences?

Le troisième aspect du sujet présente la division

de la population par familles ; leur nombre, les communes urbaines, les communes rurales ; lois municipales.

Cet aspect du sujet fournit matière à un grand nombre de questions. J'indiquerai désormais les objets par voie de simple énumération et sans leur donner la forme interrogatoire ; le voyageur y suppléera sans peine. Ainsi le nombre des familles formant la population totale au moyen de cinq individus par famille ; les communes de cinq cents habitants et au-dessous, de cinq cents à mille, de mille et au-dessus, et par une mesure progressive quelconque jusqu'à celle de la population de la ville la plus peuplée ; maisons éparses d'habitations, de propriétaires exploitants ou fermiers, ou métayers ou ouvriers, maisons d'agrément ; rapport de la population rurale à la population urbaine ; de la population agricole à la population industrielle ; de la population laborieuse à la population oisive ; différences observées dans les progrès du temps et par suite du développement du système commercial ; du perfectionnement de l'agriculture et de l'accroissement des fortunes mobilières ; influence de ces changements sur le système fiscal, et par induction sur la fortune publique.

Le quatrième aspect du sujet est le mouvement de

la population. Ici se présentent encore les objets divers et curieux d'un grand nombre de questions. Recensement des naissances et des morts; rapports entre elles avec la population; augmentation ou diminution des unes et des autres aux divers mois de l'année; causes alléguées ou plausibles des variations; naissances illégitimes, rapports; nombre des morts et des naissances par sexe; décès par âges : moyennes de tous les rapports qui peuvent être comparés. Mariages; rapport avec la population, avec les naissances, avec les décès; variations, leurs causes, leurs effets. Age moyen des mariages; secondes noces; divorces, dans les pays où cet immoral usage est admis; variations dans le nombre à diverses époques; causes et effets sous le rapport des mœurs, de l'ordre social et de la richesse publique.

Le cinquième aspect du sujet est la division de la population par les sexes : les questions relatives à ce point de vue du sujet sont importantes; leur but est de faire connaître le nombre des hommes, des femmes, et dans ces nombres, les mariages, les veufs, les veuves, les célibataires au-dessous et au-dessus de 40 ans; les enfants, les militaires, les absents. Comparaison de tous ces nombres sur deux années.

Le sixième aspect du sujet est la divison de la population par les âges de ceux qui vivent et de ceux qui meurent dans l'année. Les questions de ce titre ont pour but de connaître les nombres sur toutes les personnes de cinq ans en cinq ans, depuis zéro jusqu'à cent. Différences observées dans la comparaison de deux années ; causes présumées.

Le septième aspect du sujet est la division de la population sous le rapport des situations sociales. Les recherches à faire sur ce titre tirent tout leur intérêt de la comparaison qu'il importe de faire entre leurs résultats recueillis à différentes époques. Les questions doivent en embrasser au moins deux, et s'il se peut à dix ou quinze années d'intervalle l'une de l'autre. Les diverses parties du système social, les longues guerres de la fin d'un siècle et du commencement d'un autre ; le mouvement extraordinaire qui a été imprimé aux esprits par les événements ; tout a concouru à produire des changements dont les populations se sont partout ressenties, et ces changements ont particulièrement porté sur les moyens d'existence des classes dont elles se composent. Les questions doivent avoir pour objet de connaître, quant aux nombres, les familles des propriétaires d'immeubles, et parmi elles, celles qui vivent uniquement du revenu des biens fonds ; celles qui vivent des travaux du fermage ; celles dont le revenu se compose de deux sortes de produits ; celles qui joignent à l'une ou à l'autre de cette nature de produits ou à toutes les deux un revenu en argent. Les questions vont ensuite rechercher le nombre des rentiers, des employés qui sont payés par l'État, des commerçants, des chefs d'ateliers ; et, parmi ces familles, celles qui joignent au fruit de leur industrie un revenu en immeuble ou en argent ; les familles d'ouvriers, de manouvriers, de journaliers et de domestiques des deux sexes ; et, enfin, les mendiants, hommes et femmes vivant dans les dépôts ou errants.

Ce titre est de tous ceux qui appartiennent au sujet, celui qui donne lieu aux rapprochements les plus instructifs et qui doit procurer au voyageur les plus nombreux et les plus utiles renseignements. Ici, dans la comparaison des diverses époques, il n'y a pas une différence dont les causes, s'il a le mérite de les découvrir, ne lui fassent connaître les influences que la politique générale, le système général du commerce et celui des pays qu'il observe, exercent sur l'état des peuples et sur la condition des diverses classes dont ils se composent. Il doit donc observer avec soin toutes ces différences et s'étudier à en connaître surtout les causes. Les recherches qu'il fera dans ce but lui fourniront le texte d'une foule de questions curieuses ; il me suffit ici de lui en avoir indiqué le but et l'objet.

Enfin le huitième aspect du sujet est le tableau de la constitution physique et celui de la constitution morale des habitants du pays.

Le premier de ces deux tableaux comprend, entre autres objets des questions à poser, la stature, les formes, la force des habitants des villes et des campagnes ; les différences d'un sexe à l'autre, et de chacune des grandes divisions du pays à toutes les autres ; l'époque de la nubilité, le tempérament dominant, la fécondité moyenne des mariages, celle des professions industrielles, aux travaux desquelles les femmes et les enfants participent ; l'âge auquel ceux-ci commencent à se rendre utiles ; la durée de la vie laborieuse des hommes et des femmes ; la vie moyenne, les exemples de la longévité ; les maladies ; celles qui sont les plus fréquentes ; les saisons où elles se multiplient, les causes ; les épidémies, la petite vérole, la vaccine.

Le second tableau comprend l'éducation des enfants, les mœurs générales ; celles de chaque classe, le caractère religieux du peuple, de ses diverses classes ; les changements survenus ; viennent ensuite les usages, les fêtes, les amusements publics, les théâtres ; les costumes des habitants des campagnes, des villes, le régime diététique, les repas, les habitations, le luxe ; enfin, la langue, son origine, ses changements, son état actuel, le langage populaire ; l'état des sciences et des arts.

Je ne porterai pas plus loin cette énumération ; elle pourrait être plus détaillée, plus étendue et plus complète ; mais mon but n'a été que de présenter un exemple et d'indiquer un mode technique d'investigation, facilement applicable à tous les sujets d'observation et d'étude qui peuvent attirer et fixer l'attention du voyageur. Ce que je viens d'essayer sur la population d'un pays et sur tous les aspects sous lesquels elle peut être envisagée par celui qui a un intérêt de curiosité ou d'instruction à la bien connaître, peut tout aussi facilement être fait à l'égard de tout autre objet local d'observation et d'étude, soit qu'il s'agisse des finances, de son agriculture, de son commerce, de son industrie, de ses institutions politiques, civiles, administratives, et militaires. Chacun de ces sujets, d'après cette méthode, doit fournir un thème à un nombre indéterminé de questions. Ces questions doivent être inscrites en tête d'autant de feuillets datés et timbrés du nom générique de leur objet et de l'espèce particulière qui distingue celui auquel la question se rapporte ; et on conçoit facilement que, si ces questions, lorsqu'elles sont suivies de réponses désirées, présentent l'ensemble de tous les objets qui peuvent intéresser un voyageur, les

mille notes indicatives qu'il aura journellement recueillies, pouvant facilement, à l'aide des timbres,
être comparées, combinées et bien classées, devraient,
au terme de son voyage, le mettre en mesure de se
rendre compte des observations les plus légères qu'il
aura pu faire à tous les moments du jour, et d'en
faire ensuite le sujet d'un ouvrage méthodique et
véritablement instructif sur le pays qu'il pourra enfin se flatter d'avoir vu et observé en véritable voyageur.

De tous les avantages que l'on pourra retirer de
cette méthode, le premier, à mon gré, et celui auquel
j'attache le plus de prix, est un préservatif contre le
danger de toutes les occasions qui tentent le voyageur à dissiper son attention, et lui font perdre la
trace de l'impression qu'a faite sur lui un objet nouveau qui ne l'a frappé que momentanément, que
pour le livrer immédiatement après à l'attrait d'un
nouvel objet, sans qu'il reste aucun souvenir de cette
succession d'impressions fugitives. L'habitude de tout
observer, pour tout retenir, lui fera d'abord un trésor d'observations de ce qui, sans cette habitude,
n'aurait été qu'un vain et stérile emploi du temps :
ensuite cet assujettissement sera pour lui un moyen
d'acquérir peu à peu la facilité de concevoir rapidement et d'exprimer facilement ses idées : cette faci-

lité a, dans le service, un prix incalculable. Un autre avantage est celui qui doit résulter de l'usage de se faire, sur tous les sujets qu'on a intérêt à bien connaître, des questions qui embrassent tous les points de vue, sous lesquels ce sujet doit être envisagé. Une question bien posée est, pour ainsi dire, à moitié résolue. Une série de questions bien faites, sur quelque nature d'objets d'étude que ce soit, sur une science, un art, une doctrine, un établissement, est comme une collection complète de germes de tout ce qu'il importe de savoir : les réponses qui doivent les féconder sont quelquefois aussi instructives pour celui qui les donne que pour celui qui les reçoit; c'est particulièrement dans ce but que je recommande au jeune voyageur de se faire d'avance autant de séries de questions qu'il le pourra sur ce qu'il a le désir d'apprendre, et surtout de les ordonner d'après une méthode qui lui donne quelque assurance qu'elles seront aussi précises que complètes. De toutes les facultés de l'esprit humain, la curiosité est celle qui est la plus féconde ou la plus stérile en résultats effectifs, selon qu'elle est bien ou mal dirigée.

J'ose concevoir l'espérance que la méthode que je propose pourra produire le bon effet de faire sentir aux jeunes gens, qui en feront l'essai, de quelle importance il est pour eux de bien régler l'usage de cette faculté, et qu'ils y trouveront un moyen certain de retirer de l'application exacte et constante de ces règles, tous les avantages qu'ils peuvent en attendre. Il y a, dans la pratique de cette méthode, deux genres principaux d'exercice qui seront pour eux d'une grande utilité présente, en ce qu'ils leur assureront un moyen facile et sûr de conserver la trace de toutes les impressions fugitives qu'ils auront momentanément reçues, et dont le souvenir serait à jamais perdu sans l'usage de cette méthode, et d'une utilité réelle d'avenir, en ce qu'ils leur feront contracter à la fois l'habitude d'écrire beaucoup, celle d'écrire facilement, et celle d'écrire vite, habitudes qui, je leur en donne l'assurance, ne peuvent manquer de leur faire acquérir le talent de bien écrire, ou qui tout au moins feront parvenir à son plus haut point de développement ce talent, dans toute la mesure où il leur a été donné de l'étendre. Je ne sais si je me trompe, mais je pense que la facilité et la rapidité sont, en même temps, et les meilleurs moyens et les meilleurs indices d'une bonne rédaction. J'ai vu beaucoup écrire, j'ai donné beaucoup à écrire, j'ai même beaucoup écrit, et il m'a toujours semblé que les personnes qui, dans ce genre de travail, remplissaient mal la tâche qui leur était donnée, avaient plus de peine, et mettaient plus de temps à mal écrire, que ceux qui avaient acquis par une longue habitude la facilité de bien remplir la leur. Je ne peux donc qu'engager nos jeunes voyageurs à toujours avoir les yeux ouverts, à tout observer et tout voir, à multiplier leurs remarques, et à remplir leurs notes de tout ce qui aurait fait naître des idées ou excité des souvenirs dans leur esprit. Je leur recommande surtout de ne s'inquiéter ni du choix des expressions, ni de la nature et de l'importance des objets de leurs observations habituelles. L'exercice des yeux, de la main, de l'attention, de la mémoire, de la réflexion, sont ici un premier avantage dont le prix est tout-à-fait indépendant des effets qu'il doit produire. Les notes inutiles ou mal faites ne sont pas une surcharge bien incommode dans le portefeuille d'un voyageur, et il en sera fait justice au terme du voyage, par le triage sévère qui devra en précéder la classification finale par ordre de date, d'objets, et du genre et de l'espèce de ces objets. Je crois pouvoir garantir à nos jeunes observateurs, qu'après seulement trois ou quatre mois d'une pratique intelligente et assidue de cette méthode, ils s'apercevront que leur manière d'écrire est en même temps naturelle, plus facile, plus élégante et plus correcte qu'elle ne l'était avant qu'ils l'eussent connue et adoptée.

Les formes qui suivent, sont celles que j'ai annoncées à la page 16 (*), et où j'ai indiqué par quel motif et dans quel but je les présentais comme exemple à suivre à l'égard des notes que les voyageurs auront à consigner sur tous les objets de leurs observations.

FORMES DES NOTES INDICATIVES A REMPLIR.

GENRE.	DATE.	ESPÈCE.

Ici se placent les observations de fait qui doivent remplir l'objet des indications marquées en tête du feuillet. Le genre désigne une des grandes divisions du système de classification que le voyageur a cru devoir adopter. Ce sera, s'il veut, le mien, celui de M. H^{***}, ou tel autre qu'il lui conviendra de choisir. Ce genre sera donc ou finances, ou guerre, ou administration intérieure, etc., etc., et l'espèce sera une des parties du genre indiqué. Ainsi le genre est-il finances? L'espèce indiquera que l'objet propre de la note inscrite est ou le revenu public, ou la dépense de l'État, ou telle partie du revenu, ou telle partie de la dépense, ou de la dette, etc. La date servira à marquer l'ordre des informations successives sur un même sujet. Mais pour que le voyageur puisse se

(*) Voyez ci-dessus, page 224.

rendre compte des différences, il me paraît nécessaire qu'à la fin de sa note, il indique la source de ses informations, de qui il les tient, dans quel document il les a recueillies, dans quel livre il les a lues.

A ce sujet, j'ai encore deux recommandations à faire au voyageur : la première est de rechercher, avant le départ, tous les ouvrages qui ont traité des pays qu'il se propose de voir, de faire un choix des meilleurs, de les lire, et s'il ne le peut, de les emporter. Je n'ai pas besoin d'ajouter que cette lecture doit être faite la plume à la main, ni d'indiquer le genre d'extraits et de notes qui doivent marquer les choses et les personnes dont il fera plus particulièrement l'objet de ses recherches et de son étude dans le cours de son voyage.

Ma seconde recommandation est de s'astreindre à s'informer, dans tous les lieux où il s'arrêtera, ne fût-ce que quelques heures, s'il y a un libraire et un marché. S'il y a un libraire, il doit aller voir s'il peut s'y procurer une carte, un plan, un annuaire, un almanach du pays ou quelque ouvrage qui en traite. S'il y a un marché, et qu'il y arrive au jour et à l'heure où il se tient, il doit regarder cette occasion comme une bonne fortune. Les productions qu'on y étale, les animaux, les vêtements, les outils, instruments et ustensiles qu'on y vend, les personnes des deux sexes et de tout âge qui achètent et qui vendent, sont les objets les plus curieux, les plus intéressants et les plus instructifs qui puissent s'offrir à ses observations dans tout le cours de son voyage.

FORMES DES NOTES INDICATIVES REMPLIES.

GENRE.	DATE.	ESPÈCE.
Population.	18 mars 182...	Classes.

La population, au Brésil, se compose d'une foule d'éléments divers : Portugais d'Europe ou Filhos de Reino, Portugais créoles ou Brasileiros, nègres d'Afrique ou Maleccos, métis de blancs et de nègres ou mulatos, métis de blancs et d'Indiens, mamalucos ; Indiens, puis, sous plus de vingt dénominations, de peuplades différentes ou indios ; Indiens civils ou Caboclos ; Indiens sauvages ou Gentis Tapuyes, ou Bugres ; Indiens de province littorale ou Mausos.

Les Portugais de l'Europe et créoles, et leurs esclaves nègres, font la population de Rio-Janeiro ; les Indiens y viennent, mais n'y séjournent pas. Avant l'arrivée du roi *Jean VI*, cette ville n'avait que 30,000 âmes, elle en a aujourd'hui plus de 110,000.

L'esclavage des nègres est plus absolu qu'en aucun lieu du monde, mais il est modéré par la religion et par les mœurs. Le sort des esclaves au Brésil est aussi doux que celui de la domesticité d'Europe. L'affranchissement est facile à acquérir, et le nègre affranchi jouit de tous les droits des blancs. Il y a des nègres dans tous les ordres du clergé et dans tous les grades de l'armée; il y en a qui sont commandeurs des Ordres de chevalerie, etc.

Toutes ces classes formaient en 1798, une population de 3,000,000 d'individus; elle en comptait en 1812, 4,000,000, dont 1,500,000 nègres, sur un territoire qui s'étend du 3ᵉ degré de latitude nord jusqu'au 35ᵉ latitude sud, et du 35ᵉ au 75ᵉ de longitude occidentale du méridien de Paris, c'est-à-dire, qui a plus de 1,000 lieues de longueur et 800 de largeur; cette population est fort clair-semée. Ce pays pourrait en admettre une supérieure en nombre à celle de toute l'Europe.

(Sources : Les derniers voyageurs qui ont rendu compte du Brésil.)

GENRE.	DATE.	ESPÈCE.
Administration intérieure.	20 juillet 182..	Mines.

Le Brésil est riche en mines de diamants, de pierres précieuses et d'or; ces dernières ne sont que d'alluvion; elles sont si abondantes qu'on n'a pas encore senti, comme au Pérou, la nécessité de creuser la terre pour extraire l'or. Le produit annuel est de 30,000 marcs 4,360,000 piastres, ou 22,890,000 fr. L'Amérique entière ne donne pas le double de ce produit.

L'exploitation des mines ne date, au Brésil, que du règne de *Pierre II*, la dernière moitié du XVIIe siècle. Depuis cette époque jusqu'en 1755, la somme exportée s'est élevée à 480 millions; entre cette date et 1803, à 204,544,000 francs, et l'or non enregistré a produit 171,000,000. Le total de ce produit a donné, en 326 ans, 4,491,375,000 francs.

On évalue à 120,000,000 de francs l'or et l'argent monnayés qui circulent au Brésil, et la portion de ces deux métaux qui est employée aux ouvrages de luxe; mais ce qu'on en exporte et ce qui reste sont loin de contribuer à la richesse du pays. Les provinces aurifères et celles qui produisent les pierres précieuses, offrent de toutes parts le spectacle d'une population indolente, ou dont le travail est mal rétribué: Toute culture y est inconnue. Jusqu'à ce règne, les monopoles, les prohibitions, les exactions l'avaient rendue impossible. Le souverain actuel semble avoir d'autres vues. Jusqu'au siècle présent, le Brésil était un pays où un étranger pouvait à peine aborder : pour lui, l'intérieur du pays, les provinces surtout où se trouvent les mines, étaient une Tauride. Les voyageurs, aujourd'hui, y sont non-seulement tolérés, mais encouragés et même récompensés. Un ingénieur allemand, M. *Eschwege* (*), a mesuré la haute chaîne des montagnes de l'impénétrable province des Minas-Geras, et en a visité toutes les parties. M. *Mawe* a non-seulement obtenu de visiter cette contrée en minéralogiste, mais il lui a été permis de tout observer et de publier en Europe le résultat de ses observations. (Sources : *Humboldt, Mawe,* et la correspondance du Ministère.)

GENRE.	DATE.	ESPÈCE.
Biographie.	19 juillet.	L'empereur.

Le souverain aujourd'hui régnant, alors vice-roi, s'était arrêté sous les fenêtres d'un Européen et causait familièrement avec lui, quand une lettre qui lui fut remise, l'informa que des mouvements séditieux s'étaient manifestés dans une province voisine, et

---

(*) Voy. *Geographisches Gemœlde von Brasilien,* Weimar, 1822.

pouvaient se propager rapidement au dehors. Les es-
paces sont grands au Brésil, et les villes sont voisines
à soixante lieues de distance. Le Prince monte à che-
val, suivi d'un seul domestique, part, change de che-
val quand il peut, arrive, appelle à lui les rebelles,
accorde ce qui peut être accordé, refuse ce qui ne
doit pas l'être, et au terme d'une semaine il se re-
trouve au sein de sa capitale, où de lui seul on apprit
et le motif et le résultat de ce singulier voyage. Il y
a du *Pierre-le-Grand* de Russie dans ce trait et dans
ce caractère. (Source : Correspondance particulière.)

GENRE.	DATE.	ESPÈCE.
Administration intérieure.	20 juillet.	Gouvernement.

Jusqu'en 1806, le Brésil a été une colonie portu-
gaise, gouvernée par un vice-roi. Cette même année,
au moment de l'invasion des Français, la famille
royale, pour se dérober au danger qui la menaçait,
se retira au Brésil et établit le siége du gouvernement
à Rio-Janeiro, qui continua pendant quatorze ans
d'être la capitale des possessions portugaises dans les
deux hémisphères. Depuis le départ du Roi, le

Prince don Pédro a administré le Brésil d'abord comme Prince-Régent, et depuis le 12 octobre 1823, comme Empereur.

Le 17 décembre 1823, l'Empereur présenta au Sénat un projet de constitution qui fut agréé, et le 9 janvier 1824, il prêta solennellement serment à cette constitution. Des événements subséquents ont placé ce pays dans une position d'attente. C'est cette position surtout, que le voyageur doit mettre tous ses soins à bien observer, pour se voir en mesure, autant qu'il sera en lui, d'asseoir son jugement sur les causes probables des événements de l'avenir. (Sources : Papiers publics.)

N° 1.

DIVISION DU TERRITOIRE.		
LIMITES.	DIVISION.	SUBDIVISIONS.

OBSERVATIONS.

N° 2.

Constitution.	ORGANISATION DU SYSTÈME ADMINISTRA-TIF ET POUVOIRS PUBLICS.				Esprit public.
	Exécutif suprême.	Législatif.	Judiciaire.	Administratif et municipal.	

OBSERVATIONS.

N° 3.

POLITIQUE.	TRAITÉS de paix, d'alliance, de partage, de cession, d'échange, etc.

N° 4.

Hommes.	Femmes.	ENFANTS		TOTAL.	PAR CLASSES.			RAPPORTS sociaux.
		Mâles.	Femelles.		1re.	2e.	3e.	

Nº 5.

ARMÉE DE TERRE.						
Organisation et ordonnances y relatives.	Composition par armes.	EFFECTIF		FORTERESSES.		MATÉRIEL, Arsenaux, Magasins.
		de paix.	leur force.	Position.	Garnison.	

Nº 6.

ARMÉE DE MER.					
Organisation et ordonnances y relatives.	EFFECTIF DES BATIMENTS			EFFECTIF des Marins.	Chantiers.
	leur classe.	leur force.	en mer.		

Nº 7.

MORAL ET COURAGE				PRISONS.	
du Soldat.	du Marin.	des Officiers.	du Bourgeois.	Nombre.	Criminels.

N° 8.

RICHESSES TERRITORIALES.								
Étendue du territoire en lieues carrées.	DIVISIONS DU SOL						Poissons.	Animaux sauvages.
	cultivé.	non cultivé.	Eaux.	Forêts.	Mines.	Habitatations.		

N° 9.

AGRICULTURE.			
Produits naturels et diverses cultures.	Éducation des bestiaux.	Nombre des agriculteurs.	Observations sur l'esprit agricole des habitants.

N° 10.

INDUSTRIE.				
Principales fabriques et manufactures.	Nombre des manufacturiers, fabricants, artisans.	Esprit industriel du pays.	Prix de la matière première.	Produit de l'objet manufacturé.

N° 11.

1. COMMERCE.							
Principaux objets de commerce.		Ports, et places commerçantes.	Nombre et tonnage des bâtiments dans chaque port.		Valeur de		BALANCE.
Produits naturels.	Produits industriels.		Nombre.	Tonnage.	L'importation.	L'exportation.	

N° 12.

2. COMMERCE.		
POIDS, Mesures, Monnaies, avec évaluation française.	ÉTABLISSEMENTS et Institutions, relatifs au commerce.	TRAITÉS, Lois, Ordonnances, relatifs au commerce.

N° 13.

FINANCES.

	REVENUS.			DÉPENSES.		DETTE
Leur nature et mode de prélèvement.	Produit brut.	Produit net.	Leur nature.	Leur quotité.	de l'État.

N° 14.

INSTRUCTION PUBLIQUE.

Académies, Colléges, Écoles, etc.	ÉLÈVES qui les fréquentent.	Bibliothèques.	Religion de l'État et ses ministres.	Autres cultes tolérés.	Nombre des ecclésiastiques.	Nombre des séminaires, églises, etc.

FIN DE LA PREMIÈRE PARTIE DU PREMIER VOLUME.

Coulommiers. — Imprimerie de A. Moussin.

ERRATA.

Page XVI, ligne 4, au lieu de *pouvait,* lisez *pouvaient.*
30, note I, au lieu de *ad dubitatum,* lisez *addubitatum.*
52, note, avant-dernière ligne, au lieu de *la,* lisez *le.*

CATALOGUE ALPHABÉTIQUE.

ACTES OFFICIELS DE LA RÉPUBLIQUE ROMAINE sous les triumvirs *Armellini*, *Mazzini* et *Saffi* en 1849, extraits et traduits du Moniteur Romain, 1 volume in-8.   3 fr.

DES ALLEMANDS, par un Français. 1 vol. in-8.   4 fr.

I. Du patriotisme en Allemagne. — II. De la langue. — III. Du principe de race et de son influence en Allemagne, sur la manière d'envisager l'histoire nationale. — IV. De la réforme. — V. De la philosophie. — VI. Des causes qui ont pu donner une empreinte particulière au caractère national des Allemands, et de quelques conséquences de ces causes ; des mœurs et des habitudes ; du mouvement intellectuel et de sa direction ; des émigrations allemandes. — VII. Quelques détails sur le préjugé patriotique en Allemagne.

« C'est un livre sérieux et sincère, une étude réellement impartiale, où l'observation est mûrie par la pensée. » (*Constitutionnel.*)

« L'auteur connaît l'Allemagne et peut-être mieux que plusieurs de nos compatriotes qui, par état ou par goût, ont fait des questions nationales le sujet de leurs études ; il a suivi d'un œil observateur les hommes, les choses, la littérature, la vie sociale de l'Allemagne : il expose avec une grande habileté ce qu'il a vu, et, des faits, il en tire les conséquences avec une grande pénétration et avec autant d'impartialité, que, sur un sujet de cette nature, on a le droit d'en attendre d'un étranger et particulièrement d'un Français. L'objet propre de son livre, ce sont les contrastes existant entre l'Allemagne et la France, contrastes qu'il veut faire connaître à fond à ses compatriotes, parce qu'il voit là la seule manière de préparer à une harmonie qu'il désire vivement. Le miroir que l'auteur présente aux deux nations, montre des traits particuliers d'une vérité saisissante et entièrement neuve, et bien que l'une des faces soit un peu flatteuse, tandis que l'autre défigure un peu le modèle, il n'en donne pas moins, dans son ensemble une double image de la France et de l'Allemagne, la plus fidèle qui ait jamais été tracée par une plume française. On serait conduit trop loin si l'on voulait suivre l'auteur dans les particularités de ses études sur la vie intellectuelle et le caractère des deux peuples ; qu'il suffise de dire qu'il saisit toujours son sujet d'une manière large et vigoureuse, et que surtout ses recherches sur l'essence des langues, sur la substance et le caractère de la philosophie allemande, exciteront un vif intérêt chez tous les lecteurs capables de penser par eux-mêmes. » (*Gazette d'Augsbourg.*)

« L'auteur montre autant d'impartialité que de justesse dans ses appréciations du caractère de ce grand peuple ; on le croirait à moitié allemand, tant il entre bien dans l'individualité allemande, tant il la peint avec vérité. » (*Semeur.*)

UNE AMITIÉ DE FEMME, par madame *Camille Lebrun*. 1 vol. in-8.   5 fr.

DES ANCIENS PEUPLES DE L'EUROPE et de leurs premières migrations, avec cartes de géographie ancienne et moderne, par M. *Nougarède de Fayet*. 1 vol. in-8.   5 fr.

UNE ANNÉE EN RUSSIE. Lettres à M. Saint-Marc Girardin, par M. *Henri Mérimée*. 1 vol. in-18, jésus. (Épuisé.)   3 fr. 50 c.

LES APPARITIONS DE NOEL (A CHRISTMAS CAROL.), par *Charles Dickens*, traduit de l'anglais par M. *Amédée Pichot*. 1 vol. in-18, jésus, format anglais.   1 fr.

APPRÉCIATION historique, littéraire et politique de l'HISTOIRE DE DIX ANS de M. *Louis Blanc*, par M. *G. Chaudey*. 1 vol. in-8.   3 fr.

« Dans ce travail remarquable, l'auteur discute à la fois avec la même finesse, la même vigueur et la même élévation d'âme, la valeur historique du témoignage de M. Louis Blanc, la valeur littéraire de sa narration et la valeur politique et sociale de ses principales doctrines. » (*Presse*, 1845.)

ARMORIAL HISTORIQUE DE LA NOBLESSE DE FRANCE, par un comité, sous la direction de M. *H. de Milleville*. 1 vol. royal in-8, orné de 150 écussons et gravures sur bois.   15 fr.

Un livre de la nature de celui-ci a tout l'intérêt des plus attrayantes lectures. Quoi de plus intéressant, en effet, pour une jeune femme, pour une maîtresse de maison, que de trouver, dans un beau et élégant volume qui restera toujours sur la table de son salon, la réponse à toutes les questions qu'elle pourrait être tentée de faire sur les personnes qui composent sa société ou qui aspirent à en faire partie. Mais ce livre n'est pas seulement agréable, mais il est encore utile et instructif, c'est un livre d'histoire, c'est le recueil des faits les plus brillants de nos annales. L'Angleterre a de nombreux peerages, l'Allemagne a son almanach de Gotha et de nombreuses publications héraldiques, la Russie elle-même a son livre de velours, dans lequel sont inscrits les noms de tous les membres de la noblesse de l'empire. La noblesse de France seule, la plus illustre, la plus chevaleresque des noblesses, n'avait pas un livre dans lequel elle pût retrouver l'état présent des familles ni les noms réunis de ses illustrations les plus glorieuses. C'est cette lacune que ce livre a été appelé à combler, et pour arriver à ce but, aucune peine n'a été négligée par le comité chargé de sa rédaction pour en faire un recueil destiné à constater l'état nobiliaire exact et véridique de chaque famille. Cet armorial est donc le véritable livre d'or de la noblesse française. — Il ne reste plus que quelques exemplaires de cet ouvrage dont le prix sera prochainement augmenté.

DE L'AUTRICHE et de son avenir, *traduit de l'allemand* sur la dernière édition. 1 volume in-8. 7 fr. 50 c.

La deuxième partie séparément, 4 fr.

La première partie de cet ouvrage parut en 1843, et souleva une vive polémique dans les journaux allemands. Le voile dont l'auteur s'était entouré excita la curiosité au dernier point; tout le monde voulut lire un livre dans lequel on démontrait, par une série de faits et de preuves sans réplique, que l'avenir de l'Autriche était borné à une génération, et que si, dans cet espace de temps, le gouvernement n'adoptait pas un système d'administration diamétralement opposé à celui qu'il avait suivi jusqu'à ce jour, cet empire serait inévitablement démembré. La censure impériale défendit cette publication, qu'on attribua généralement au comte de Bucquoy, chambellan de l'empereur. Vers la fin de 1847, l'auteur anonyme fit paraître la seconde partie complémentaire, qui occupait encore l'attention publique en Allemagne aussi bien qu'en France, lorsque la révolution de 1848 éclata. Un tel ouvrage restera comme un document précieux pour l'histoire contemporaine.

LA BATAILLE DE LA VIE, histoire d'amour, par *Charles Dickens*, traduit de l'anglais par M. *Amédée Pichot*. 1 vol. in-18, jésus. 1 fr.

LA BIBLE EN ESPAGNE, voyages, scènes de mœurs, par *George Borrow*, traduit de l'anglais sur la 3e édition. 2 vol. in-8. 10 fr.

A peine publiée, *la Bible en Espagne* a joui chez les Anglais et chez les Allemands d'une vogue extraordinaire. Les lettrés et les illettrés l'ont accueillie avec la même faveur, et les principaux juges de la littérature, dans les revues périodiques de la Grande-Bretagne, l'ont saluée comme une des productions les plus originales du siècle, et lui ont, à l'envi, rendu les témoignages les plus flatteurs. Le *Quarterly Review*, la plus haute autorité littéraire de l'Angleterre, disait : « C'est un livre supérieur aux Gypsies. — C'est quelque chose entre Lesage et Bunyan, disait l'*Edinburgh Review*. — Ce livre est beaucoup plus amusant que *Don Quichotte*, s'écriait une dame bien connue dans le monde littéraire. — C'est un autre Gil Blas, disait le plus spirituel écrivain de l'Angleterre, dans l'*Examiner*. — Un Gil Blas en aquarelle, disait le *Spectateur*. » — Nous aimons à citer les jugements de la presse anglaise, pour faire comprendre à nos lecteurs français qu'il s'agit ici d'un ouvrage littéraire, et non d'un livre de dévotion. Ils y trouveront une peinture admirable des mœurs espagnoles prises sur le fait, vues avec bienveillance autant qu'avec esprit, et racontées avec beaucoup de candeur et beaucoup de verve. Tous y respecteront le caractère ouvert de l'auteur, et le noble dévouement de sa vie; mais on n'y devra chercher ni les travaux, ni le langage d'un missionnaire. M. Borrow n'est pas même un ecclésiastique, c'est un gentilhomme, un homme instruit, aux manières aimables, à l'abord cordial, au cœur sur la main.

« De cette mission à travers le peuple espagnol est résulté un livre d'un intérêt puissant, d'une grâce piquante, qui réunit à l'enthousiasme du sermon les aventures les plus folles du roman. » (*J. des Débats.*)

« Que ce titre, *la Bible en Espagne*, n'effraye pas les lecteurs français. M. Borrow n'est pas un prédicateur-négociant, c'est un touriste instruit, aimable, spirituel, toujours à la recherche d'aventures et d'émotions. Un pareil ouvrage ne peut pas plus s'analyser que le *Don Quichotte* ou le *Gil Blas*, auxquels on l'a comparé, non sans raison. » (*Illustration.*)

« Voici bien l'un des livres de voyage les plus intéressants que nous ayons lus depuis longtemps. Rien de plus original ni de plus amusant que le récit des courses et aventures de M. Borrow; rien qui nous peigne mieux l'Espagne sous quelques-uns de ses aspects les plus curieux et les moins connus. » (*Archives du christianisme.*)

« Figurez-vous un Gil Blas anglais et protestant, commis voyageur de la Société biblique en Espagne, tel est M. Borrow, et ce n'est pas exagérer l'intérêt de son livre, que de le comparer sous ce rapport au chef-d'œuvre de Lesage. Aucune analyse ne pourrait donner l'idée des aventures de cet intrépide marchand de bibles calvinistes au milieu des populations catholiques de l'Espagne. L'ensemble forme l'étude la plus curieuse sur toutes les basses classes de la société castillane. » (*Musée des Familles.*)

LES BOURGEOIS CÉLÈBRES DE PARIS, par M. *Francis Lacombe*. 1 vol in-8. 5 fr.

Estienne Boyleau (1204-1269). — Robert le Coq (1328-1368). — Charles Toussac (1356-1358). Jehan Maillart (1356-1372). — Hugues Aubriot (1360-1381). — Jehan Desmarest (1350-1382). — Simonet Caboche (1407-1419). — Nicolas Flamel (1359-1418). — Nicolas Poulain (1585-1588). — Crucé (1562-1592). — Brigart (1576-1592). — Jean Bussy le Clerc (1566-1592). — Michel La Chapelle Marteau (1576-1591). — Barnabé Brisson (1533-1591). — François Miron (1594-1609). — Pierre Broussel (1637-1661). — Blaise Pascal (1623-1662). — François Quesnay (1694-1774). — Jacques Turgot (1727-1781).

Complément de l'*Histoire de la Bourgeoisie de Paris*, du même auteur (voir page 19).

« Il est un éloge que nous pouvons, avant d'ouvrir ce livre, à la simple inspection du titre, donner à l'auteur des *Bourgeois célèbres de Paris*. Voilà un homme qui a une conviction, et qui ne la livre pas au tourbillon des événements.... Naguère M. Francis Lacombe appliquait spécialement ses principes à l'*Histoire de la Bourgeoisie de Paris*; il complète aujourd'hui son ouvrage, en présentant quelques-uns des Bourgeois célèbres de la grande cité. Après les annales générales, l'histoire particulière; après la masse des acteurs, les principaux coryphées. Il faut lire les portraits assez nombreux que renferme ce nouvel ouvrage, dans le fini de leurs détails et l'ampleur de leurs développements.... Nos lecteurs connaissent déjà la manière de M. Francis Lacombe : de la vie et de la couleur, voilà ce qui le distingue....Un double mérite qu'on ne lui contestera pas, c'est la logique dans les convictions et la suite dans les études. C'est là un éloge, au point de vue littéraire comme au point de vue moral. » (*Union.*)

LES CABRÉRIENS, épisode de la guerre d'Espagne, par M. *Gabriel Froger*. 1 vol. in-8. 5 fr.

LES CARILLONS (THE CHIMES), histoire merveilleuse pour terminer une année et en commencer une autre, par *Charles Dickens*, traduit de l'anglais par M. *Amédée Pichot*. 1 vol. in-18, jésus, format anglais.   1 fr.

CHANTS POUR TOUS, poésies par le marquis de *Foudras*. 1 vol. in-8.   7 fr. 50 c.

> « On retrouve dans beaucoup de morceaux un remarquable talent d'exécution qui donne à ce recueil une valeur réelle. L'auteur a entrepris de parcourir l'échelle sociale des souffrances humaines, et de verser sur les plus vives le baume de la poésie. C'est un noble et louable dessein, et il anime les morceaux qui ont pour titre : *Mission de la Poésie, Moissonneurs*, etc., etc. En résumé, l'œuvre de M. de Foudras a un caractère de protestation contre les excès récents ; et, dans sa couleur sobre, mesurée, précise ; elle est une critique amère de toutes les poésies entachées d'orgueil personnel et issues de génies méconnus. » (*Constitutionnel.*)

CHAUCER, poëte anglais du XIVᵉ siècle. Analyses et fragments, par M. *H. Gomont*. 1 vol. in-18, jésus.   3 fr. 50 c.

> « C'est avec raison que Geoffroy Chaucer est considéré comme un des poëtes les plus éminents de la vieille Angleterre. Son esprit observateur, plein d'étendue, excellait dans une reproduction générale et féconde des œuvres qu'il imitait. Les œuvres de longue haleine que ce poëte nous a laissées, bien qu'évidemment empruntées à ses prédécesseurs n'en ont pas moins un caractère d'originalité... Nous renvoyons le lecteur au travail de M. Gomont ; il pourra juger du soin qu'il a mis à nous faire connaître Chaucer et de l'habileté avec laquelle il a triomphé des difficultés que présentait une semblable entreprise. » (*Moniteur.*)

LES CHEFS-D'ŒUVRE DE CHARLES DICKENS. 1 vol. in-18, jésus.   2 fr.

La cloche du Toesin. — Laura Bridgman. — L'Enfant de mon frère. — L'Epée brisée. — Nelly.

> « Dickens se distingue d'ordinaire par la vérité de ses personnages ; il leur communique vraiment les allures de la vie ; et, s'il en fait quelquefois des caricatures, il sait aussi leur donner de gracieuses et charmantes figures. *Nelly* est une touchante histoire pleine de sensibilité, de délicatesse ; *l'Enfant de mon frère* fait dresser les cheveux sur la tête. » (*Semeur.*)

CLARISSE HARLOWE, précédée d'une notice de 220 pages sur Samuel Richardson, par M. *Jules Janin*. 2 vol. in-18, jésus.   7 fr.

> « Quel que soit le jugement que l'on porte sur l'entreprise de M. Janin, qu'on l'approuve ou qu'on la condamne, il est une chose incontestable : c'est que ces deux volumes offrent une des lectures les plus attachantes que nous connaissions, et qu'on ne s'en sépare point après les avoir commencés. Tel n'est point l'effet des quatorze volumes de l'ancienne *Clarisse*, et il faudrait bien ici faire une part, si petite que l'on voudra, à M. Janin.

> « Son introduction est la meilleure préparation à l'une ou l'autre *Clarisse* ; elle atteste le soin et la conscience que l'auteur a apportés dans cette œuvre en apparence frivole. A une époque de facile travail et de débauches d'esprit comme la nôtre, est-il rien qui soit plus piquant, plus réellement original qu'un roman écrit avec l'esprit d'un conteur, avec la patience et l'érudition d'un bénédictin ? » (*Constitutionnel.*)

> « En résumé, la *Clarisse* de Richardson était un chef-d'œuvre, sauf les longueurs et le style. Dans la *Clarisse* de Jules Janin, les longueurs ont disparu et le style est excellent : il est donc facile de deviner le reste. » (*Mode.*)

> « Quand on arrive tout à la fin, après ces scènes admirables qui ont fait couler tant de belles larmes, il faut bien se l'avouer à soi-même, *Clarisse Harlowe* n'a rien perdu de sa beauté, rien de sa grâce, rien de son innocence ; peut-être même, et c'est notre opinion, a-t-elle gagné en fraîcheur, en correction, en élégance. C'est une pure et charmante statue taillée dans le marbre blanc et dégagée de la terre qui l'alourdissait. Les caractères ont conservé leurs formes précises, un peu plus nettes cependant ; l'action marche au but brillante et libre, et ne traînant plus du pied toutes ces interminables lettres, où le même fait venait et revenait sans cesse ; et cependant rien de ce qui pouvait jeter une lumière utile sur l'âme des acteurs de ce grand drame, rien n'a été omis ou même écourté. Grâce à M. J. Janin, *Clarisse Harlowe* sera maintenant, comme autrefois, le livre du foyer domestique et du cabinet, de la jeune femme qui pleure et du penseur qui médite. » (*Epoque.*)

> « Le livre de M. Janin sera reçu avec empressement, avec enthousiasme par le public anglais ; car, sans doute, les vieilles traductions du chef-d'œuvre de Richardson ne seront plus lues par nos voisins. Jules Janin a saisi tout l'esprit de Richardson, et il l'a modifié pour son usage. Il a fouillé au milieu d'un monceau de cendres et de poussière pour trouver ce trésor ; il l'a retiré de sa prison, où, comme il le remarque, il n'était pas vivant, quoiqu'il ne fût pas mort, et il l'a rendu à la vie, à une vie si pleine, si complète, si surchargée d'idées, d'esprit, de tendresse, de sentiment, que nous sommes obligés de nous écrier : Voilà la vie ! » (*Morning-Post.*)

> « Voir les comptes rendus de la *Presse*, du *Siècle*, de la *Gazette des Tribunaux*, du *Portefeuille*, du *Moniteur*, de l'*Entr'acte*, de l'*Echo français*, de la *Sylphide*, de l'*Artiste*, du *Journal des Enfants*, de la *Quotidienne*, du *Messager*, de l'*Echo de la Littérature*, du *National*, du *Droit*, de la *Gazette de France*, de l'*Illustration*, etc., etc., etc.

CODE DIPLOMATIQUE DE L'EUROPE, ou principes et maximes du droit des gens moderne, par le comte de *Garden*, auteur de l'histoire générale des *Traités de paix*. 4 vol. in-8 en huit parties. Prix de chaque partie   **4 fr.**

Le *Droit des Gens*, ou *Droit international*, et la *Diplomatie* constituent la base fondamentale du vaste système de connaissances qu'embrasse la *science de l'ambassadeur*.

M. le comte de *Garden*, auteur de cette *Histoire des Traités de paix* qui jouit d'une si grande réputation en Europe, a cru qu'il serait utile de rassembler dans un même cadre, de réunir en un seul corps de science toutes les *notions pratiques* admises jusqu'à ce jour sur le *Droit public extérieur,* et tous les *précédents* acceptés pour la gestion des *affaires internationales* ; c'est-à-dire l'ensemble des *lois* qui régissent les rapports mutuels des États souverains, ainsi que les *procédés* convenus, les *formes* usitées pour *négocier*, pour *traiter* des intérêts de ces États, et mettre à exécution les règles qu'ils reconnaissent comme obligatoires.

C'est de cet ensemble de principes et de maximes, de préceptes et de formules, que se compose ce *Code diplomatique de l'Europe.*

Afin d'exposer avec clarté les détails si nombreux et si variés d'un pareil sujet, l'ouvrage est divisé en dix parties, savoir un titre préliminaire et neuf livres subdivisés en titres, sections et articles.

Le *titre préliminaire* traite des généralités du *Droit des Gens*, en indique les sources, montre sa formation, ses progrès, et fait connaître ses autorités. A la suite de ces généralités vient une définition de la Diplomatie, du caractère des Agents politiques, un aperçu des principales époques de la Diplomatie européenne ; enfin, ce titre préliminaire est terminé par un système d'études diplomatiques présenté sous un aspect nouveau et pratique, et comprenant : 1° Conseils à un élève du ministère des relations extérieures. — 2° Conseils à des surnuméraires ou instruction pour le service de la chancellerie du même département. — 3° Conseils à un jeune diplomate chargé d'une mission au Brésil.

Le *premier livre* du Code traite de l'ORGANISATION SOCIALE. Il comprend donc les généralités sur les sociétés civiles, leur formation, le gouvernement en général, l'administration, la souveraineté, l'inviolabilité du chef de l'État, les diverses formes de gouvernement, les États héréditaires et électifs, la liberté, la propriété, l'égalité, l'esclavage, les divers pouvoirs de l'État, la loi en général, les lois civiles, les lois criminelles, les délits, les peines, le droit de faire grâce, la police, la force publique, l'armée et l'art de la guerre, a population, les impôts, l'agriculture, l'industrie, le commerce, l'éducation et l'instruction, les mœurs et la morale, le patriotisme, la religion et le culte, et enfin les troubles et les séditions.

Avec le *deuxième livre* commence l'étude des DROITS DES NATIONS DANS LEURS RAPPORTS MUTUELS. — Considérations sur les États souverains en général, et notices statistiques sur chacun d'eux. — Droits absolus des États souverains. — *Droit de propre conservation.* — Système de l'équilibre. — Droit de nécessité. — *Droit d'indépendance :* examen de ce droit sous les différents points de vue qui présentent des exceptions ou des circonstances particulières. — Participation de la personne régnante à l'indépendance. — Droit d'intervention. — De l'indépendance considérée dans les différentes branches du gouvernement. — Lois et priviléges. — Juridictions volontaire, contentieuse ; dénis de justice. — Lois criminelles. — Extradition. — Police. — Impôts. — Douanes. — Droits d'étape. — Droits d'aubaine, de retraite, de détraction. — Monnaies. — Postes. — Théorie des conventions postales. — Mines, forêts et chasse. — Droit littoral. — Droits de naufrage et de sauvement. — Protection territoriale. — Droit de service territorial. — Institution des fonctionnaires. — Collation et reconnaissance de titres. — Instruction publique ; presse ; propriété littéraire. — Religion. — Commerce des nations européennes. — Commerce maritime et colonial. — Abolition de la traite des noirs. — Traités de commerce. — Consulats. — *Droit d'égalité.* — Cérémonial diplomatique. — Honneurs royaux. —

Le *troisième livre* a pour objet le DROIT DE PROPRIÉTÉ D'ÉTAT. — Moyens de l'acquérir. — Territoire de l'État. — Frontières ou limites. — Accessions et disposition du territoire. — Admission des étrangers sur le territoire. — Servitudes. — Aliénation, engagement, déréliction de territoire. — Prescription. — Océan. — Liberté des mers. — Cérémonial maritime.

Le *quatrième livre* contient le DROIT DES TRAITÉS. — Traités et conventions en général. — Conditions requises pour la validité d'un traité. — Lésion. — Effet des traités. — Inviolabilité des traités ; traités réels et personnels. — Objets des traités et leurs différentes espèces. — Articles. — Alliances et leurs différentes espèces ; offensives et défensives. — Moyens d'assurer l'exécution des traités. — Otages. — Gages et engagements. — Garantie. — Confirmation et renouvellement des traités. — Bons offices et médiation. — Arbitrage. — Accession. — Protestation. — Interprétation des traités. — Cessation de la validité des traités. — Rédaction et forme des traités et conventions. — Ratifications. — Cartels. — Capitulations. — Suspensions d'armes. — Transactions par écrit entre les puissances. — Considérations générales sur le style diplomatique . — Classification des écrits politiques.

Tout ce qui appartient au DROIT DES NÉGOCIATIONS est compris dans le *cinquième livre :*

Du ministre des affaires étrangères et des ambassades. — Diplomates illustres des temps modernes. — Des agents diplomatiques en général. — Droit d'envoyer et de recevoir des ministres. — Différents ordres des ministres. — Ministres du premier ordre ; caractère représentatif ; ambassadeurs, cardinaux, légats, nonces. — Ministres du second ordre ; Envoyés, ministres plénipotentiaires, internonces du pape, internonce autrichien à Constantinople, envoyés extraordinaires et ministres plénipotentiaires. — Ministres du troisième ordre ; ministres résidents. — Chargés d'affaires. — Résidents, agents, commissaires. — Détermination de l'ordre des ministres ; choix de la personne du ministre ; famille du ministre ; ambassadrices ; luxe et magnificence des ambassadeurs. — Conseillers et secrétaires d'ambassade et de légation ; auditeurs de nonciature ; attachés d'ambassade et de légation ; aumôniers, chanceliers d'ambassade et de légation, directeurs de chancellerie ; secrétaires-interprètes; secrétaires particuliers; courriers, officiers de la maison du ministre. — Cérémonial d'ambassade; audiences des ambassadeurs; cercle diplomatique. — Discours des ambassadeurs. — Réponses des souverains. — Audience des ministres du second et du troisième ordre. — Visites et rang entre les ministres; disputes de cérémonial. — Prérogatives honorifiques; titre d'excellence. — Légitimation des ministres. — Lettres de créance. — Pleins pouvoirs. — Instructions. — Exemples inédits développant la politique traditionnelle de la France. — Instructions de Louis XIV à ses ambassadeurs publiées pour la première fois. — Lettres de rappel; lettres de récréance. — Fonctions des ministres; devoirs généraux des agents diplomatiques. — *Abus d'influence* ou moyens de séduction; théorie de Louis XIV sur la corruption. — Objets des négociations. — Reconnaissance et défense des nationaux; légalisations, passe-ports; présentations à la cour. — Transactions concernant le affaires d'État; négociations proprement dites, par écrit ou en conférences; protocoles. — Règles générales pour le négociateur. — Transgression des ordres de la cour. — Maintien de la dignité du souverain et de celle de l'ambassadeur. — Actes de courtoisie. — Secret de la poste; cabinet noir de l'administration des postes françaises. — Grande expédition secrète du premier ministre, comte de Brühl. — Habiles représailles du grand Frédéric. — Art de négocier. — Étude pratique et maximes à l'usage des négociateurs. — Écrits relatifs aux fonctions diplomatiques. — Mémoires. — Notes et offices. — Correspondance ministérielle. — Dépêches et relations. — Du chiffre; art de l'écriture secrète. — Exemple curieux de l'incorrection d'un signe, extrait des actes de la couronne conservés dans les archives de Berlin. — Nouveau système d'un chiffre diplomatique impénétrable. — Table de soixante et treize signes où le nombre des permutations du nombre seize s'élève à près de quatre milliards. — Cartes mystiques pour les émissaires du ministère des affaires étrangères de France. — Droits et priviléges des ministres; inviolabilité; exterritorialité. — Exemption de la juridiction civile. — Origine de l'acte du parlement britannique pour conserver les priviléges des ambassadeurs. — Exemption de la juridiction criminelle; délits privés; crimes d'État. — Juridiction des ambassadeurs. — Immunités des impôts. — Franchise de l'hôtel d'ambassade; droit d'asile. — Du culte religieux dans l'hôtel de l'ambassade. — Fin des missions diplomatiques. — Missions spéciales. — Rappel des [ministres. — Changement dans le caractère de l'agent diplomatique. — Rupture entre les puissances. — Décès du ministre. — Droits des agents diplomatiques dans les États qu'ils traversent.

Le Droit de la guerre est l'objet du *sixième livre*.

De la guerre en général. — A qui appartient le droit de la guerre. — De la preuve préalable. — Des divers moyens de défense. — Rétorsion. — Représailles. — Embargo. — Guerres défensive et offensive. — Causes justificatives de la guerre. — Causes secrètes. — Secours à un peuple opprimé. — Déclaration et proclamation de la guerre. — Lettres avocatoires et inhibitoires. — Loi de la guerre. — Raison de guerre. — Moyens de nuire à l'ennemi. — Ruse et force. — Des hostilités relatives aux personnes. — Des prisonniers; égards qui leur sont dus; exemples de traitements odieux. — De la personne et de la famille du souverain ennemi. — Des hostilités relatives aux biens de l'ennemi. — De la conquête; loi de la guerre dans les guerres continentales et dans la guerre maritime. — De la propriété sur les biens ennemis. — Droit de postliminie. — Des opérations militaires. — Blocus. — Siége et bombardement. — Reddition et assaut de la place. — Des conventions et arrangements militaires avec l'ennemi. — Armistices et trêves. — Cartels. — Sauvegarde. — Sauf-conduit. — Capitulation. — Manière de traiter avec l'ennemi. — Des puissances alliées. — Alliances en général. — *Casus fœderis.* — Droits des puissances belligérantes à l'égard des alliés. — De la guerre commune. — Des auxiliaires. — Des subsides.

Le *septième livre* est relatif au Droit de neutralité.

Considérations générales sur la neutralité. — Obligations respectives des belligérants et des neutres. — Du commerce des États neutres en temps de guerre. — Droits des belligérants à l'égard du commerce des neutres en temps de guerre. — Contrebande de guerre. — Du commerce maritime. — Immunité des pavillons. — Munitions navales. — Des biens ennemis sous pavillon neutre. — Des biens neutres sous pavillon ennemi. — Du commerce nouveau de la part des neutres en temps de guerre. — De la présomption à l'égard des biens chargés, ou sous pavillon neutre, ou sous pavillon ennemi. — Des navires neutres faisant escale. — Des visites ou recherches; leurs formes; droit de visite en pleine mer; sur les côtes des nations en guerre et des États neutres. — De la résistance. — Des escortes militaires. — Des siéges et blocus. — Du jugement des prises.

Le *huitième livre* contient le Droit de la paix.

De la paix en général. — Démarches conciliatrices. — De la paix préliminaire et de la paix définitive. — Modes de négociations. — Congrès. — Formes observées à Munster, à Osnabruk, à Nimègue, à Ryswick, à Utrecht, à Aix-la-Chapelle, à Teschen, à Rastadt, à Amiens, à Prague, à Chatillon, à Vienne. — Conclusion de la paix; bases de négociations; *uti possidetis*; *status quo ante bellum*; compensations. — Instrument de la paix; articles généraux et particuliers; amnistie; protestation. — Exécution des traités de paix. — Des moyens de garantir la paix générale. — Bases du nouveau système politique de l'Europe. — Traités de Paris, du 30 mai 1814. — Acte final du congrès de Vienne, du 9 juin 1815. — Seconde paix de Paris, du 20 novembre 1815. — Acte de la sainte-alliance, du 26 septembre 1815. — Quintuple déclaration d'Aix-la-Chapelle, du 15 novembre 1818.

Enfin, le *neuvième et dernier livre* renferme une bibliographie diplomatique comprenant le droit naturel ou philosophie du droit, le droit des gens, le droit maritime et commercial, le droit public intérieur, l'histoire des négociations, les recueils de traités, les mémoires des ambassadeurs et hommes d'État, la politique générale, l'histoire militaire, la géographie et la statistique, l'économie politique, les généalogies et l'art héraldique, les biographies, les journaux et recueils périodiques.

Le *Code diplomatique* est terminé par une table générale, dressée suivant l'ordre alphabétique, et qui renvoie à chacun des articles où se trouve une définition, un principe, une maxime ou un fait historique, de manière à former une sorte de dictionnaire, un véritable *Répertoire de la science diplomatique*.

LA CONFÉRENCE DE LONDRES et Guillaume Ier, ou de l'Influence du système de persévérance sur l'état financier du royaume des Pays-Bas, pour servir de document explicatif des mesures financières récemment exposées afin d'éviter la banqueroute nationale, avec deux lettres, l'une sur l'avenir du royaume des Pays-Bas ; l'autre, adressée à Guillaume Ier, roi des Pays-Bas, par le baron *Sirtema de Grovestins*. 1 vol. in-8.   4 fr.

CONGRÈS DE VIENNE, Acte principal et traités additionnels. Edition complète collationnée sur les documents officiels. 1 vol. in-8.   1 fr. 50 c.

CONTES AUX ENFANTS DU CHATEAU DE VAUX, par madame *Thellusson de Maussion*. 1 vol. in-12.   2 fr. 50 c.

LES CONTES DE DICKENS, précédés d'une Notice sur l'auteur, et traduits par M. *Amédée Pichot*. 3 vol. in-18, jésus, format anglais.   7 fr.

Tome I. Les Apparitions de Noël. — Les Carillons. — Le Cricri du Foyer.

Tome II. La Bataille de la vie. — La Cloche du tocsin. — Laura Bridgman. — L'Enfant de mon frère. — L'Épée brisée. — Nelly.

Tome III. L'Homme au spectre.

> « Plaçons le romancier anglais près de nous, au milieu de ces enfants privilégiés des muses qui doivent récréer notre solitude, émouvoir notre âme, ennoblir notre pensée, et remercions l'intelligent et infatigable explorateur de la littérature anglaise qui nous a encore dotés de cette nouvelle guirlande de *vergiss mein nicht* britannique. » (*Moniteur.*)

> « Le style de M. Pichot, rapide, élégant, reproduit fort heureusement l'originalité et la marche, tantôt pressée, tantôt ralentie, de Dickens. » (*Semeur.*)

LE CONTEUR RUSSE, fables et légendes. Nouvelle édition, augmentée d'une notice biographique sur les principaux fabulistes russes, par le prince *Emmanuel Galitzin*. 1 vol. in-18, jésus, format anglais.   3 fr. 50 c.

> « Nous pensons que le livre du prince Galitzin est capable de donner aux étrangers une idée plus avantageuse de la littérature russe que les échos répétés de beaucoup de nos journaux. » (*Illustration russe.*)

A. B. DA COSTA CABRAL, Notes historiques sur sa carrière politique et son ministère ; extrait de l'ouvrage publié à Lisbonne : *Apontamentos Historicos*. 1 volume in-8.   5 fr.

COUP D'ŒIL HISTORIQUE SUR LES BOURBONS DE NAPLES, par M. *S. Leopardi*. In-8. 50 c.

COUP D'ŒIL SUR LE RÈGNE DE LOUIS XVI, depuis son avénement à la couronne jusqu'à la séance royale du 23 juin 1789, par le comte de *Tocqueville*. 1 vol. in-8.   7 fr. 50 c.

Pour faire suite à l'Histoire philosophique du règne de Louis XV (voy. page 25).

> « Les considérations que nous avons exposées dans l'*Histoire philosophique du règne de Louis XV* ne pouvaient recevoir leur complément que du récit du règne de Louis XVI, depuis son avénement à la couronne jusqu'au jour où l'Assemblée constituante a méconnu son autorité et s'est adjugé le pouvoir suprême. Ce récit était nécessaire pour l'appréciation complète des événements produits par le mouvement imprimé à l'opinion publique pendant la période qui les avait précédés. Nous nous sommes efforcé de rester dans la limite de la plus stricte impartialité. Tous les partis ont eu des torts ; tous, ils ont commis des fautes ; nous avons dû les signaler, nous bornant à flétrir le crime. Nous désirons vivement que le lecteur en juge comme nous et qu'il accorde à la conclusion de notre œuvre une bienveillance égale à celle avec laquelle il a accueilli notre premier ouvrage. » (Extrait de la *Préface.*)

> « M. de Tocqueville a, comme historien, dans ce remarquable volume, un très-grand avantage ; ses yeux ont pu voir une partie du temps qu'il retrace. Il a de plus un bien rare mérite, car ses sentiments n'ôtent rien à sa justice, et, dans le blâme comme dans l'éloge, son talent, éloigné de toute exagération, reste fidèle à la vérité, qu'il rend attachante. » (*Journal des Débats.*)

> « Nous avons lu ce livre court et précis, où les faits sont entassés sans confusion, avec un intérêt que nous aimons à proclamer. Il y a un haut enseignement à tirer de cet ouvrage, écrit avec une rare élégance et une lucidité peu commune. On y trouve une connaissance approfondie de l'histoire, une appréciation saine des événements, enfin l'élan d'une âme franche et loyale. Ce sont des qualités que l'auteur de cet ouvrage nous avait habitués à rencontrer dans ses précédents écrits. » (*Union.*)

COURONNE POÉTIQUE DE NAPOLÉON, Hommage de la Poésie à la Gloire, par MM. *Roger de Beauvoir, marquis de Foudras, Antony Deschamps, A. Bignan, de Ronchaud, de Wiers, Dubreuil de Marzan, E. de Calonne, Édouard Aubert, E. Roland, P. Riderr, R. d'Ornano, C. Delanoue, A. Thevenot, Boulay Paty, F. Girault, E. Danglemont,* mesdames *H. Lesguillon, F. Dénoix, A. du Tertre.* 1 vol. in-12.   3 fr. 50 c.

> L'Empereur avait appelé toutes les opinions à le servir, nous les avons appelées toutes aussi à le chanter, et toutes nous ont entendu. Il en est résulté que chacune d'elles s'est placée à son point de vue pour juger le grand capitaine et le grand législateur ; mais comme toutes ont été unanimes dans le respect pour sa mémoire, nous n'en avons exclu aucune, et cet hommage universel est sans doute le plus flatteur que Napoléon ait jamais obtenu, même au temps de sa puissance.

LE CRICRI DU FOYER, conte domestique en trois cris (THE CRICKET ON THE HEARTH), par *Charles Dickens*, traduit de l'anglais par M. *Amédée Pichot*. 1 vol. in-18, jésus, format anglais. 1 fr.

« *Les Carillons et les Apparitions de Noël* sont, en définitive, deux aimables histoires ; mais le chef-d'œuvre de Dickens, c'est le *Cricri du foyer.* » (*Journal des Débats.*)

« Ah ! la délicieuse histoire que celle du *Cricri du foyer* avec sa bonne petite Dot, si vive et si sage, et sa fidèle servante, et son excellent mari, et tout ce qui l'environne, tout jusqu'à cette babillarde bouilloire qui commence la mise en scène, et cette pendule de Hollande avec son petit faucheur, et ce grillon invisible qui s'associe par son ramage aux joies de la famille, n'y a-t-il pas là des coups de pinceau exquis de plusieurs maîtres de premier ordre ? Greuze a-t-il peint une physionomie plus pure, plus honnête et plus riante que celle de cette jeune femme ? Gérard Dow aurait-il, d'une main plus patiente et plus délicate, dessiné, coloré les détails de ce ménage de l'honorable voiturier ? Wilkie ne s'applaudirait-il pas d'avoir si bien représenté dans toutes ses nuances un tel intérieur, et le caustique Hogarth renierait-il la grotesque figure de Takleton ? Quant à l'idéale image du généreux Caleb et à la triste et touchante illusion de sa fille aveugle, je ne sais quel artiste de génie les aurait si profondément comprises et si admirablement représentées. Cette histoire du *Cricri* est une conception accomplie, un de ces petits chefs-d'œuvre comme il n'en éclot que de loin en loin dans la vie d'un homme, dans toute une phase littéraire. A ce titre seul, je ne crains pas de le dire, Dickens mériterait d'avoir une noble place dans la hiérarchie des écrivains de notre époque, et bien des œuvres, d'une importance plus considérable en apparence, seront, après leur premier éclat, oubliées et abandonnées, qu'on reprendra avec bonheur ce charmant récit. » (*Moniteur.*)

LA CRISE FINANCIÈRE DE 1848, par M. le marquis *G. d'Audiffret*, président à la cour des comptes. 1 vol. in-8. 2 fr.

CRITIQUE ET LITTÉRATURE MUSICALES, par M. *P. Scudo*. 1 vol. in-8. 3 fr. 50 c.

Franz Liszt. — H. Berlioz. — Donizetti et l'école italienne depuis Rossini. Domenico Cimarosa et le Mariage secret. — L'art du chant en Italie. — Angelica Catalani. — Mozart et son Don Juan. — Le Prophète de Meyerbeer. — De la symphonie et de la musique imitative en France. — Beethoven. — L'opéra en France. — L'opéra comique. — Hérold. — Histoire de la romance jusqu'à nos jours. — Musique religieuse. — Henriette Sontag. — Histoire d'une cantatrice de l'Opéra.

CURIOSITÉS ET ANECDOTES ITALIENNES, complément indispensable des *Voyages en Italie*, par M. *Valery*. 1 vol. in-8. 7 fr. 50 c.

« M. Valery est du petit nombre des auteurs de voyages qui ne sacrifient ni au roman ni à la statistique et qui s'attachent à nous éclairer par des renseignements précis et à nous intéresser par des matériaux offerts à l'histoire. Son procédé est fort simple : il sait bien ce dont il parle, et il en parle avec choix et avec goût. » (*Moniteur.*)

« Cet ouvrage instruit beaucoup et amuse toujours. Il est composé d'extraits d'auteurs italiens, de recherches fort curieuses sur les fêtes et les jeux populaires de l'Italie au moyen âge, sur le luxe des femmes, sur quelques artistes, sur le *Tasse*, sa prison, sa folie, ses amours et sur son séjour en France, sur quelques-uns des hommes célèbres de l'Italie actuelle, la société et ses mœurs, etc., etc. Ce livre sera lu avec profit par les littérateurs, avec amusement par les gens du monde, avec utilité par les artistes qui trouveront dans les recherches sur l'Italie du moyen âge de piquants sujets de tableaux. Composé d'extraits divers, il ne se prête que mieux pour cela à la lecture telle qu'on la fait volontiers de nos jours, c'est-à-dire la lecture qu'on peut prendre, quitter et reprendre aisément. » (*Journal des Débats.*)

« Ce livre complète les renseignements que M. Valery a mis dans son itinéraire. Nous le recommandons aux gens du monde qui connaîtront mieux l'Italie par cette lecture que par un voyage.» (*Presse.*)

« Disons que cet ouvrage écrit avec élégance, complément nécessaire des Voyages en Italie, sera lu de tout le monde, parce qu'il présente le double attrait de l'instruction et de l'amusement, parce qu'il plaira à ceux qui connaissent l'Italie comme à ceux qui veulent la connaître, aux amateurs de l'anecdote piquante comme aux admirateurs des plus grands noms dont se vante cette contrée.» (*Courrier.*)

DANTE ALIGHIERI, ou la poésie amoureuse, par M. *E. J. Delécluze*. 2 vol. in-18, jésus. 7 fr.

Vie de Dante. — La Vie nouvelle. — Correspondances poétiques des fidèles d'amour, texte et traduction. — Chansons de Dante, texte et traduction. — Observations sur les chansons. — Poésie amoureuse après Dante. — Dernière interprétation des ouvrages de Dante.

« C'est l'histoire des Béatrices que M. Delécluze a voulu nous raconter en rassemblant les monuments poétiques qui la contiennent et en les éclairant par des notices et quelques commentaires. On lira avec plaisir dans ce volume nombre de pièces peu ou point connues jusqu'ici des lecteurs français, écrites soit avant, soit après Dante, et dont l'historien de la poésie amoureuse a eu le soin judicieux de donner le texte. » (*Revue critique.*)

« Dante n'est pas le sujet unique du nouveau livre de M. Delécluze. Le spirituel écrivain a rattaché à ce grand nom l'étude d'un sujet particulier, qui peut sembler d'abord n'avoir qu'une importance secondaire, mais qui, sous sa plume habile, acquiert bientôt un très-grand intérêt : c'est à propos de Béatrice, *l'histoire des Béatrices*, comme il dit, ou des femmes symboliques, depuis Platon jusqu'au XVe siècle qu'il a voulu raconter. » (*Semeur.*)

LE DAUPHINÉ, par *Camille Lebrun*. 1 vol. in-8.   7 fr. 50 c.

Histoire. — Description. — Antiquités. — Scènes de mœurs. — Personnages célèbres. — Curiosités naturelles. — Châteaux et Ruines. — Anecdotes. — Monuments et Édifices publics. — Coutumes locales.

« Chemin faisant, et tout en nous montrant les beaux sites, les ruines imposantes, les curiosités naturelles, notre guide nous contera l'histoire de la province, les petites anecdotes du cru, les chroniques amoureuses et guerrières de Grenoble et de Valence; nous assisterons à des scènes de mœurs; nous visiterons les monuments, nous remuerons les antiquités, nous apprendrons par cœur la biographie des Dauphinois illustres, et, je vous le promets, nous n'aurons perdu ni notre peine, ni notre temps. » (*Constitutionnel.*)

DE LA DÉCADENCE DE LA FRANCE, par M. *Raudot* (*de l'Yonne*), ancien membre de l'Assemblée nationale, auteur de la France avant la Révolution et de la Grandeur possible de la France. 4ᵉ édition, revue et considérablement augmentée. In-8.   2 fr. 50 c.

Ce livre a été accueilli avec une telle faveur par le public, que trois éditions successives ont été enlevées en quelques semaines. La quatrième, que nous annonçons ici, a été entièrement revue par l'auteur, et augmentée de documents et de faits nouveaux.

Il nous serait difficile de citer tous les comptes rendus qui ont été faits sur cette publication : tous les journaux de toutes les opinions s'en sont occupés tant en France qu'à l'étranger; nous nous bornons donc à donner ici quelques extraits qui exprimeront mieux que nous ne pourrons le dire toute l'importance de ce remarquable et substantiel écrit. —

« En somme, l'ouvrage de M. Raudot est de nature à appeler l'étude la plus attentive des hommes d'État, des publicistes, des législateurs; c'est le bilan social du pays, et je ne crois pas que, depuis 1848, aucune œuvre plus sérieuse, plus profonde, se soit produite, qu'aucun sujet de méditation plus important ait été présenté au pays. » (*Gazette de France.*)

« Cet ouvrage n'est pas un acte de polémique; c'est une étude de chiffres et de faits, c'est la statistique morale et politique de ce temps : elle s'adresse à tous les hommes qui veulent réfléchir. » (*Univers.*)

« Le livre de M. Raudot est un événement. » (*Gazette de Lyon.*)

« Une analyse serait impossible; il faudrait tout citer pour faire apprécier l'importance d'un livre qui met à néant les préjugés et les présomptions de l'orgueil révolutionnaire, non plus avec des raisonnements seulement, mais avec des *chiffres*, et qui oppose aux erreurs accréditées depuis cinquante ans, l'autorité même des *faits*. » (*Courrier d'Auvergne*, Clermont-Ferrand.)

« Le livre de M. Raudot doit être sérieusement médité par tous ceux qui ne cherchent pas à s'aveugler sur les causes de notre décadence et sur les moyens de ressusciter notre grandeur nationale. » (*La Liberté d'Arras.*)

« Ce livre, écrit avec une grande clarté et une rare précision, devrait être aujourd'hui le manuel politique de tous ceux qui ont quelques soucis de la situation et de l'avenir du pays. » (*La Corrèze de Tulle.*)

« M. Raudot est un historien fidèle, qui nourrit avec un amour égal, dans son cœur généreux, le culte de la patrie et de la vérité : c'est un médecin habile qui, penché sur le lit de sa mère souffrante, se voit contraint par un pieux devoir de sonder la maladie d'un être adoré et d'en rechercher les causes, pour les combattre avec énergie. » (*Le Sénonais de Sens.*)

LE DÉCAMÉRON DES BONNES GENS, dix nouvelles par M. le marquis de *Foudras*. 1 vol. in-8.   7 fr. 50 c.

Une pauvre fille. — Pietro Molinari. — Passion et devoir. — Le père Margalet. — Un Gentilhomme. — Une Mère. — Julia. — Le comte de Sétubal. — Les Orphelins. — Candélaria.

Le Décaméron des bonnes gens est un recueil de Nouvelles écrites avec un grand charme de style et une grande vérité de détails. Toutes ces Nouvelles, dont les sujets sont empruntés à la vie réelle, sont touchantes ou dramatiques et respirent la morale la plus pure et la plus élevée. Cet ouvrage s'adresse particulièrement aux jeunes personnes auxquelles si peu de lectures conviennent, et l'auteur, en le dédiant à sa fille, a semblé vouloir le mettre sous la protection de toutes les mères.

« En publiant ce livre, M. de Foudras a voulu attacher, par de brefs et simples récits, émouvoir sans employer d'ardentes passions, sans écrire une phrase qui ne pût être lue par tous les yeux. Je recule devant la tâche de donner une idée juste du *Décaméron des bonnes gens*. Les épisodes qu'il renferme échappent à l'analyse. Qu'est-ce que *le père Margalet*? qu'est-ce qu'*une Mère*? ce sont des récits d'une telle simplicité, que chacun pourrait, dans sa mémoire, trouver matière à de semblables épisodes. On se persuaderait même volontiers que l'on aurait le style de M. de Foudras, ce style facile, harmonieux, sans cliquetis d'antithèse, mais colorant brillamment les objets, mais remuant le cœur : c'est que la grande science c'est de savoir cacher l'art. — A ceux qui n'ont pas encore ouvert ce livre, je dirai, pour essayer d'en signaler les mérites, je dirai qu'il a sa place entre les *Fiancés* de Manzoni et les *Prisons* de Silvio Pellico. C'est un livre qui s'adresse aux personnes pour qui l'art, le style, le sentiment, la morale, sont encore quelque chose, aux personnes que n'ont point blasées nos étranges romans, ou qui se sont enfin lassées d'une littérature dépravée et sont revenues à des goûts plus sains. Espérons que M. de Foudras ne s'arrêtera pas dans une voie où l'attendent de durables triomphes. A Boccace il a pris le titre de son livre, titre spirituellement purifié par ces mots : *des bonnes gens*. Puisse-t-il à Boccace prendre une autre idée, celle d'écrire cent nouvelles. » (*Gazette de Metz.*)

LES DEUX NATIONS (*Sybil*), par M. *B. D'Israeli.* 2 vol. in-8.   **10 fr.**

« Les deux nations, c'est-à-dire l'aristocratie et le peuple, sont mises en présence d'une manière frappante et animée. On passe de la peinture de la vie élégante et somptueuse des châteaux et des salons à la peinture des ateliers, des fabriques, des mines, où la souffrance et la dégradation vont de pair. Sybil est un pur et beau caractère de femme ; c'est une âme forte, un esprit élevé. *Les Deux Nations*, nous n'en doutons pas, feront leur chemin parmi nous. » (*Semeur.*)

DEVOIRS ET CONDITION SOCIALE DES FEMMES dans l'état du mariage, par madame *Ellis.* Traduit de l'anglais, par M. *Gustave Brunet.* 1 vol. in-18, jésus.   **3 fr. 50 c.**

Avant le mariage. — La première année de la vie conjugale. — Défauts et qualités des hommes. — Conduite à l'égard d'un époux. — L'amour dans le mariage. — Épreuves de la vie conjugale. — Situation dans la société. — Direction des affaires domestiques. — Ordre, justice et bienveillance. — Traitement des domestiques et des subalternes. — Influence sociale.

« C'est un traité de morale conjugale, traité tout pratique, écrit sous les inspirations les plus pures ; l'auteur y a fait preuve d'une profonde étude du cœur humain et de ce bon sens éclairé qui trouve des règles assez sages pour toutes les situations, d'excellents conseils, une appréciation judicieuse de toutes les conditions du bonheur dans le ménage. Nous souhaitons le succès le plus étendu à cet ouvrage ; il rendra des services signalés à tous ceux qui sauront le lire et en profiter. » (*Moniteur.*)

« Tracer la route que doivent suivre les femmes dans la position toujours délicate et souvent difficile où les place le mariage ; leur montrer les écueils à éviter, les devoirs à remplir, les vertus à pratiquer pour faire naître et consolider le bonheur dans la vie commune, voilà le but que s'est proposé l'auteur. Il y avait là bien des nuances à saisir, il fallait une grande finesse d'observation pour traiter un pareil sujet ; madame Ellis s'en est tirée avec bonheur. Nous lui devons de la reconnaissance pour ce travail, comme nous en devons à celui qui a pris la peine de le traduire dans notre langue pour le mettre à la portée de toutes celles qu'il concerne ; c'est non-seulement une belle œuvre, mais encore une bonne action. » (*Journal des Femmes.*)

LES DIPLOMATES et Hommes d'État européens, par M. *Capefigue.* 4 vol. in-8.   **30 fr.**

Tome Ier, 1° Le prince de Metternich ; 2° le comte Pozzo di Borgo ; 3° le prince de Talleyrand ; 4° le duc Pasquier ; 5° le duc de Wellington ; 6° le duc de Richelieu ; 7° le prince de Hardenberg ; 8° le comte de Nesselrode ; 9° lord Castlereagh.

Tome II. 1° Sir Robert Peel ; 2° le comte Molé ; 3° le comte Capo d'Istria ; 4° le comte Rayneval ; 5° le secrétaire d'État Conzalvi ; 6° M. Guizot ; 7° M. de Gentz et M. Ancillon ; 8° le comte de Laferronnays ; 9° le prince de Lieven ; 10° le duc de Gallo ; 11° le duc de Broglie ; 12° M. Martinez de la Rosa.

Tome III. 1° Lord Palmerston ; 2° M. Casimir Périer ; 3° MM. Guillaume et Alexandre de Humboldt ; 4° le duc Decazes ; 5° le cardinal Pacca ; 6° M. de Villèle ; 7° les comtes Kollowrath, d'Appony, Ficquelmont et Bellinghausen ; 8° M. de Barante ; 9° le comte de Toreno ; 10° les comtes Czernitscheff, Benkendorff, Orloff.

Tome IV, 1° Le marquis de Normanby ; 2° le duc de Mortemart ; 3° le baron de Thugut et le comte de Stadion ; 4° M. de Martignac ; 5° le roi Léopold ; 6° le duc de Bassano ; 7° le comte d'Aberdeen ; 8° le maréchal comte Sébastiani ; 9° les comtes de Loevenhielm ; 10° le comte de Sainte-Aulaire ; 11° le marquis de Palmella ; 12° le roi Frédéric-Guillaume IV ; 13° le pape Pie IX.

C'est une maxime en diplomatie que *les affaires dépendent des hommes plus que les hommes ne dépendent des affaires, et que s'il faut étudier la politique, puisqu'elle gouverne le monde, il faut encore plus étudier à fond le monde, puisque ce sera toujours lui qui influera sur la politique.*

C'est évidemment à cette pensée pratique, toujours présente à l'esprit des négociateurs, que s'est inspiré M. Capefigue en composant les notices que nous venons d'énumérer. Le but, en effet, qu'il s'est proposé, a été de tracer *les portraits*, de faire connaître la *vie et le caractère* des hommes illustres qui ont figuré en première ligne dans toutes les grandes transactions politiques depuis un demi-siècle, et de ceux qui tiennent encore aujourd'hui le timon des affaires : c'est, on le voit, remettre en quelque sorte aux mains des lecteurs *la clef des cabinets de l'Europe.*

Aussi, n'est-ce pas au hasard qu'il a désigné les noms historiques des diplomates et des hommes d'État que l'on trouve réunis dans cette collection ; il a choisi, au contraire, les hommes de haute capacité dans chacune des grandes cours, afin d'en suivre l'histoire ; et comme tous représentent une idée, un système, une politique, il s'est formé tout naturellement, de cet ensemble de portraits, d'idées, de détails biographiques et de systèmes de cabinets, un véritable *Cours de droit public en action.*

On reconnaît sans peine, à ce simple exposé, qu'il est peu d'ouvrages plus attachants, et en même temps plus utiles et plus riches en leçons de la vie publique. Quelle étude, en effet, plus digne de captiver les esprits, que celle de ces existences si remplies, de ces vastes intelligences, seules forces vives qui, pendant trente ans, ont préservé l'Europe de l'anarchie et de la guerre !

Du reste, l'auteur, en écrivant son livre, s'est parfaitement souvenu du mot de *Charles-Quint* sur ses deux biographes, dont *l'un disait trop de bien, l'autre trop de mal de lui* ; M. Capefigue a su peindre sans haine et sans flatterie : et, avec les qualités qui font le sage et l'habile écrivain, il n'a été ni *Sleidan* ni *Paul Jove*, il a tâché d'être juste.

DIPLOMATIE ET DROIT DES GENS (ouvrages divers) :

CODE DIPLOMATIQUE DE L'EUROPE, ou principes et maximes du Droit des gens moderne , par le comte de *Garden*, ancien ministre plénipotentiaire. 4 vol. in-8 en huit part. (Voy. p. 4.) 32 fr.

TABLEAU HISTORIQUE DE LA DIPLOMATIE, ou exposé des faits accomplis de la politique générale , depuis l'origine de l'équilibre européen jusqu'à nos jours , précédé des principales définitions de la science des rapports mutuels et des intérêts respectifs des États, par le *même*. Une feuille grand aigle, pliée et cartonnée. (Voy. page 38.) 5 fr.

† LE GUIDE DIPLOMATIQUE, précis des droits et des fonctions des agents diplomatiques et consulaires, par le baron *Ch. de Martens*, avec la collaboration de M. *F. de Wegmann*. 2 vol. in-8. 16 fr.

† CAUSES CÉLÈBRES DU DROIT DES GENS, par le baron *Ch de Martens*. Leipzig. 2 vol. in-8. 8 fr.

† NOUVELLES CAUSES CÉLÈBRES DU DROIT DES GENS, par le *même*. Leipzig. 2 vol. in-8. 8 fr.

† DICTIONNAIRE OU MANUEL LEXIQUE DU DIPLOMATE ET DU CONSUL, par le baron *F. de Cussy*. Leipzig. 1 fort vol. in-12. 10 fr.

† DE L'ORIGINE ET DES FONCTIONS DES CONSULS, par M. *Fr. Borel*. Leipzig. 1 vol. in-8. 7 fr.

† MANUEL DES CONSULS, par M. *A. de Miltitz*. Berlin. 2 vol. in-8. 64 fr.

† MANUEL PRATIQUE DU CONSULAT. Ouvrage consacré spécialement aux consuls de Prusse et des autres États formant le Zollverein ou l'association de douanes et de commerce , suivi d'un tableau des consulats qu'ont les États de cette union à l'étranger, par M. *F. A. de Mensch*. Leipzig. 1 vol. in-8. 6 fr.

† MANUEL DES AGENTS CONSULAIRES français et étrangers, par M. *Moreuil*. 1 vol. in-8. 8 fr.

† RÈGLEMENTS CONSULAIRES des principaux États maritimes de l'Europe et de l'Amérique , par le baron *F. de Cussy*. 1 vol. in-8. 7 fr. 50 c.

HISTOIRE GÉNÉRALE DES TRAITÉS DE PAIX et autres transactions principales entre toutes les puissances de l'Europe, depuis la paix de Westphalie jusqu'à nos jours, par le comte de *Garden*. Environ 20 vol. in-8. (Voy. page 22.) Prix de chaque volume. 7 fr. 50 c.

† HISTOIRE GÉNÉRALE ET RAISONNÉE DE LA DIPLOMATIE FRANÇAISE, par *Flassan*. 7 vol. in-8. 70 fr.

† HISTOIRE DES CABINETS DE L'EUROPE pendant le Consulat et l'Empire, par M. *Armand Lefebvre*. 3 vol. in-8. 22 fr. 50 c.

HISTOIRE DES ÉTATS EUROPÉENS depuis le Congrès de Vienne, par le vicomte de *Beaumont-Vassy*, 5 vol. in-8. (Voy. page 21.) 37 fr. 50 c.

LES DIPLOMATES ET HOMMES D'ÉTAT EUROPÉENS, par M. *Capefigue*. 4 vol. in-8. (Voy. page 9.) 30 fr.

LA SOCIÉTÉ ET LES GOUVERNEMENTS DE L'EUROPE depuis la chute de Louis-Philippe jusqu'à la présidence de Louis-Napoléon Bonaparte, par le *même*. 4 vol. in-8. (Voy. page 37.) 20 fr.

DIPLOMATIE DE LA FRANCE ET DE L'ESPAGNE (1698-1846), par le *même*. In-8. (Voy. page 11.) 5 fr.

HISTOIRE DES TRAITÉS DE 1815, par le *même*. 1 vol. in-8. (Voy. page 19.) 5 fr.

LETTRES ET INSTRUCTIONS DE LOUIS XVIII au comte de Saint-Priest, publiées par le baron de *Barante*. 1 vol. in-8. (Voy. page 27.) 5 fr.

LORD PALMERSTON, L'ANGLETERRE ET LE CONTINENT, par le comte de *Ficquelmont*. 2 vol. in-8. (Voy. page 29.) 12 fr.

ÉTUDES DIPLOMATIQUES ET LITTÉRAIRES, par le comte *Alexis de Saint-Priest*. 2 vol. in-8. (Voy. page 16.) 10 fr.

† RECUEIL DES PRINCIPAUX TRAITÉS D'ALLIANCE, de paix, de trêve, de neutralité, etc., par M. *F. G. de Martens*. Göttingue. 33 volumes in-8. 480 fr.

† RECUEIL MANUEL ET PRATIQUE DES TRAITÉS, par le baron *Ch. de Martens* et le baron *F. de Cussy*. Leipzig. 5 vol. in-8. 52 fr.

† ARCHIVES DIPLOMATIQUES pour l'histoire du temps et des États, par M. *Klüber*. Stuttgart et Tubingen. 1821-1826. 6 vol. in-8. 78 fr.

CONGRÈS DE VIENNE, Acte. 1 vol. in-8. (Voy. page 5.) 1 fr. 50 c.

† PRINCIPES DU DROIT DE LA NATURE ET DES GENS, par *J. J. Burlamaqui*. Édition augmentée par de *Felice* avec une table générale et analytique, par M. *Dupin* aîné. 5 vol. in-8. 40 fr.

DIPLOMATIE ET DROIT DES GENS (suite) :

† PRINCIPES ET ÉLÉMENTS DU DROIT NATUREL, par le *même*. 2 vol. in-12.   5 fr.

† LEÇONS DE DROIT DE LA NATURE ET DES GENS, par de *Felice*. 2 vol. in-8.   12 fr.

† PRÉCIS DU DROIT DES GENS DE L'EUROPE, par M. *G. F. de Martens*, avec des notes de M. *Pinheiro Ferreira*. Paris. 3 vol. in-8.   16 fr.

† DROIT DES GENS MODERNE DE L'EUROPE, par M. *Klüber*. Stuttgart, 1821. 2 vol. in-8.   10 fr.

† INSTITUTIONS DU DROIT DE LA NATURE ET DES GENS, par *Gérard de Rayneval*. Nouvelle édition. 2 vol. in-8.   12 fr.

† ÉLÉMENTS DU DROIT INTERNATIONAL, par *H. Wheaton*. Leipzig. 2 vol. in-8.   15 fr.

† COURS DE DROIT NATUREL ET DES GENS, par M. de *Portets*. In-8.   6 fr.

† COURS DE DROIT NATUREL ou de philosophie du droit, fait d'après l'état actuel de cette science en Allemagne, par M. *Ahrens*. Bruxelles. 1 vol. in-8.   9 fr.

DES MOYENS D'ACQUÉRIR LE DOMAINE INTERNATIONAL, ou propriété d'État entre les nations d'après le droit des gens public, comparés aux moyens d'acquérir la propriété entre particuliers, d'après le droit privé et suivis de l'examen des principes de l'équilibre politique, par M. *Ortolan*. 1 gr. in-8. (Voy. page 34.)   4 fr.

† HISTOIRE DES PROGRÈS DU DROIT DES GENS EN EUROPE ET EN AMÉRIQUE depuis la paix de Westphalie jusqu'à nos jours, avec une introduction sur les progrès du droit des gens en Europe avant la paix de Westphalie, par M. *H. Wheaton*. Leipzig. 2e édition. 2 vol. in-8.   15 fr.

DISCOURS PRONONCÉS DANS LES CHAMBRES LÉGISLATIVES, par M. le duc *Pasquier*. 1814-1836. 4 vol. in-8.   30 fr.

> « Ces documents seront consultés avec fruit par l'historien, par l'administrateur, par l'homme politique.» (*Revue des deux-Mondes*.)

DIPLOMATIE DE LA FRANCE ET DE L'ESPAGNE depuis l'avénement de la maison de Bourbon. 1698-1846 ; par M. *Capefigue*. 1 vol. in-8.   5 fr.

DES DROITS DE LA COURONNE DE DANEMARK sur le duché de Slesvig, par le comte *Réné de Bouillé*. In-8.   1 fr.

DU DUEL, sous le rapport de la législation et des mœurs, suivi de l'ordonnance de Louis XIV en 1651, du réquisitoire de M. Dupin et de l'arrêt de la Cour de cassation du 22 juin 1837, par M. *Nougarède de Fayet*. Brochure in-8.   50 c.

LES ÉCHOS DE L'AME, poésies par M. le marquis de *Foudras*. 1 vol. in-8.   7 fr. 50 c.

L'ÉGLISE AU MOYEN AGE, par M. *Capefigue*. 2 vol. in-8.   10 fr.

(Faisant suite aux quatre premiers siècles de l'Église. (Voy. page 35.)

PREMIÈRE PÉRIODE, DU VIIe AU XIIe SIÈCLE. — L'Église d'Occident. — Les Papes, les Conciles, les Évêques. — Les Monastères. — L'Église d'Orient. — Le Mahométisme ; ses conquêtes en Syrie, en Afrique, en Espagne, dans les Gaules. — Luttes de l'Église. — Les Empereurs grecs. — Les Rois lombards. — Les Carlovingiens. — Les Lettres et les Idées ecclésiastiques aux VIIIe et IXe siècles. — Développement du pouvoir pontifical, épiscopal et abbatial. — Crise de l'Église par l'invasion des Normands. — Schisme de l'Église grecque. — L'Occident chrétien du IXe au Xe siècle. — L'an 1000. — Période de la grande ferveur catholique. — Propagation du Christianisme. — Situation du pouvoir royal et féodal. — Causes de la domination des Papes. — Grégoire VII. — Réaction de l'Occident chrétien contre le Mahométisme. — La première Croisade.

DEUXIÈME PÉRIODE, DU XIIIe AU XVe SIÈCLE. — Ordres prêcheurs et mendiants. — Saint Dominique. — Saint François d'Assise. — Lutte entre le Sacerdoce et l'Empire. — Propagation des doctrines catholiques. — Tentatives de réunion des Églises latine et grecque. — Hérésies au XIIIe siècle. — Tentatives contre la suprématie de l'Église. — Philippe le Bel. — Boniface VIII. Les Universitaires et les Légistes. — Les Papes à Avignon. — Perte de la Terre sainte. — Troubles de l'Italie. — Les Schismes. — Révolte contre la Société et l'Église. — Réunion des conciles de Constance et de Bâle. — Pragmatique Sanction de Charles VII.

> « Catholique avant tout, dit M. Capefigue dans sa préface, je soumets mon ouvrage au jugement du Saint-Siége ; je l'ai exalté selon ma pensée et mon perpétuel dévouement, parce qu'à toutes les époques il a rempli la mission que le Seigneur mit en lui par saint Pierre. »

L'ÉGYPTE, LES TURCS ET LES ARABES, souvenirs de voyage, par M. *Gisquet*, ancien préfet de police. 2 vol. in-8. 10 fr.

De Marseille à Alexandrie. — Alexandrie : Description, Colonne de Pompée, Aiguilles de Cléopâtre. — Les Pyramides. — Le Caire : Bazars, Cimetières, Tombeaux, Mosquées, Minarets, Citadelle, Puits de Joseph, Massacre des Mameluks, Mehemet-bey, Révolte du Caire, Assassinat de Kléber, Clot-bey, colonel Varin, les Almées, les Cafés, la Peste, les Charmeurs de serpents, Voyage des Argonautes, le Jardin des Hespérides, les Gorgones, les Bains, la Police, les Greniers de Joseph, Soliman-pacha, le Berceau de Moïse, les Fours à Poulets. — Bataille d'Héliopolis. — Cérémonies du mariage. — La Circoncision et l'Excision. — Passage de la mer Rouge par les Hébreux. — La Reine de Saba. — Population de l'Égypte. — Le Fellah. — Fêtes phalusiennes. — Les Coptes.

Les Turcs. — Les Harems, les Esclaves et les Eunuques. — Les Juifs. — Biographie de Mehemet-Ali. — Fisc. — Recrutement. — Les Peines, les Bourreaux, le Pal. — Memphis, ses ruines. — Tonneau des Danaïdes. — Statue de Sésostris. — Les Momies. — Les Crocodiles. — Ruines d'Abydos. — Tombeau d'Osiris. — Pèlerinage à la Mecque. — La Kaaba. — Plaine de Thèbes. — Ruine de Louqsor. — Statue de Memnon. — Le Nil. — Le Sphinx. — Théogonie des Égyptiens. — Damiette. — Aboukir. — Les Plaies d'Égypte. — Chemin de fer de Suez. — Avenir de l'Égypte.

« M. Gisquet a mis son séjour à profit. Une incontestable sagacité l'aide à juger vite et bien hommes et choses ; il ne regarde à travers aucune illusion : son coup d'œil est d'un administrateur, ses récits sont d'un écrivain très-spirituel et souvent érudit. A la fois sobre et sûre, l'érudition de M. Gisquet disparaît dans les manières et les conversations de l'homme du monde : il dit avec agrément ce qu'il a observé avec exactitude. Il est sincère, quoique voyageur ; il est instructif et fort attachant.... Rien n'égale la singularité, l'intérêt, la variété des faits curieusement recueillis et très-agréablement racontés par M. Gisquet. » (*Journal des Débats.*)

« Le livre de M. Gisquet nous semble présenter le mérite de l'exactitude, et il renferme des recherches intéressantes sur l'origine des diverses races qu'on remarque dans la population égyptienne, de nombreux détails de mœurs et une érudition historique qui n'est pas sans mérite. » (*Revue critique.*)

ELLEN MIDDLETON, par lady *Georgiana Fullerton* (lady Granville). 2 vol. in-8. 10 fr.

« La publication d'*Ellen Middleton* a excité un vif intérêt, et la critique s'est empressée d'y reconnaître un grand mérite littéraire. Des scènes attachantes, un style pur, des sentiments élevés, des tendances religieuses d'une nature étrange sous une plume anglicane, des tableaux habilement tracés de la haute société anglaise, voilà ce qui a captivé les lecteurs français. » (*Moniteur.*)

« Le charme de ce récit ne tient pas seulement aux faits principaux dont il se compose, mais surtout à un sentiment très-vrai, à un excellent choix de détails, à beaucoup de noblesse et d'élégance dans le style. C'est par là qu'*Ellen Middleton* a mérité le très-grand succès de salon qui l'a désignée à notre attention. » (*National.*)

« Ce roman est écrit avec talent ; il captive, il force l'attention et mérite d'être lu. » (*Revue critique de Genève.*)

DES ENFANTS TROUVÉS et des orphelins pauvres comme moyen de colonisation de l'Algérie, par M. le baron *E. de Tocqueville*. In-8. 50 c.

EOTHEN (Pages de l'Aurore). Relation d'un voyage en Orient, traduit de l'anglais sur la 9e édition. 1 vol. in-8. 5 fr.

Comment l'on voyage en Turquie. — Constantinople. — La Troade. — Chypre. — Smyrne l'infidèle. — Lady Esther Stanhope. — Mariniers grecs. — Le Sanctuaire. — Moines de la Palestine. — La Galilée. — La mer Morte. — Les Tentes noires. — Passage du Jourdain. — La Terre sainte. — Le Désert. — Le Sphinx. — Le Caire et la Peste. — Les Pyramides. — Suez. — Gaza. — Naplouse. — Mariam. — Damas. — Le prophète Damoor. — Les Défilés du Liban. — Surprise de Satalieh.

Neuf éditions rapidement enlevées et réelles constatent avec quelle faveur *Eothen* a été accueilli en Angleterre ; nous espérons qu'il sera reçu en France avec non moins de plaisir. Un livre amusant, spirituel et vrai, c'est une bonne fortune qui n'est pas commune ; tant pis pour qui la dédaigne lorsqu'elle vient à lui.

« *Eothen* est un livre récréatif, un peu bizarre çà et là, sans aucune prétention à l'érudition, s'en moquant même comme de la plus lourde des bagatelles pour un voyageur qui ne cherche qu'à s'amuser. Il ne reprend pas avant le déluge, l'histoire des peuples, des ruines, des cités ; mais il raconte bien la Turquie, la Syrie, l'Égypte de nos jours avec cet accent animé de la curiosité qui s'éprend surtout du présent et qui en fait mieux son affaire que des siècles passés. La plupart des lecteurs lui en sauront gré. » (*Semeur.*)

ÉPITRE A TOUT LE MONDE, par M. *Viennet*, de l'Académie française. Gr. in-8. 50 c.

L'ÉPOPÉE TOULOUSAINE ou la guerre des Albigeois. Poëme en 24 chants, avec des notes historiques, par M. *F. Ducos*, mainteneur de l'Académie des jeux floraux. 2 vol. gr. in-8. 16 fr.

ERREURS DES MÉDECINS, traduit de l'anglais du docteur *Dickson*. 1 vol. in-8.   **8 fr.**

« La traduction des *Erreurs des médecins* doit exciter un vif intérêt parmi les malades et les hommes de l'art, c'est un livre rempli d'observations tirées d'une pratique attentive. Dickson est un esprit hardi qui a une manière piquante de s'exprimer, et son ouvrage mérite d'être lu. Il projette de vives lumières, et sous beaucoup de rapports, il offre des idées de traitement aux gens du monde, et c'est à leurs maladies variées qu'il s'adresse. Dickson venge beaucoup de principes méconnus, de pratiques populaires injustement dédaignées ; une cause aussi de son succès à Londres est dans son style incisif. Cet ouvrage convient aux praticiens, aux médecins penseurs, à tout esprit qui s'intéresse aux mystères de notre organisme. » (*Moniteur.*)

ERREURS POÉTIQUES, par M. *G. Ozaneaux.* 3 vol. in-8.   **15 fr.**

Tome I. Jeanne d'Arc. — Tome II. Dernier jour de Missolonghi, Timour et Bayazed. — Tome III. Le Nègre. — La Pérouse.

DES ESPÉRANCES DE L'ITALIE, par le comte *Balbo* et M. P. S. *Leopardi.* 1 vol. in-18, jésus.   **3 fr. 50 c.**

ESSAI SUR LA LIBERTÉ, considérée comme principe et fin de l'activité humaine, par *Daniel Stern.* 1 vol. in-8.   **6 fr.**

« Ce livre est avant toute chose pour nous fortement et poétiquement écrit. C'est la philosophie avec les bandelettes et les violettes de la jeune Athénienne. » (*Presse.*)

« Partout éclate dans ce livre une raison supérieure, une perspicacité critique qui saisit les plus petits détails de la vie individuelle et privée comme les plus vastes aperçus de la vie universelle et de l'organisation politique ; partout un savoir étendu, solide, judicieux, employé avec sobriété, mais avec un merveilleux à-propos ; partout les conceptions de ce rare jugement, servies par un style qui a la fermeté, la netteté, la transparence du cristal. Nouveauté dans la pensée, originalité, grâce, perfection dans la forme, voilà ce qu'on trouve à toutes les pages, à toutes les lignes. » (*Siècle.*)

« Ce livre est un traité de morale, où il est parlé des devoirs de l'homme envers lui-même, dans la famille et dans la société. » (*Courrier.*)

DE L'ÉTAT MORAL, POLITIQUE ET LITTÉRAIRE DE L'ALLEMAGNE, par M. *Matter.* 2 vol. in-8.   **10 fr.**

La France en Allemagne : nos romans, nos journaux, notre théâtre, nos ouvrages de science et d'érudition. — L'Allemagne en France : études allemandes, population allemande de Paris, la Lorraine et l'Alsace. — Monuments religieux de l'Allemagne : le catholicisme, les néo-catholiques, le protestantisme, le papisme protestant, le judaïsme. — Écoles philosophiques. — Partis politiques. — Questions fondamentales de la politique allemande. — L'opposition. — La tribune. — La presse. — La loi municipale.

État des lettres. — Littérature étrangère et ancienne. — Histoire et géographie. — Les bibliothèques. — Galeries et musées. — Beaux-arts. — Éducation industrielle et agricole. — Les écoles latines, les gymnases et les lycées. — Le collège de la noblesse. — Les mœurs. — La zone du Rhin. — Les petites républiques et les petits duchés du Nord. — La Prusse. — Dresde et la Suisse saxonne. — Leipzig. — Tœplitz. — Prague. — Vienne. — Ischl. — Salzbourg. — Inspruck. — Munich et Augsbourg. — Stuttgart. — Tubingue.

« Depuis le livre de madame de Staël, rien d'aussi complet n'avait paru sur les trois ou quatre peuples qui composent la patrie allemande.

« Voulez-vous savoir ce qu'on pense de la France à Vienne, à Berlin, à Munich, dans toutes les capitales et les universités, consultez l'ouvrage de M. Matter : voulez-vous savoir ce qu'il faut penser de ce mouvement religieux qui semblait promettre deux ou trois Luthers nouveaux aux compatriotes de Luther, lisez encore ce que M. Matter vous dit de Ronge et de ces autres apôtres de la réforme moderne ; lisez-le encore pour savoir où en est la philosophie depuis Kant et Fichte, ce qu'est la littérature depuis Gœthe. Traits généraux, physionomies individuelles, tableaux et portraits, pages d'histoire et chapitres de biographie, M. Matter a tout fait pour remplir son cadre. Pour être ainsi complet, pour réussir tour à tour dans les résumés raisonnés et dans l'anecdote où se dessinent quelquefois mieux encore les mœurs d'une nation à la fois aussi homogène et aussi multiple de faces que l'Allemagne, il fallait comme M. Matter, originaire de Strasbourg, participer un peu des deux nationalités, l'allemande et la française. Ce livre nous étonne donc moins que d'autres, parce que nous connaissons d'avance toutes les ressources qu'avait l'auteur pour le faire. Nous y avons retrouvé avec bonheur l'indépendance et la netteté de son esprit ; ses sympathies franchement avouées, ses antipathies exprimées sans détour, mais avec les formes les plus courtoises. Nous ne renonçons pas à revenir sur cette publication, en tous points remarquable. » (*Revue britannique.*)

« Après la religion, la philosophie ; après la philosophie, la politique ; après la politique, les lettres. C'est l'ordre des chapitres. M. Matter y donne beaucoup de renseignements qu'on chercherait inutilement ailleurs. — Les observations sur les mœurs remplissent toute la moitié du second volume ; personne ne s'en plaindra. M. Matter a abordé dans ses chapitres de mœurs les sujets les plus variés ; frivoles ou graves, ils obtiennent tous admission, s'ils aident à caractériser le peuple allemand. Dans leur ensemble, ils nous donnent une haute idée de ce peuple qui a cherché sa grandeur par la pensée et par la science, en même temps qu'il cherchait l'estime par la droiture du caractère et le bonheur par la simplicité des mœurs. » (*Semeur.*)

ÉTUDES DE LITTÉRATURE COMPARÉE, par M. *Philarète Chasles*, professeur au Collége de France. In-18, jésus, à 3 fr. 50 c. le vol.

VOLUMES PUBLIÉS :

ÉTUDES SUR L'ANTIQUITÉ, précédées d'un Essai sur les phases de l'histoire littéraire et sur les influences intellectuelles des races. 1 vol.

VUES GÉNÉRALES. — Des influences intellectuelles et du but que l'auteur s'est proposé dans ces études. — Esquisse d'une histoire générale des influences littéraires. — Essai sur les destinées et les sources des langues teutoniques et latines. — ÉTUDES SUR L'ANTIQUITÉ. — Quelques mots sur la Bible, les traductions de la Bible et les Concordances. — Des traducteurs d'Homère et de l'impuissance des traductions. — Euripide et Racine. — Des femmes grecques avant l'ère chrétienne. — Des Hétaïres grecques. — De Cicéron, de son caractère et de son influence. — Paradoxe contre Marcus Tullius Cicéron. — Des traducteurs de Virgile et de son génie. — Les loisirs de Virgile.

ÉTUDES SUR LE MOYEN AGE et sur les premiers temps du christianisme. 1 vol.

De l'autorité historique de Flavius Josèphe. — Des mœurs et de l'organisation de la société chrétienne du iiie au ve siècle. — Des créations industrielles sous le Bas-Empire et au moyen âge. — D'Aristote et de son influence. — Hrosvita, naissance du drame chrétien au xn siècle. — Etude sur Dante Alighieri et les platoniciens d'Italie. — Sources germaniques du roman moderne. — L'atelier de Guttenberg.

ÉTUDES SUR LE XVIe SIÈCLE EN FRANCE, précédées d'une histoire de la littérature et de la langue françaises de 1570 à 1610, ouvrage couronné par l'Académie française. 1 vol.

Histoire de la langue et de la littérature françaises pendant le xvie siècle. — Essai sur la vie et les œuvres de Jacques-Auguste de Thou, ouvrage couronné par l'Académie française. — De la révolution religieuse au xvie siècle. — Luther et ses biographes. — Jean Calvin et ses biographes. — Brantôme, Pepys et Suétone. — L'astrologue Nostradamus et ses commentateurs. — Des variations de la langue française depuis le xvie siècle. — Persistance et triomphe de l'esprit français.

ÉTUDES SUR L'ESPAGNE et sur les influences de la littérature espagnole en France et en Italie. 1 vol.

Études sur le drame espagnol. — L'Espagne en France et en Italie : Antonio Pérez, Escovedo et la princesse d'Eboli. — Le Marino, sa vie et son influence. — Influence espagnole et italienne. — Etudes sur quelques victimes de Boileau : Saint-Amant; Théophile de Viau. — Corneille dans ses rapports avec le drame espagnol. — Alliance de l'esprit français et de l'influence espagnole. — D'un théâtre espagnol-vénitien au xviiie siècle et de Charles Gozzi.

ÉTUDES SUR LA RÉVOLUTION D'ANGLETERRE AU XVIIe SIÈCLE. — OLIVIER CROMWELL, sa vie privée et sa correspondance particulière, précédées d'un examen historique des biographes et historiens d'Olivier Cromwell. 1 vol.

LIVRE Ier. La jeunesse de Cromwell. — LIVRE II. Cromwell homme de guerre et chef de parti. — LIVRE III. Cromwell chef de la république d'Angleterre.

ÉTUDES SUR LE XVIIIe SIÈCLE EN ANGLETERRE. 2 vol.

I. Hommes d'Etat et Orateurs politiques.

Le comte de Shaftesbury. — Sir William Temple. — Guillaume III et la révolution de 1688. — Robert Walpole. — Edmond Burke. — Benjamin Franklin. — Fielding et Richardson. — Orateurs irlandais.

II. Excentriques et Humoristes anglais.

Histoire humoristique des humoristes. — Daniel de Foe. — Les romans de Daniel de Foe et les pseudonymes anglais. — Charles Lamb, le dernier des humoristes. — Lord Chesterfield. — Sophie Dorothée, femme de George Ier. — Lady Esther Stanhope.

ÉTUDES SUR LA LITTÉRATURE ET LES MOEURS DE L'ANGLETERRE au xixe siècle. 1 vol.

Du génie de la langue anglaise et de ses origines. — Les voyageurs anglais dans les salons de Paris au xviiie siècle. — Études sur Walter Scott et lord Byron; leur vie et leur influence sur leur époque. — Keats et Shelley. — Les historiens anglais. — L'Inde anglaise. — De la littérature anglaise depuis Walter Scott.

ÉTUDES SUR LA LITTÉRATURE ET LES MOEURS DES ANGLO-AMÉRICAINS au xixe siècle. 1 vol.

Origine et progrès de la littérature et de l'éloquence aux États-Unis. — Littérature du peuple et littérature pseudo-populaire en Angleterre et aux États-Unis. — Hermann Melville. — Les Américains en Europe et les Européens en Amérique. — Poëtes anglo-américains. — Romanciers et voyageurs. — Mœurs privées de l'Amérique du nord : le général Arnold; Samuel Slick, marchand d'horloges. — Avenir de l'Amérique septentrionale et des États-Unis.

— 15 —

Études sur les hommes et les moeurs au XIXᵉ siècle. — Portraits contemporains. — Scènes de
voyages. — Souvenirs.   1 vol.

Souvenirs de jeunesse. — La prison en 1815. — Souvenirs de la vieille Angleterre. — Les
Puritains du Northumberland. — Portraits contemporains. — Jérémie Bentham, Ugo
Foscolo, Coleridge. — Une visite au South-Stack. — Scènes de la vie irlandaise : Une
visite à quelques momies. — Une heure à bord du Swallow. — Études sur la Société irlandaise au XIXᵉ siècle. — Une déportée à Botany-Bay. — Études sur la France au
XIXᵉ siècle. — Portraits et types contemporains. — Les vieux conventionnels. — Le Petit
livre bleu de ciel, étude humoristique, etc., etc., etc.

Études sur Shakspeare, Marie Stuart et l'Arétin. — Le drame, les mœurs et la religion au
XVIᵉ siècle.   1 vol.

Documents nouveaux sur Marie Stuart. — Prédécesseurs de Shakspeare. — Époques shaks-
peariennes. — Jeunesse, transformation et maturité de Shakspeare. — Loges, parterre et
coulisses du théâtre de Shakspeare. — Les moines bouffons au XVIᵉ siècle. — Intérieur de
l'Arétin à Venise.

Cette collection d'Études n'est pas un recueil de fragments épars et de débris d'articles ; c'est un
cours complet de littérature et d'histoire comparée ; le travail fécond et soutenu de vingt-cinq années
laborieuses. Aussi l'accueil le plus favorable a-t-il salué la publication des volumes que nous avons fait
paraître. Hommes, femmes du monde, artistes et savants y ont trouvé, ceux-ci des résultats inattendus,
ceux-là des découvertes littéraires, et tous, sur un fond solide et sévère, une forme vive et nette.

Chacun des volumes, accompagné d'une table alphabétique des matières, d'une table analytique et
de préfaces explicatives, forme un ouvrage complet et spécial qui peut être acheté séparément, mais
qui se rattache par le lien d'une même doctrine aux autres volumes.

Ce voyage de long cours autour du monde historique et littéraire, a excité toute l'attention de la
presse, non-seulement en France, mais à l'étranger. Voici quelques fragments empruntés à la presse
contemporaine :

« Nous avons remarqué avec surprise dans les Études de M. Chasles la plus intime familiarité avec
les personnages et les faits de notre histoire. » (*Foreign Quarterly Review.*)

« Nous ne nous souvenons pas d'avoir trouvé dans aucun livre anglais de jugement aussi complet,
aussi satisfaisant et aussi exact sur lord Chesterfield et sur Edmond Burke que ceux de M. Philarète
Chasles. » (*Athenæum.*)

« Les Études de M. Chasles obtiennent déjà le même succès sur les rives du Rhin et du Danube que
sur celles de la Seine. Les nations étrangères et spécialement les peuples germaniques et l'Angleterre, lui doivent une sorte de reconnaissance très-vive. Sans perdre sa nationalité française, il a
compris et fait comprendre toutes les nationalités de l'Europe. » (*Die Gegenwart*, journal de
Vienne.)

« M. Chasles est un initiateur ; il a la souplesse et la facilité de main de l'artiste, le don de composer
et de disposer son œuvre avec méthode et goût ; il fait vivre et marcher ses personnages ; il sait en-
traîner et séduire le lecteur et lui laisser une impression vive. Son Étude sur Franklin est une révélation et une découverte. » (*Allgemeine Zeitung.*)

« Cette collection des Écrits de M. Chasles forme sans aucun doute un des meilleurs répertoires
de critique, d'histoire et de biographie qui aient été publiés depuis longtemps. » (*Journal des
Débats.*)

« Dans ses portraits, M. Philarète Chasles s'est montré fin, spirituel, ingénieux, railleur sans
morgue, incisif sans épigramme, observateur comme Sterne, indulgent comme Lamb. Ce talent si
complexe, si souple, si universel, qui a fait de si longs voyages de circumnavigation autour de
toute la littérature espagnole, allemande, italienne, anglaise, qui a créé en France la critique étrangère et toute une école d'imitateurs, a contribué largement par ses critiques à la fondation du génie
européen et à la fusion de toutes les nationalités entre elles. » (*Presse.*)

« Nous ne demandons pas mieux que d'analyser ces volumes, mais cela serait impossible : nous
ne ferions d'ailleurs que remettre en lumière ce qui a déjà brillé, que répéter ce qui a été lu, et nous
préférons dire à ceux qui ont lu : *Relisez !* et à ceux qui n'ont pas lu : *Lisez !* Lisez ! oui, ces livres,
il faut les lire pour les connaître, pour connaître l'auteur, pour juger du mérite d'un écrivain de nos
jours dont tout le monde sait le nom, vante la science et l'esprit. » (*Moniteur.*)

« M. Chasles s'attache moins à juger, dans le détail, le mérite esthétique des œuvres, qu'à montrer le
mouvement d'idées d'où elles sont parties, leur action sur les esprits et les mœurs, c'est-à-dire leur
valeur philosophique et sociale. Esprit original, prime-sautier, esprit plein de mouvement et de saillies
il a les vives allures qui font qu'on le suit volontiers dans tous les chemins où il s'engage, avec
une ardeur infatigable de voyages, des pampas de l'Amérique aux sierras de l'Espagne, à travers le
moyen âge et jusque dans l'antiquité. C'est qu'on est toujours sûr à sa suite de faire d'intéressantes
découvertes. Son érudition n'est pas la science morte d'une encyclopédie, mais une science animée où
la vie circule. Les détails ne sont pas chez lui de vaines curiosités que les savants entassent par une
sorte de monomanie ; ils peignent les caractères, les passions, les hommes et les temps. L'intérêt particulier de ses livres, c'est qu'il comprend les hommes à merveille, les sent vivement et excelle à les
mettre en relief, sans faire de portraits détachés, en les laissant dans les courants de leur époque, au
milieu du groupe de leurs contemporains. » (*Conservateur.*)

ÉTUDES DIPLOMATIQUES ET LITTÉRAIRES, par M. le comte *Alexis de Saint-Priest*, de l'Académie française, ancien ministre plénipotentiaire. 2 vol. in-8.   10 fr.

Le partage de la Pologne. — La guerre de Bavière et le congrès de Teschen. — Discours de réception à l'Académie française. — Un mot sur le 24 février 1848. — La perte de l'Inde sous Louis XV. — La Nouvelle-Russie et le duc de Richelieu. — Excursion en Espagne.

« Le travail de M. de Saint-Priest, fait sur les mémoires contemporains, sur les dépêches inédites des archives des affaires étrangères, avec une scrupuleuse fidélité, a en même temps tout le charme et tout l'intérêt d'un roman. Il est impossible de donner à l'histoire une allure plus vive et plus gracieuse, un langage plus correct et plus élégant. Nous ne pouvons mieux définir la manière de M. de Saint-Priest qu'en disant qu'elle procède à la fois de Voltaire et de Walter Scott, par la clarté du style et de la critique, comme par le coloris pittoresque et toujours vrai des caractères. » (*Journal des Débats.*)

« La lecture des *Études* de M. de Saint-Priest est attachante et variée. Il y a dans son style une ingénieuse abondance, de l'éclat. Ses *Études* ont certains points de ressemblance avec les Souvenirs du comte de Ségur. C'est la même réunion du diplomate, du littérateur et de l'homme d'esprit. » (*Assemblée nationale.*)

ÉTUDES MORALES ET POLITIQUES, par M. le baron d'*Haussez*. 1 vol. in-8.   7 fr. 50.

« Ces *Études* atteindront le noble but que l'auteur s'est proposé. Des pensées neuves et hardies, ingénieuses et profondes, sont semées dans ce livre. La concision du style fait songer à *La Rochefoucauld* : la lucidité et la finesse des expressions rappellent M. *de Bonald*. » (*France.*)

« Observateur judicieux, moraliste caustique, M. d'Haussez excelle dans la description et la critique des moyens, de l'action, de la conduite, soit dans le monde, soit dans la politique. On lui doit cette justice, qu'il montre partout une indépendance de langage, une fierté de pensée qui l'élève fort haut, et que son style a la correction de l'homme de lettres, la facilité de l'homme du monde, la grâce et l'agrément de la bonne compagnie. » (*Moniteur.*)

ÉTUDES POLITIQUES, par M. *Ségoffin*, auteur du *Système conservateur*. — Régence et Dotation. 1 vol. in-8.   2 fr.

ÉTUDES SOCIALES D'APRÈS LA RÉVÉLATION, par M. *A. de Montagu*. in-18.   1 fr. 50 c.

ÉTUDES SUR LE COMMERCE AU MOYEN AGE. — Histoire du commerce de la mer Noire et des colonies génoises de la Krimée ; par M. *Élie de La Primaudaie*. 1 vol. in-8. 7 fr. 50 c.

FABLES, poésies par M. *Charles Lafosse*. 1 vol. in-18 , jésus.   4 fr.

FABLES ET APOLOGUES, poésies par M. le marquis de *Foudras*. 1 vol. in-8 (épuisé).   10 fr.

FABLES NOUVELLES, par M. *Viennet*, de l'Académie française. 1 vol. in-18, jésus. 3 fr. 50.

« M. Viennet, comme fabuliste, est le grand maître de cette artillerie légère avec laquelle , aussi bien qu'avec les gros bataillons, se gagnent les batailles de l'esprit français. M. Viennet est tour à tour un Juvénal tempéré et un Menenius-Agrippa véhément, châtiant volontiers les gens qu'il conseille, mêlant un sourire à une mercuriale, frondeur et dévoué, amer et secourable, sans pitié puérile et sans rancune. Mais M. Viennet est par-dessus tout M. Viennet. Tel est l'homme, tel est le livre. On pourra l'imiter. On prétend bien imiter La Fontaine ! Mais aucun écrivain ne réalisera jamais au même degré ce même personnage du grondeur aimable, du railleur austère, du moraliste enjoué et courageux, dont les ouvrages de M. Viennet et ses fables surtout donnent une si agréable idée. » (*Journal des Débats.*)

« Réussir avec des fables, malgré La Fontaine, et malgré le temps qui n'est guère aux fables, c'est réussir deux fois. Si M. Viennet court quelque risque, c'est moins de n'être pas prisé à sa valeur que de devenir à la mode. » (*Assemblée nationale.*)

« On trouve dans les fables de M. Viennet des portraits et des caractères tels que La Bruyère les eût tracés, s'il eût été notre contemporain ; comme on trouve dans ses épîtres des traits de satire que n'eût pas désavoués la plume de Juvénal. » (*Gazette de France.*)

« Nous voudrions mettre nos lecteurs à portée de juger toute la valeur, tout l'intérêt de ces fables par de longues citations ; mais ce serait un peu l'histoire du panier de cerises : toutes y passeraient jusqu'à la dernière. » (*Opinion.*)

« On a reproché à M. Viennet le caractère politique de ses fables, reproche dont il se disculpe très-bien. Mais qu'importe d'ailleurs que ses fables se rattachent plus volontiers à la politique actuelle qu'à tout autre ordre d'idées ; le fabuliste n'est-il pas le maître de choisir ses sujets comme il l'entend. Pourvu qu'il nous intéresse et nous amuse, son but est parfaitement atteint. Je lui sais bon gré, pour mon compte, d'être entré dans ce genre littéraire avec son humeur indépendante. » (*Patrie.*)

FAMILLES HISTORIQUES DE FRANCE. ARCHAMBAUD DE COMBORN, par M. le comte *Horace de Viel-Castel*. 1 vol. in-8.   5 fr.

« Sous ce titre, M. le comte de Viel-Castel vient de publier un roman plein d'intérêt ; de curieuses recherches historiques, des caractères originaux et bien contrastés, une narration rapide et élégante, recommandent à l'attention des lecteurs de *high life* un livre inspiré d'ailleurs par le goût des traditions aristocratiques et des coutumes féodales. » (*Presse.*)

FOUNDLING (THE) OF CORDOVA, by *John Henry*. 3 vol. in-12.   15 fr.

LA FRANCE AVANT LA RÉVOLUTION, son état politique et social en 1787 à l'ouverture de l'Assemblée des notables, et son histoire depuis cette époque jusqu'aux États Géné-raux, par M. *Raudot,* ancien membre de l'Assemblée nationale. 2e édition. 1 vol. in-8. 5 fr.

> La France militaire, administrative, judiciaire, politique de l'ancien régime, si parfaitement incon-nue à notre génération, revit dans cet ouvrage avec ses mœurs, ses idées, ses passions, sa grandeur et ses vices. Les préludes ignorés de la révolution qui ne commença pas en 1789 aux états généraux, mais bien deux ans plus tôt à l'Assemblée des notables, y sont décrits avec un puissant intérêt. Ce livre est l'introduction nécessaire de toutes les histoires de la Révolution française.

FRANÇOIS Ier ET LA RENAISSANCE. 1515-1547, par M. *Capefigue*. 4 vol. in-S.   20 fr.

> Cette histoire de François Ier est de nature à intéresser toutes les classes de lecteurs. Ceux qui aiment à comparer les temps verront avec quel soin M. Capefigue a rapproché les deux campagnes d'Italie de François Ier et de Napoléon : le passage des Alpes, les batailles de Marignan et de Marengo. Les artistes y trouveront l'histoire de la peinture en France, en Allemagne, en Italie, et les hommes politiques la première lutte de la royauté avec les institutions. L'auteur y dit ce qu'étaient les états généraux, les parlements, les libertés de l'Église gallicane. Ce n'est pas seulement l'histoire mais le résumé des institutions. A côté de l'existence royale aux châteaux de Chambord, Fontainebleau ou Chenonceaux, et des descriptions des grandes chasses, on trouve les édits, les séances du Parlement, l'histoire en un mot de la législation et du droit public des Français, qui ne date pas seulement de la révolution de 1789.
>
> « L'histoire moderne ne présente pas de période plus importante que le xvie siècle; cette grande période contient le germe de tout ce qui s'est développé depuis, et le genre humain y a développé des efforts inouïs d'audace et de génie. De là date le mouvement des intelligences qui a produit la réforme religieuse et la révolution sociale; de là sont venues les combinaisons de la politique des rois, l'activité du travail des peuples, et tout ce travail a commencé sous les auspices des plus admirables chefs-d'œuvre de l'art. On comprend combien la peinture d'un pareil temps doit avoir d'attrait pour un his-torien; aussi les histoires n'ont pas manqué aux grands hommes de cette curieuse époque : Charles-Quint, Léon X, Luther, Calvin, les grands artistes italiens ont été racontés dans des ouvrages éminents, et les documents historiques qui les concernent ont été et sont encore l'objet des plus persévérantes investigations. M. Capefigue vient de retracer les principaux faits du siècle sous le double aspect de la politique et de l'art; le titre du livre : *François Ier et la Renaissance*, 1515-1547, indique ce but parti-culier de l'auteur. Dans les limites qu'il s'est imposées ont eu lieu les luttes les plus saisissantes de ce siècle, celles de Charles-Quint et de François Ier, de Luther contre l'Église, de l'art moderne contre le moyen âge. Le tableau de ces grands faits est plein d'intérêt et fournit une lecture instruc-tive et attachante à la fois. » (*Moniteur*.)

LES FUGITIVES, poésies par M. *Jules Gauthier*. 1 vol. in-8.   5 fr.

LE GATEAU DES ROIS, symphonie fantastique par M. *Jules Janin*. 1 vol. in-18, jésus. 1 fr.

> « Non jamais ce surprenant Jean-Paul ne commit rien de plus insensé, de plus impossible et de plus ruisselant de beautés que cette divagation à grand orchestre. Nous avons un livre de plus, un livre humoristique, étrange, tout fleuri de poésie, tant que vous voudrez, que vous appellerez un nouveau tour de notre magicien des *Débats*, si bon vous semble, mais un livre que j'aime et que j'ad-mire. » (*Artiste.*)
>
> « Il y a dans ce petit livre du bon sens pour vingt volumes; sans compter que la grâce est partout, partout le vif esprit, la raillerie fine et choisie, le saint enthousiasme de la beauté dans la nature et dans l'art, et, nous ne saurions trop le redire, le style incomparable; sans compter surtout quelques scènes épisodiques d'une émotion charmante, et dans lesquelles on sent palpiter un noble cœur. » (*Entr'acte.*)

LES GENTILSHOMMES D'AUTREFOIS, par M. le marquis de *Foudras*. 2 v. in-8.   15 fr.

> « Dans ces volumes, M. le marquis de Foudras s'est proposé de peindre à diverses époques et sous des aspects différents, la noblesse d'autrefois; il a pris pour devise de son livre : « Noblesse oblige; » et il a voulu autant que possible rehausser les vertus de cette aristocratie qui a contribué si puissam-ment de son sang et de ses richesses à cette unité qui fait notre gloire et notre force. L'auteur, pour remplir son cadre, a choisi quelques épisodes qui nous reportent au temps de la Ligue, pour nous laisser aux derniers jours de l'Empire; et il a trouvé d'heureuses inspirations en nous retraçant ces fiers et vigoureux profils des époques écoulées. » (*Revue de Paris.*)
>
> « L'auteur s'est fait écrivain impartial, narrateur plein de vérité, sondant avec savoir toutes les opi-nions, pesant tous les témoignages, discernant le bien d'avec le mal. Habile romancier, il raconte les événements de chacun de ses héros avec tant de verve, il fait ressortir les dignes sentiments, la noble courtoisie de tous avec tant d'adresse et de tact, son style est si riche, si coulant, si pur, si varié que l'on ne se fatigue pas en lisant ces deux volumes. C'est dire que l'œuvre est intéressante et qu'elle plaît, dès le premier abord; c'est dire aussi qu'elle attire à l'auteur un nouveau succès. » (*Avant-Scène.*)

DE LA GRANDEUR POSSIBLE DE LA FRANCE, pour faire suite à la *Décadence de la France*, par M. *Raudot*, ancien membre de l'Assemblée nationale. 1 vol. in-8.　　5 fr.

> « M. Raudot vient de publier un nouvel ouvrage, sous le titre *de la Grandeur possible de la France* : la justice veut que nous rendions pleinement hommage aux sentiments généreux qui respirent dan cet écrit; aux droites et pures intentions de l'auteur, à ses études consciencieuses sur toutes les parties du gouvernement et de l'administration. » *(Journal des Débats.)*

> « M. Raudot a fait quelque chose de très-utile dans son livre, en remuant beaucoup d'idées, en ouvrant de nouveaux horizons. Qu'il y ait plusieurs de ces idées contestables, cela est possible; qu'il y ait de ces horizons qui ne puissent pas être immédiatement atteints, cela est possible encore; mais lorsqu'un publiciste émet un grand nombre d'idées nouvelles et applicables, il rend un service assez éminent pour qu'on ne lui cherche pas querelle sur le reste. » *(Opinion publique.)*

> « Au livre sur la *Décadence* a succédé le livre sur la *Grandeur possible de la France*. Finances, armées de terre et de mer, travaux publics, instruction publique et privée; administration communale, départementale, provinciale, centrale, cantonale même; la paix et la guerre; la liberté, l'ordre, les relations commerciales et industrielles, tout est successivement passé en revue; tout a une place, un casier spécial et déterminé; tout se relie et s'échelonne par une savante hiérarchie, dans un système presque entièrement nouveau. Nous n'essayerons pas ici l'analyse de ce travail remarquable. Un tel livre est de ceux qui se lisent, qui se commentent, mais qui ne s'analysent pas. » *(Gazette de France.)*

> « M. Raudot s'appuie sur les traditions françaises librement et sagement interprétées; il renoue la chaîne historique brisée en 1789, et apporte un langage et des sentiments tout français dans un pays dénaturalisé par soixante ans de révolutions. Nous avons voulu être tour à tour de toutes les nations, excepté de la France. En protestant contre cette étrange manie, qui ruine et déshonore la France, M. Raudot a rempli l'œuvre d'un bon citoyen et le devoir d'un véritable représentant du peuple. » *(Univers.)*

GUERRE DES PAYSANS, au XVIᵉ siècle, par M. *A. Weill*. 1 vol. in-18, jésus, format anglais.　　3 fr. 50 c.

Causes de la Réforme et de la guerre des Paysans. — Ulric de Hutten et Franz de Sikingen. — Le pauvre Conrad et Ulric de Wurtemberg. — Premiers soulèvements. — Les Douze articles. — Bataille de Leipheim. — Hostilités en Souabe et en Franconie. — Le docteur Carlstadt. — Wendel Hipler et Georg Metzler. — Jacquet Rohrbach, Florian Geyer, Goetz de Berlichingen. — La Terreur. — Hofmann la Sorcière. — Prise de Heilbronn. — Duplicité de Goetz. — Mouvements sur les bords du Rhin, en Alsace et en Lorraine. — Traité de Weingarten. — Bataille de Boeblingen. — Thomas Munzer, son triomphe, sa défaite, son martyre et sa mort. — Massacres à Saverne. — Bataille de Scherwiller. — Trahison de Goetz. — Bataille de Koenishofen. — Mort héroïque de Florian Geyer et de la Horde Noire. — Fin de la guerre.

> « M. Weill écrit, raconte et raille comme Jean-Paul; il a comme lui l'esprit de la pensée et celui de l'imagination. » *(Presse.)*

> « La guerre des paysans comprend toute cette grande épopée qui débute en 1522 par le terrible cri de guerre du chevalier de Sikingen et qui finit à la défaite et au supplice de Munzer en 1525. Tel que le voilà, ce livre est sans contredit le drame le plus grandiose et le plus étrange que puisse concevoir la vérité aidée du style. » *(Artiste.)*

LA HAVANE, par madame la comtesse *Merlin*. 3 vol. in-8.　　15 fr.

De la société havanaise. — Noms historiques : Velasquez, Narvaez, Fernand Cortez. — L'esclavage à la Havane : Histoire de la traite des nègres. Droit de visite. Vie des esclaves. — Tombeau de Christophe Colomb. — Funérailles. — Mœurs bourgeoises et mœurs rustiques. — Administration de la justice. — Gouvernement. — Les Femmes havanaises, leur caractère, leur organisation physique. — De l'Agriculture : sucrerie, culture du café, richesse des forêts, orangers, la banane, le riz, le maïs, la maloja, le cacao. — Le Tabac, son histoire, sa culture à Cuba, fabrication des cigares. — Civilisation intellectuelle. — Commerce. — Histoire de Las Casas. — Des rapports de la Métropole et de la Colonie. — Races aborigènes, etc., etc.

> Cet ouvrage emprunte un nouvel intérêt à l'attention générale que les dernières tentatives des Américains ont attiré sur l'île de Cuba. C'est en effet le seul livre qui donne une véritable description de cette possession espagnole et qui la fait connaître au lecteur sous tous les points de vue. — Cette publication de madame la comtesse de Merlin est palpitante d'actualité.

> « Heureux et charmant esprit, vous l'avouerez, qui peut, de la même plume, lancer une vive saillie et décrire un site poétique, raconter un drame passionné et esquisser un tableau naïf, jouer avec les mille riens gracieux, les mille caprices adorables qui voltigent dans l'imagination d'une femme mondaine, et écrire à *M. Berryer* de législation; à *M. Charles Dupin* de statistique; à *M. de Rothschild* d'argent et de commerce; d'histoire à *M. de Chateaubriand*; de tabac à *M. le vicomte Siméon*, et de diplomatie à *M. le comte Sainte-Aulaire*. Le livre de madame la comtesse Merlin ressemble à son salon : il prend tous les tons, il a toutes les physionomies, il donne tous les plaisirs. » *(Constitutionnel.)*

UN HÉROS. Histoire contemporaine. In-18, jésus. 3 fr. 50 c.

« L'auteur a voulu peindre quelques types contemporains devenus assez communs dans nos crises révolutionnaires. Il ne s'est pas contenté de réduire à leur juste valeur ces caractères inquiets et brouillons que le bruit seul de leur parole enivre, et qui, pour précipiter le peuple dans des révolutions, ne tiennent compte ni de ses besoins, ni de son histoire ; il les montre toujours prêts à sacrifier leurs convictions et leurs principes aux calculs du plus vulgaire égoïsme. C'est l'histoire de bien des ambitieux, et, comme l'espère l'auteur dans sa préface, plus d'un pourra s'y reconnaître. » (*Revue des Deux-Mondes.*)

« L'auteur de ce roman n'a pas évité les allusions et s'est plu à rassembler dans le caractère de son héros divers traits appartenant à des personnages qui ont figuré d'une manière plus ou moins marquante dans les événements contemporains. Cela donne à son livre un cachet de vérité incontestable, et cependant, le fond du récit étant une pure fiction, il n'y a pas le moindre reproche à lui adresser. Étienne Germon est un type assez commun aujourd'hui ; il ne s'en trouve que trop de copies parmi ces médiocrités ambitieuses qui se font un piédestal de la misère du peuple en excitant les passions antisociales pour les exploiter à leur profit. Démasquer de semblables charlatans, c'est rendre certainement un service précieux, et ce petit roman remplit cette tâche d'autant mieux qu'il offre un intérêt bien propre à lui procurer de nombreux lecteurs. » (*Revue de Genève.*)

LES HEURES, poésies par M. *Louis de Ronchaud*. 1 vol. in-8. 7 fr. 50 c.

HISTOIRE AUTHENTIQUE ET SECRÈTE DES TRAITÉS DE 1815 dans leurs rapports avec la restauration et la révolution de juillet, par M. *Capefigue*. 1 vol. in-8. 5 fr.

HISTOIRE DE LA BIBLIOTHÈQUE SAINTE-GENEVIÈVE, précédée de la chronique de l'abbaye de l'ancien collége de Montaigu et des monuments voisins, d'après des documents et des ouvrages peu connus ; par M. *Alfred de Bougy*; d'une monographie bibliographique. 1 vol. in-8. 8 fr.

HISTOIRE DE LA BOURGEOISIE DE PARIS, depuis son origine jusqu'à nos jours, par M. *Francis Lacombe*, auteur des *Études sur les Socialistes*. 4 vol. in-8. 20 fr.

I. La Bourgeoisie aux prises avec la Royauté. — II. La Bourgeoisie pendant les guerres de Religion. — III. La Bourgeoisie en lutte avec le Prolétariat. — IV. Les Bourgeois célèbres.

« En suivant, au milieu des malheurs de la France, les mouvements de la bourgeoisie, M. Francis Lacombe retrace avec chaleur, d'une main libre et ferme, ses erreurs, ses fautes, ses entraînements imprévoyants, ses retours tardifs mais salutaires. En rappelant les événements, leurs causes, en caractérisant les hommes, les institutions, les grands pouvoirs, il dit à chacun son fait. Son intelligence exercée traite avec supériorité, chemin faisant, toutes les questions d'un vif intérêt, questions religieuses, politiques, sociales, économiques et morales; questions présentes et questions d'avenir. » (*Journal des Débats.*)

« C'est un livre de science et de sagesse, un livre d'érudition et de recherches, un livre de philosophie et de doctrine morale. Toute l'introduction, toute l'histoire de Paris primitif sont remplies d'aperçus saisissants, simples et vrais. Il faut les lire avec un soin sérieux, mais comme il faut lire les livres qui instruisent, les livres qui pensent et qui font penser, comme il faut lire les livres qu'on trouvera encore nouveaux en les relisant, et à qui on garde une place sur les rayons de toute bibliothèque. » (*Assemblée nationale.*)

« Ce ne sont pas des flatteries que nous allons trouver dans ce livre, mais bien des leçons. Ajoutons que ce n'est pas l'histoire d'une classe ou d'une coterie, mais l'histoire du peuple. Et M. Lacombe peut dire avec bonne foi : la pensée de ce livre, loin de servir d'aliment aux partis et à la guerre sociale, peut devenir un terrain de conciliation et de paix, où toutes les nobles opinions finiront par se rencontrer. » (*Union.*)

« On lit l'histoire de la bourgeoisie avec intérêt d'abord, on la relit ensuite comme un ouvrage d'un haut enseignement social, car M. Lacombe y prouve à chaque page que sa plume de journaliste est aussi celle d'un homme d'État. » (*Moniteur du soir.*)

« Cette histoire est écrite avec autant de verve que de talent, et nous ne craignons pas de lui prédire un des plus grands succès parmi les livres modernes qui doivent survivre à notre époque. » (*Corsaire.*)

« Nous sommes heureux de pouvoir reconnaître que M. Lacombe a fait un livre d'une haute visée philosophique, d'un intérêt dramatique très-réel, où abondent les renseignements utiles et curieux, et qui présente un certain nombre de traits, d'aperçus et de pages d'une incontestable valeur. » (*Ordre.*)

« L'histoire de la bourgeoisie était éparse dans les pages de tous les livres ; tout le monde l'avait lue et personne ne la connaissait. La plume habile et intelligente de M. Lacombe a su lui donner l'histoire propre qui lui appartient, il a comblé par là une lacune qui existait dans nos annales historiques, et a fait un livre précieux qui doit rester pour que l'expérience du passé serve de guide à l'avenir. » (*Midi de Toulouse.*)

HISTOIRE DE CHARLES-ÉDOUARD, dernier prince de la maison de Stuart, précédée d'une Histoire de la rivalité de l'Angleterre et de l'Écosse, revue, corrigée et augmentée de pièces inédites, par M. *Amédée Pichot*; 4ᵉ édit., considérablement augmentée. 2 vol. in-8. 15 fr.

HISTOIRE DE LA CHUTE DES JÉSUITES au XVIIIᵉ siècle (1750-1782), par M. le comte *Alexis de Saint-Priest*, de l'Académie française. In-8.   7 fr. 50 0
— 2ᵉ édition, in-18, jésus.   3 fr. 50 0

« Par une bonne fortune rare, l'auteur n'est pas seulement un homme d'esprit et de talent, ses antécédents politiques et ses relations de famille l'ont mis en possession de bien des documents inconnus ou réservés ; de précieuses archives lui ont été ouvertes ; il a beaucoup vu, entendu, lu et recueilli. Aux avantages de la position personnelle, aux trésors des bonnes informations, M. de Saint-Priest joint les qualités essentielles de l'historien, l'élévation de la pensée et une complète impartialité. » (*Moniteur.*)

« Ce livre est écrit avec autant de modération que d'élégance, c'est un récit calme et authentique des faits qui ont marqué la chute des jésuites dans le siècle dernier ; il a été composé sur les manuscrits de *Pombal*, de *Choiseul*, du *comte de Saint-Priest*, aïeul de l'auteur, sur les correspondances inédites de *Bernis* et de *Florida Blanca* ; enfin, sur les papiers d'État des diverses cours engagées dans cette grande querelle. Avec de telles garanties et la garantie non moins grave d'une équité qui ne se dément point un seul instant, cet ouvrage s'adresse à tous ceux que la passion n'égare pas. » (*Constitutionnel.*)

« L'auteur ne cherche pas à noircir les jésuites, il se contente d'exposer les faits, se montre en général très-sobre de réflexions à leur égard, et ne se dissimule ni les faiblesses, ni les fautes de leurs adversaires. » (*Revue critique.*)

HISTOIRE CONSTITUTIONNELLE DE LA MONARCHIE ESPAGNOLE depuis l'invasion des hommes du Nord jusqu'à la mort de Ferdinand VII (411-1833), par M. le comte *Victor du Hamel*. 2 vol. in-8.   15 fr.

« M. du Hamel a porté dans l'accomplissement de sa tâche la conscience et le zèle qu'on aime à rencontrer chez l'historien. La première et la seconde période de ce livre contiennent le précis historique des institutions nationales, l'histoire en un mot des constitutions de *Castille* et d'*Aragon* depuis *Pélage* jusqu'à *Ferdinand et Isabelle*. La troisième continue cette histoire sous la domination de la *Maison d'Autriche* ; et la quatrième passe en revue les faits constitutionnels survenus après l'établissement des *Bourbons* sur le trône. Le livre de M. du Hamel servira pour ainsi dire de commentaire à l'histoire de l'*Espagne contemporaine*. » (*Revue des Deux-Mondes.*)

« Le sujet qu'a choisi M. du Hamel est un des plus beaux, sans contredit, qui puissent tenter l'ambition de l'historien. M. du Hamel s'est placé pour le traiter au point de vue de la stricte impartialité. Son livre est un résumé intéressant qui indique des recherches sérieuses. » (*Revue de Paris.*)

HISTOIRE DE LA CONQUÊTE DE NAPLES par Charles d'Anjou, frère de saint Louis, par M. *Alexis de Saint-Priest*, de l'Académie française. Nouvelle édition. 4 vol. in-8.   20 fr.

« Pour théâtre, l'Italie et la Sicile, pour acteurs, les personnages de l'épopée dantesque, non plus éclairés cette fois des teintes lugubres du lac de bitume ou des irradiations flamboyantes du paradis mystique, mais vivant de leur vie terrestre, sous le beau ciel de Naples et de Palerme. Au premier plan, les Innocent IV et les Frédéric II, les Urbain IV et les Mainfroy, les Charles d'Anjou et les Conradin ; puis, pour figures secondaires, les Farinata degli Uberti, les comtes de Caserte, les Buoso di Doara, les Jean de Procida, tout le purgatoire et tout l'enfer d'Alighieri ! Je le demande, vit-on jamais sujet plus magnifique et plus digne d'une noble intelligence qui, sérieusement éprise des grandeurs de la politique et de l'histoire, sait aussi se passionner pour toutes les belles choses de la poésie et de l'art. La *Conquête de Naples* est une œuvre de haute distinction, un excellent commentaire de Dante, vigoureusement pensé, splendidement écrit, et un livre d'histoire plein de mouvement, de vie et d'intérêt. » (*Constitutionnel.*)

« Il n'y a pas seulement, dans l'ouvrage de M. de Saint-Priest, une explication profonde et vraie des causes de la conquête de Naples, disons mieux, de la puissance temporelle des papes, de la subdivision territoriale ancienne et moderne de l'Italie ; il y a encore, par-dessus cette philosophie, qui est comme la conscience intime de l'histoire, une riche broderie de détails, de récits et de descriptions. M. de Saint-Priest possède admirablement toutes les scènes de son ouvrage. Il s'est identifié à son sujet. Il s'en est bien assimilé la nature, la vie, la décoration. Son drame a un paysage.— Tous ceux qui voudront comprendre la question italienne dans sa véritable origine devront lire cette histoire. Ils y trouveront la solution du problème qui agite à cette heure, si douloureusement, de spasmes convulsifs, les tronçons détachés de la péninsule. Ce n'est pas seulement le livre du passé, c'est le livre du moment. » (*Presse.*)

« La finesse des aperçus, la netteté des expositions, la vérité des portraits, l'entrain du style, captiveront les esprits que des lectures sérieuses et approfondies ont familiarisés avec l'histoire, et en inspireront l'amour à ceux qui ont besoin de trouver du charme dans leur étude. » (*Illustration.*)

« Dans un temps où la littérature historique est tristement féconde en productions d'une valeur douteuse, c'est pour la critique un devoir et un plaisir de signaler les ouvrages, malheureusement trop rares, où de sérieuses études et un remarquable talent d'écrivain sont consacrés à la peinture de quelque grande époque. Nous avons trouvé ce double mérite de l'érudition de l'histoire dans l'*Histoire de la conquête de Naples*. » (*Revue des Deux-Mondes.*)

« M. de Saint-Priest a employé un soin particulier à décrire cette étrange révolution des Vêpres siciliennes, et c'est une des parties les plus remarquables de son livre. Il y fait justice de plusieurs traditions suspectes ou fabuleuses. » (*Semeur.*)

HISTOIRE DU CONSULAT ET DE L'EMPIRE, par M. *Charles de Lacretelle*, de l'Académie française. 6 vol. in-8.   30 fr.

« Félicitons M. de Lacretelle, cet honnête et sincère patriarche de l'histoire, dans ce temps de fétichisme pour la gloire, du courage qu'il a eu de regarder en face, sans colère et sans fanatisme, cette mystérieuse figure de Napoléon. Philosophe, moraliste et anecdotique, il a su descendre et nous introduire dans les souterrains de l'Empire. Il en a connu, deviné, dénoncé le véritable caractère. Il n'écrit pas seulement l'histoire pour les administrateurs, les députés et les généraux, il l'écrit pour tout le monde, et il donne à tous les faits une égale importance, à l'art, à la pensée, à la littérature, ainsi qu'à la tactique, aux finances et à la législation. » (*Presse.*)

« Ce parfum de probité répandu dans l'histoire de M. de Lacretelle, cette chaleur d'âme qui s'anime au spectacle des hauts faits et des crimes pour louer et pour flétrir, est l'originalité même de son ouvrage, qui se recommande d'ailleurs par la connaissance approfondie et l'habile disposition des faits, par la souplesse du langage, tour à tour noble et familier, toujours naturel; enfin, par une foule de détails et de souvenirs qui, sans déroger à la dignité de l'histoire, donnent au récit l'intérêt piquant des mémoires. » (*Moniteur.*)

HISTOIRE DES DUCS DE GUISE, par le marquis *René de Bouillé*, ancien ministre plénipotentiaire. 4 vol. in-8.   24 fr.

« Pendant huit années de studieux loisirs, M. de Bouillé a compulsé avec une infatigable persévérance, les innombrables sources contemporaines, la plupart manuscrites, de l'histoire des Guises. Aussi, est-il parvenu à reproduire, avec une exquise vérité, la physionomie du XVIᵉ siècle, en dessinant avec des touches aussi délicates que vraies, cette suite de grandes figures qui le dominent de si haut. » (*Journal des Débats.*)

« Nous pouvons signaler ce livre comme écrit avec conscience, avec mouvement, comme riche de particularités, de citations et de pièces curieuses propres à jeter un jour vif et nouveau sur l'existence des Guises et sur leur grande époque; en un mot, digne de l'estime durable des hommes graves et érudits, en même temps que de l'avide intérêt des lecteurs curieux. La manière de l'auteur participe effectivement, dans des proportions remarquables, de la solidité, de l'élévation de l'histoire et de l'agréable et piquante variété des mémoires. » (*Assemblée nationale.*)

« Les Guises, ces grands factieux qui se sont élevés à la hauteur d'une dynastie, avaient droit à ce monument que M. de Bouillé vient de leur dresser, sans les flatter et sans les dégrader, avec une honorable impartialité et un soin consciencieux. » (*Siècle.*)

« Pour éclairer son sujet de plus près, il l'a détaché de l'histoire générale; il l'a placé dans le cadre circonscrit, mais non rétréci, d'une monographie particulière. C'est une entreprise nouvelle; on n'avait pas encore considéré isolément cette race fameuse pour qui l'héroïsme fut un héritage, et qui remplit de son nom cette période à la fois brillante et indécise, où le moyen âge décroît et s'efface, tandis que les temps modernes ne font encore que poindre à l'horizon. L'auteur de l'*Histoire des ducs de Guise* a reproduit dans leur attrayante variété, dans leur singularité piquante, ces physionomies si originales et si contrastées. » (*Revue des Deux-Mondes.*)

HISTOIRE DES ÉTATS EUROPÉENS depuis le congrès de Vienne, par M. le vicomte *de Beaumont-Vassy*. Chaque volume   7 fr. 50 c.

Tome Iᵉʳ. Belgique et Hollande. — Tome II. Suède et Norvége, Danemark, Prusse. — Tomes III et IV. Grande-Bretagne. — Tome V. États italiens.

« L'auteur est allé recueillir sur les lieux mêmes les documents dont il s'est servi, ce qui donne à son travail la plus curieuse authenticité. Le public comprendra facilement l'importance de cette *Histoire des États européens depuis le congrès de Vienne*, qui n'aura pas moins de douze volumes. » (*Journal des Débats.*)

« Nous avons la satisfaction de voir qu'en développant la vie politique de ces divers États depuis 1815, l'auteur n'a pas perdu un seul instant de vue le but qu'il s'était proposé, et qu'il avait si nettement annoncé lui-même dans l'introduction du premier volume. » (*Moniteur.*)

« Nous terminons cet article par un vœu : c'est que, pensés avec la même justesse, écrits avec la même verve, les volumes qui doivent suivre soient dignes de leurs aînés. » (*Patrie.*)

« Le style de l'ouvrage, tour à tour grave et animé, est toujours élégamment correct. La manière de M. de Beaumont-Vassy, qui ressemble, pour le coloris et l'animation, à celle de M. *de Barante*, possède cependant une individualité toute particulière, dont l'auteur nous avait déjà fourni un exemple dans son livre intitulé : *les Suédois depuis Charles XII*. La grandeur de la tâche entreprise par l'auteur de l'*Histoire des États européens* annonce une force de volonté à laquelle nous ne pouvons qu'applaudir.... Évidemment, ce livre sera des plus utiles, et nous en surveillerons attentivement l'exécution. » (*Courrier français.*)

« Ce que nous signalerons avant tout dans cette histoire, c'est l'étude consciencieuse et approfondie des faits et des hommes, un jugement exercé, une critique éclairée, et par-dessus tout, un sentiment réel de ce qui, dans l'histoire contemporaine, découle du passé ou appartient à l'avenir; de ce qui, dans la vie des peuples, révèle des tendances nouvelles, marque le cachet d'une époque, et domine ou amène les petits accidents de la politique quotidienne. » (*Presse.*)

HISTOIRE GÉNÉRALE DES TRAITÉS DE PAIX et autres transactions principales entre tout. it les puissances de l'Europe, depuis la paix de Westphalie jusqu'à nos jours, par le com n *de Garden*, ancien ministre plénipotentiaire. — L'ouvrage formera environ 20 vol. in-8 à 7 fr. 50 c.

Le succès qu'ont obtenu auprès du public les deux éditions successives, aujourd'hui entièreme. épuisées, de l'*Histoire abrégée des Traités de Paix*, par MM. Koch et Schœll, et la nécessité reconm d'un pareil livre pour toutes les personnes qui jouent un rôle dans la politique ou la diplomatie, o qui se destinent à l'une ou l'autre de ces carrières, nous ont inspiré l'idée de publier une nouvell *Histoire générale des Traités de Paix*.

Désirant faire de ce livre une œuvre solide et durable, *conçue en dehors de tous les partis ave l'impartialité et la convenance* que commande un pareil sujet, nous nous sommes trouvés devant un tâche ardue et complexe. En effet, il ne s'agissait de rien moins que de refondre complétement la pre mière *Histoire des Traités*, d'élaguer tout ce qui avait été écrit sous l'influence des événements d jour, de dégager le texte des expressions d'une critique trop passionnée, de retrancher tous les pas sages qui n'étaient pas exacts, et d'ajouter les faits et documents tenus secrets jusqu'alors; puis, aprè ce travail immense et ces additions importantes, de compléter le travail originaire par une composi tion nouvelle qui embrassât les trente dernières années; il fallait, en un mot, présenter le tablea fidèle et exact des guerres, des négociations et des traités de paix, d'alliance ou autres convention de premier ordre qui peuvent servir à caractériser, pour les deux siècles qui se sont écoulés depuis l paix de Westphalie, les oscillations de la balance européenne et les vicissitudes de la force et de l'ac tivité politique des grands États.

Nous avons été assez heureux pour concilier à cette œuvre importante la plume habile d'u diplomate distingué; *M. le comte de Garden*, auteur de plusieurs ouvrages qui sont aux mains de tou les hommes politiques, a bien voulu se charger de rédiger, dans l'esprit que nous venons d'indiquer notre *nouvelle Histoire des Traités*.

Exposons maintenant le plan que l'auteur s'est tracé.

Il a compris d'abord, qu'avant de dérouler aux yeux du lecteur cette immense série des faits qui s rattachent à la diplomatie et à la guerre, avant de suivre cette mobilité d'intérêts qui ne cesse d'agite l'Europe, il fallait, en premier lieu, le familiariser avec le terrain et la langue du pays, lui faire con naître le théâtre des événements et la sphère au milieu de laquelle ils allaient s'accomplir; il a don placé au seuil du livre un tableau d'ensemble, qui manquait complétement dans le travail de se devanciers, et dont l'objet est de peindre la naissance, le développement et les variations du système politique que les États de l'Europe ont suivi depuis trois siècles, pour acquérir et conserver une exis tence indépendante, en contre-balançant la force par la force, en opposant puissance à puissance.

Mais il importait encore que cet aperçu de l'histoire, au point de vue de la politique extérieure, fût précédé d'un sommaire touchant le droit international, les forces des États, les combinaisons des cabi nets, les maximes de gouvernement, de notions élémentaires sur leurs traités, leur chronologie et leurs différents recueils, et enfin, de quelques généralités qui étaient de nature à donner une juste idée de la carrière diplomatique à ceux qui briguent l'honneur d'être appelés un jour à faire prévaloir au dehors la dignité nationale et les intérêts du pays.

L'ouvrage est divisé en quatre parties.

1° Traités Politiques entre les puissances de l'Europe méridionale et occidentale, depuis la Paix de Westphalie jusqu'au congrès de Vienne.

2° Traités entre les souverains du Nord, depuis la paix d'Oliva (1660) jusqu'à la paix de Kiel (1814).

3° Traités des princes chrétiens avec les Turcs, et traités de la Russie avec la Perse.

4° Traités, conventions et autres actes publics entre toutes les puissances de l'Europe, depuis le congrès de Vienne, avec les textes *in extenso*.

C'est surtout dans un ouvrage de ce genre qu'une table bien faite est indispensable; les objets y sont si multipliés; ils se lient par des rapports si nombreux et si différents que la réunion deviendrait un véritable chaos, si une table très-détaillée ne servait de guide au lecteur qui n'a besoin que d'un seul fait au milieu de tant d'événements. Nous donnerons donc comme annexe indispensable à cette His toire : 1° une table générale et chronologique de tous les traités et actes publics contenus dans les Re cueils de traités jusqu'à ce jour; 2° une liste de tous les ouvrages par nom d'auteur, qui ont rapport aux différents traités, à l'usage de ceux qui voudront étudier un fait dans tous ses détails; 3° des no tices sur tous les personnages qui ont joué un rôle dans la guerre et dans la politique. Cette table sera composée avec un tel soin, qu'en y cherchant un nom propre ou un nom appellatif, on aura l'his toire abrégée, mais très-complète qui s'y rapporte. En un mot, ce complément, *destiné seulement aux souscripteurs et dont le prix sera ultérieurement fixé*, formera non-seulement la bibliographie, mais encore la biographie diplomatique la plus complète qui ait jamais existé.

On conçoit maintenant de quelle importance est cet ouvrage pour les hommes qui dirigent les affaires publiques ou ceux qui veulent s'y préparer; mais s'il est indispensable aux hommes d'État, aux offi ciers généraux, aux membres des assemblées délibérantes pour les questions de politique extérieure, autant qu'aux agents politiques et consulaires, il n'est pas moins nécessaire aux magistrats et aux ju risconsultes. On ne saurait trop non plus le recommander aux gens du monde, qui sans le secours d'un pareil livre, suivraient difficilement dans les journaux le mouvement des affaires européennes.

L'ouvrage est en outre enrichi de cartes géographiques indiquant du premier coup d'œil, par les couleurs, les changements arrivés dans la circonscription de l'Europe depuis le traité de Westphalie.

L'Histoire générale des Traités de paix a déjà atteint le treizième volume, et son succès a été toujours croissant, malgré la grandeur de l'entreprise et la difficulté des temps. Ce succès s'explique par la nature du livre et par la manière pleine d'élévation et de dignité, avec laquelle M. de Garden a traité son sujet. Jusqu'ici la plupart des historiens s'étaient placés dans tel ou tel camp, aussi la passion perçait-elle jusqu'à l'aveuglement dans chacune de leurs pages, la vérité historique était négligée pour faire place au pamphlet. Dans cette nouvelle histoire, il n'en est plus ainsi. M. de Garden n'est pas un homme de parti, il est avant tout historien ; il n'est pas l'instrument servile de tel ou tel gouvernement, il est européen ; il distribue le blâme ou l'éloge à chacun suivant son mérite, toujours avec convenance, sans fiel ni sans colère. Son esprit est même plutôt enclin à la bienveillance ; il loue plus volontiers qu'il ne blâme, et quand il est obligé de blâmer, il le fait avec tant de mesure, tant de modération, qu'il est impossible de lui en savoir mauvais gré.

C'est grâce à ces qualités qui font seules le véritable historien, que M. de Garden a acquis cette réputation que les plus envieux eux-mêmes sont obligés de lui reconnaître. Aussi toutes les opinions se sont-elles ralliées autour de lui et ont encouragé ses efforts en propageant une aussi louable entreprise. Son livre est devenu *le véritable manuel du diplomate et de l'homme politique*, et il se trouve aujourd'hui partout, dans les cours aussi bien que dans les chancelleries, sur la table du ministre comme dans la bibliothèque de l'attaché d'ambassade.

La presse n'a pas dû rester indifférente devant un succès aussi éclatant, les journaux de toutes les opinions et de tous les partis, officiels, semi-officiels, non officiels, sont tous tombés d'accord pour reconnaître les mérites de ce livre et pour en louer la haute impartialité.

Voici quelques fragments empruntés aux organes de la presse qui fait autorité :

« C'est un livre spécial qui doit se trouver entre les mains de tous les hommes qui veulent suivre scrupuleusement et avec connaissance de cause tous les faits politiques qui s'accomplissent dans tous les États civilisés. Nous reviendrons sur cet ouvrage hors ligne, qui réunit sous tous les rapports tout ce qui constitue une œuvre digne de figurer au premier rang dans toutes les bibliothèques d'élite. » (*Moniteur universel* du 13 février 1852.)

« La politique de tous les cabinets s'y trouve expliquée au moyen des documents officiels recueillis, résumés et classés. Pour y réussir, il fallait être historien, homme du monde et diplomate. Dans ces diverses capacités, il fallait porter un esprit analytique, un jugement sûr, un style convenable, une faculté d'exposition lucide ; il fallait aussi une grande érudition. M. le comte de Garden réunit toutes ces qualités. Son œuvre est vraiment monumentale ! » (*Journal des Débats.*)

« Nous aurons plus tard occasion de revenir sur cette œuvre remarquable ; aujourd'hui la place nous manque pour analyser ces volumes, sérieusement pensés, consciencieusement écrits. Nous ne pouvons qu'y renvoyer nos lecteurs. Lisez ce livre, qui est l'histoire du passé, du présent et presque de l'avenir, qui que vous soyez, ministres d'hier ou de demain, conseillers inamovibles ou changeants de tous les régimes qui ont tour à tour personnifié la patrie française, organes successifs des divers gouvernements héritiers et solidaires les uns des autres vis-à-vis de l'étranger, candidats aux emplois publics qui demandent autre chose que de la faveur, écrivains qui voulez parler de tout avec quelque connaissance de cause ! Les doctes qui ont touché aux affaires et qui aiment à se rappeler, les jeunes qui désirent apprendre, toutes les générations de capables ou d'ambitieux trouveront dans cette collection des instruments de travail dont nous les défions de se passer. » (*Constitutionnel.*)

« M. le comte de Garden marche dans l'histoire et dans la diplomatie avec l'attitude d'un conquérant qui vient de subjuguer un empire, et qui le régularise par ordre systématique et au moyen d'une savante législation. Maître de son sujet autant que de lui-même, il juge les hommes et les choses avec une grande fermeté d'intelligence ; il éclaire tout ce que l'histoire proprement dite avait laissé dans l'ombre : sous ce rapport, comme sous bien d'autres, son grand ouvrage sera une révolution. » (*Moniteur parisien.*)

« On trouve à l'*Histoire des Traités de paix* un intérêt que d'abord on n'espère pas rencontrer dans un recueil de ce genre. M. le comte de Garden a conçu son travail de manière à en faire apprécier au lecteur la valeur philosophique. Il cite le plus souvent, mais avec une si haute prudence, une si complète impartialité, qu'il faudrait être très-habile pour deviner ses sympathies nationales. M. de Garden ne distribue ni blâme ni louanges ; il a puisé à toutes les sources vraies et vives, son récit est exact ; que chacun en tire lui-même la conclusion. — Il faut une intelligence droite et un jugement sain pour oser aborder l'histoire de la sorte. Les historiens se placent ordinairement dans un camp ou dans un autre ; ils traduisent leurs passions ; et ceux qui les partagent se rangent près d'eux et les acclament. Il est vrai que la postérité anéantit souvent ces succès éphémères, mais les contemporains ne les ont pas moins acceptés. On ne saurait trop louer M. de Garden de s'être refusé cette satisfaction du moment et d'avoir été avant tout exact, impartial et digne. Puisse-t-il donc arriver à la fin de sa tâche toujours impassible et toujours écrivain net, précis, élégant. Quiconque voudra connaître l'histoire de l'Europe de ces derniers siècles devra lire les *Traités de paix*. » (*Révolution littéraire.*)

« Il ne serait pas juste de terminer sans insister sur le haut intérêt qui s'attache au grand travail de M. de Garden, et sur les mérites qui le recommandent. Dans le temps où nous vivons, il est honorable de composer de pareils livres. Maître d'immenses matériaux, M. de Garden les met en œuvre avec une attrayante clarté ; il expose tous les faits avec une impartialité pleine d'élévation, avec une mesure presque toujours heureuse entre une brièveté excessive et une prolixité fatigante. Le succès qu'il a conquis auprès de tous les esprits sérieux doit l'encourager à poursuivre avec énergie une publication qui est au premier rang parmi les travaux politiques. » (*Assemblée nationale.*)

« L'*Histoire des Traités* est un véritable cours de politique expérimentale. » (*Revue de législation.*)

HISTOIRE DES LÉGISLATEURS ET DES INSTITUTIONS DE LA GRÈCE ANTIQUE, par M. *Lerminier*, ancien professeur au Collège de France. 2 vol. in-8.   10 fr.

Sociétés antiques. — L'Inégalité. — Temps primitifs. — Premières migrations et colonies. — Situation et génie de la Grèce. — Théorie de la religion grecque. — Nécessité et déification de la force. — Règne de l'Héroïsme. — Type religieux du législateur. — Institutions de la Crète. — Le Péloponnèse. — Type politique du législateur. — Lycurgue. — Époque d'Homère. — Constitution de Sparte. — Les Tyrannies. — Corinthe. — Athènes. — Solon. — Clisthéne. — Thémistocle. — Périclès. — Décadence d'Athènes. — Alcibiade. — Suite des révolutions. — Syracuse. — Déclin des Républiques. — Monarchie macédonienne. — Philippe. — Alexandre. — La Grèce s'efface comme puissance politique. — Propagation de son génie.

« Sparte, Athènes, Corinthe, Syracuse sont les points principaux sur lesquels M. Lerminier a porté ses investigations philosophiques. Rien n'est aride, rien n'est froid dans ces diverses études. La rude Sparte avec ses mœurs guindées, son amour farouche de la patrie, sa férocité d'apparat, ne forme pas un tableau moins vivant qu'Athènes avec son éclat et ses faiblesses, la facilité de ses mœurs et la flexibilité de son esprit. Quant à Corinthe, ce point d'intersection entre les Ioniens et les Doriens, cette clef de la Grèce, cette ville de Vénus, il n'est pas un trait saillant de son histoire qui ne soit relevé avec bonheur. Mais le héros de prédilection de M. Lerminier, c'est Alexandre ; aussi s'est-il appliqué, avec un soin rare, à écrire la vie de l'illustre Macédonien, chose difficile au milieu des contradictions et des mensonges innombrables de l'histoire, et qui restera comme une des meilleures pages de l'auteur. » (*Presse.*)

« Nous ne nous flattons pas d'avoir offert, par cette analyse écourtée, un spécimen complet de ce livre. Nous nous estimerions heureux d'en avoir fait apprécier la belle ordonnance, la hauteur et souvent la nouveauté des vues. Quant à l'exécution et au style, c'est presque un lieu commun que l'éloge pour M. Lerminier. Érudit sagace et philosophe toujours, malgré ses griefs contre la philosophie, écrivain de premier ordre et artiste dans toute la poésie du mot, il semble emprunter parfois au génie hellénique sa grâce brillante et un peu subtile. » (*Siècle.*)

HISTOIRE DES LUTTES et rivalités politiques entre les puissances maritimes et la France durant la seconde moitié du XVIIe siècle, par le baron *Sirtema de Grovestins*. 6 vol. in-8 à   6 fr.

HISTOIRE MILITAIRE DES ÉLÉPHANTS, depuis les temps les plus reculés jusqu'à l'introduction des armes à feu, avec des observations critiques sur quelques-uns des plus célèbres faits d'armes de l'antiquité, par le général *Armandi*. 1 gros vol. in-8, orné de médailles.   8 fr.

« M. Armandi a recueilli, avec une érudition aussi intelligente que variée, tout ce qui se rattache à l'histoire des éléphants dans les anciens auteurs, et il a tiré de cette recherche, outre un récit des plus amusants, un traité de didactique complète sur la place qui avait été assignée à ces redoutables auxiliaires dans l'organisation des armées, sur la discipline qui les régissait, et sur les moyens, tant offensifs que défensifs, qui avaient été imaginés contre eux. C'est là une très-curieuse étude. » (*Journal des Débats.*)

« M. Armandi a fait entrer dans son livre l'étude des guerres et de savantes considérations sur l'art militaire des anciens, si bien que son ouvrage est devenu une histoire très-intéressante par le choix des faits et la science qui les accompagne. Il a bien compris que si l'étude des antiquités militaires ne devait avoir aucune application utile pour la tactique de nos jours, ce serait la plus aride des occupations. Aussi son livre est-il pensé et rédigé de manière à être utile à ceux qui voudront étudier l'art militaire, et agréable à ceux qui ne voudront que lire une histoire bien faite. » (*Revue indépendante.*)

« Ce travail intéresse non-seulement l'histoire de la stratégie ancienne, mais encore l'histoire naturelle ; bien des anecdotes, bien des faits singuliers s'y mêlent qui soutiennent l'attention du lecteur et piquent sa curiosité. » (*Revue des Deux-Mondes.*)

« Après le livre de M. Armandi, l'histoire militaire des éléphants est un sujet complétement épuisé. Vouloir refaire maintenant cette histoire serait une tentative inutile, et personne ne sera jamais assez téméraire pour l'entreprendre. Ce livre restera donc, dans la littérature savante, comme ces belles monographies du XVIe siècle, que l'on admire toujours, et que l'on a si rarement imitées depuis. » (*Revue de Bibliographie analytique.*)

« Personne n'avait encore songé à faire un travail spécial pour faire connaître le rôle presque toujours principal et très-souvent décisif qu'ont joué les éléphants dans les armées qui les employaient. M. le chevalier Armandi, après de consciencieuses recherches, vient de combler cette lacune de l'archéologie militaire. Nous croyons que son livre est une précieuse acquisition pour les hommes sérieux qui aiment à étudier l'histoire sous toutes ses faces. » (*Écho de la Littérature.*)

« Ce livre curieux, rempli de recherches bien coordonnées, est complet ; l'érudition y satisfait le lecteur, car elle illumine le sujet et le met en saillie. Tout ce qui a trait à l'usage militaire des éléphants est soigneusement examiné et apprécié. L'auteur les suit dans les armées des empereurs romains et des rois barbares ; il dit le parti que surent en tirer les musulmans dans leurs diverses guerres, et termine son travail par le tableau des services militaires que rendirent encore dans le siècle dernier, au célèbre Nadir-shah, envahisseur de l'Inde, ces colosses armés. » (*Revue de l'Orient.*)

HISTOIRE D'UN MOBILIER, par *Camille Lebrun*. 1 v. gr. in-8 orné de gravures. 5 fr.

HISTOIRE PHILOSOPHIQUE DU RÈGNE DE LOUIS XV, par M. le comte *de Tocqueville*. 2ᵉ édition. 2 vol. in-8. 15 fr.

« Qu'est-ce qu'un historien ? C'est un sage qui suit sans surprise, mais non sans émotion, le jeu des passions et des intérêts humains ; c'est un juge impartial qui pèse les hommes au poids de leurs actions ; c'est un peintre qui choisit ses couleurs pour le sujet et groupe les faits, place et costume ses personnages avec dignité ; c'est un architecte, homme de goût, dont la main pourrait s'étendre sur mille objets de prix qu'il a le courage d'écarter, parce qu'ils n'entreraient pas dans son plan. Ce sage, ce juge équitable, ce peintre, cet habile architecte, c'est, à bien des égards, M. de Tocqueville.» (*Journal des Débats.*)

« Tout lecteur conviendra assurément qu'on ne saurait lire deux volumes plus riches, d'un intérêt plus varié et mieux marqués du sceau des livres bien faits, ce charme de facilité qui permet de les relire. Puisque nous en sommes à louer l'écrivain, remarquons, comme un des attraits de son ouvrage, des portraits d'une bonne couleur, et une grande, mais judicieuse abondance de ces anecdotes qui, bien choisies, sont les traits les plus expressifs de tout tableau d'histoire. » (*Semeur.*)

« Au milieu de ces productions corruptrices, on aime à mettre la main sur un livre de bon sens, où l'écrivain se montre uniquement préoccupé d'être équitable et vrai. M. de Tocqueville ne court pas après les effets. Sa manière est simple et sobre. Il déroule les faits avec clarté, sans exagération. Il expose, il ne déclame pas, et les réflexions qu'il répand à propos élèvent le récit sans l'embarrasser.» (*Assemblée nationale.*)

HISTOIRE DE LA RÉPUBLIQUE DE VENISE SOUS MANIN, par M. *Anatole de Laforge*. 2 vol. in-8. 10 fr.

« Nous nous dispenserons d'insister sur l'éloge d'un livre que recommandent le nom et tous les antécédents de l'auteur. L'écrivain, déjà apprécié des vicissitudes de l'Italie, promettait aux malheurs de la péninsule un historien ému et éloquent, ferme d'amitiés autant que de principes. C'est cette pieuse dette qu'acquittent aujourd'hui, par le talent et le succès, ces annales de la république de Venise, personnifiée dans le génie et les vertus de son représentant illustre. » (*Illustration.*)

« M. de Laforge a su répandre assez d'intérêt sur cette agitation pacifique, si habilement organisée par Manin, Mocenigo et leurs amis, pour qu'on soit en droit de compter sur des pages dramatiques et colorées, lorsqu'il racontera les bruyantes scènes révolutionnaires qui vont suivre. » (*Union.*)

« Nous retrouvons dans ce nouvel ouvrage de M. de Laforge toutes les brillantes qualités que nous avions déjà remarquées et signalées dans son premier, c'est-à-dire un style élégant, clair, précis, rendant bien toutes ses pensées, une narration facile, attachante, des caractères bien tracés et des portraits parfaitement dessinés. » (*Gazette de France.*)

HISTOIRE DE LA ROYAUTÉ, considérée dans ses origines jusqu'à la formation des principales monarchies de l'Europe, par M. le comte *Alexis de Saint-Priest*, de l'Académie française. 2 gros vol. in-8. 10 fr.

« C'est au lendemain de juillet 1830 que M. de Saint-Priest s'était proposé, comme sujet de travail, la recherche de la formation et du développement de l'institution monarchique dans le monde. Il avait été frappé du problème que présente à la pensée l'établissement naturel dans tous les pays, la persistance obstinée à travers les âges d'une forme de gouvernement qui semblerait, à première vue, conventionnelle et factice : la transmission héréditaire de l'unité du pouvoir dans une famille. Dès les temps les plus anciens dont l'histoire ait gardé le souvenir, au berceau même de l'humanité, la royauté apparaît : elle se développe et se transforme avec les âges divers de la société. Patriarcale, théocratique, militaire, absolue, féodale, constitutionnelle, elle prend le caractère et pour ainsi dire le vêtement de chaque siècle et de chaque peuple; elle conserve ses traits constitutifs, elle est toujours une et héréditaire. C'était une idée nouvelle et féconde de prendre la royauté à son origine, de la suivre à travers ses phases, d'étudier ses transformations et de compter ses pas par ses bienfaits. C'était l'histoire générale du monde vue de son point culminant.... Tel qu'il est, le livre *de la Royauté* est peut-être l'œuvre de M. de Saint-Priest où son esprit a pris le vol le plus étendu. » (*Revue des Deux-Mondes.*)

HISTOIRE DE LA SICILE SOUS LA DOMINATION DES NORMANDS, depuis la conquête de l'île jusqu'à l'établissement de la monarchie, par M. *de Bazancourt*. 2 vol. in-8. 15 fr.

« C'est un beau et vaste sujet tout rempli de grands événements et de grands hommes. » (*Journal des Débats.*)

« Quelle plus belle histoire à retracer que celle de ces fiers guerriers, bons gentilshommes, n'ayant pour tout patrimoine que leur épée, leur espérance et leur foi! Ils quittent le pays où ils sont nés et la maison de leur père, parce que dans ce pays ils ne possèdent rien, parce que cette maison est pauvre et vide. Héros d'aventures, ils cherchent les périls et les batailles. Ainsi, ils arrivent au milieu d'un siècle de décadence et parcourent en vainqueurs la Pouille et la Calabre, forcent les Grecs écrasés à assister malgré eux à l'enfantement de cette nouvelle domination. Ces années si fécondes en événements de toute nature, ces péripéties inattendues offrent l'histoire, non-seulement d'un pays, mais aussi celle de toutes les passions humaines, de ses folles espérances, de ses ambitions, de ses joies et de ses douleurs. Cette époque à retracer était une œuvre difficile et importante, que M. de Bazancourt a traitée avec une grande élévation de style et de pensée, et surtout avec une consciencieuse sévérité historique. » (*Presse.*)

HISTORIOSOPHIE ou science de l'histoire, par M. *Hoëné Wronski*. 1 vol. in-8, en 2 parties à   4 fr.

> Dans cet ouvrage, qui sert d'introduction à un nouveau livre : *Philosophie absolue de l'histoire*, M. Hoëné Wronski a créé positivement, sous le rapport hautement philosophique, toute la science de l'Histoire. Depuis longtemps la place de M. Hoëné Wronski est faite en Europe; et il brille au premier rang dans la science. Depuis quarante ans, il a publié une longue série d'ouvrages philosophiques et mathématiques, constituant ensemble un monument sans exemple dans l'histoire du savoir humain. Le nom de M. Hoëné Wronski est devenu un drapeau : chose encore plus rare par le temps d'indifférence qui court, il a fondé une école, où viennent se grouper les intelligences les plus remarquables de l'époque, impatientes de résoudre le grand problème de notre avenir religieux, politique et social.
>
> Voici en quels termes un de nos plus brillants écrivains s'exprime sur M. Hoëné Wronski : « Cet homme, qui consacre les merveilles de sa longue vie à réaliser la réforme absolue du savoir humain, et pour lequel la postérité réclamera, sans doute, l'une des premières places dans la galerie des intelligences prophétiques dont le nombre est si rare, même au sein de l'histoire universelle, mérite d'être surnommé l'Œdipe contemporain. »

L'HOMME AU SPECTRE ou le pacte, conte fantastique par *Charles Dickens*, traduit de l'anglais par M. *Amédée Pichot*. 1 vol. in-18, jésus.   1 fr.

> Complément des contes de Charles Dickens. (Voy. page 6.)

L'IMPROVISATORE, ou la Vie en Italie, par *Andersen*. Traduit du danois, par madame *Camille Lebrun*. 2 vol. in-18, jésus.   7 fr.

> « Cette histoire est racontée avec une grande simplicité sous la forme de mémoires, dans lesquels le héros lui-même décrit de la manière la plus naturelle les impressions de son âme honnête et candide. Le mélange de la vie artistique avec l'austérité religieuse offre quelque chose de tout à fait original, qui répand un charme tout particulier sur cette peinture de la vie italienne. On est surpris de voir la poésie du Midi si bien comprise par un écrivain du Nord. Il semble que le contraste n'ait fait que le rendre plus apte à en bien saisir toutes les nuances diverses, et le sentiment naïf avec lequel il est reproduit ajoute encore à leur effet. Nous ne doutons pas que le talent remarquable de M. Andersen ne soit dignement apprécié par le public français dans la traduction élégante et facile de madame C. Lebrun. » (*Revue critique.*)

DE L'INFLUENCE DE L'ESPRIT FRANÇAIS sur l'Europe, depuis deux siècles; de l'état des arts en France et de la position des artistes, par M. *Émile Deschamps*. Brochure grand in-8.   1 fr.

DE L'INSURRECTION DANS LES DUCHÉS DE SLESVIG ET DE HOLSTEIN et de la conduite de la Prusse à l'égard du Danemark. Traduit de l'allemand par M. *Louis de Bouillé*. 1 vol. in-8.   1 fr.

INSURRECTION DE MILAN en 1848, par M. *Charles Cattaneo*. 1 vol. in-8.   3 fr.

> « Cet ouvrage est certainement un des plus curieux et des plus intéressants qui aient été publiés sur les événements de mars. » (*Revue des Deux-Mondes.*)

INSURRECTION DE NAPLES EN 1647, étude historique du *duc de Rivas*, ambassadeur d'Espagne près Sa Majesté le roi des Deux-Siciles. Traduit de l'espagnol par le baron *Léon d'Hervey de Saint-Denys*. 2 vol. in-8.   10 fr.

> « Les tableaux de M. le duc de Rivas animés, vivants, sont d'un véritable historien, jamais d'un poëte, et je l'en félicite. Le trait y domine plus que la couleur. Le genre exclut l'ornement. L'attrait est dans la vérité, mais aussi dans le talent de la saisir et de la rendre simple, mais belle, mais grave, mais touchante. M. le duc de Rivas y excelle, et, comme c'est son droit, communique à l'histoire tous les mouvements d'un cœur noble, s'indignant avec elle partout où se montre pusillanimité, bassesse, mensonge ou perfidie. Nul surtout n'aurait su mieux rendre le flux et le reflux des agitations populaires à Naples en 1647. » (*Journal des Débats*).
>
> « Nous ne pouvons mieux caractériser l'impression que le livre du duc de Rivas produit sur le lecteur qu'en disant qu'il nous a rappelé l'histoire de la conjuration des Espagnols contre Venise, par Saint-Réal. C'est la même entente du récit, la même animation tragique. Il y a de plus, dans l'insurrection de Naples en 1647, une vérité, une exactitude de détails qui achèvent de donner à l'ouvrage de M. le duc de Rivas une haute valeur littéraire. Au reste, la comparaison que nous faisons ici de l'historien espagnol avec Saint-Réal est un grand éloge pour le premier. Voltaire, qui se connaissait en récits historiques, mettait au premier rang la *Conjuration contre Venise*, et il disait qu'il ne fallait pas condamner avec dureté tout ce qui ne serait pas aussi parfait. » (*Assemblée nationale.*)
>
> « Nous félicitions M. d'Hervey de Saint-Denis d'avoir fait passer cet intéressant travail dans notre langue. Sa traduction est élégante, et l'on doit croire qu'elle ne laisse rien à désirer, sous le rapport de la fidélité, car le duc de Rivas l'a approuvée avec les plus grands éloges. » (*Bulletin critique.*)

DE L'INVIOLABILITÉ ET DE LA RESPONSABILITÉ DU CHEF DU POUVOIR EXÉCUTIF, par M. *Nougarède de Fayet*. In-8.   50 cent.

DE L'ITALIE, dans ses rapports avec la liberté et la civilisation moderne, par M. *André-Louis Mazzini*. 2 vol. in-8.   15 fr.

L'Italie et l'Europe aux xviie et xviiie siècles. — Caractère distinctif du libéralisme italien. — État des partis politiques. — Le parti historique ou réformiste. — Le parti constitutionnel.— Le parti démocratique. — L'Autriche. — Sa domination en Italie. — Son rôle dans la politique de l'Europe. — Le roi de Sardaigne. — Pie IX. — Illusions des partis. — Avenir de l'Italie.

« M. Mazzini a bien compris l'avenir de l'Italie, parce qu'il a bien étudié son passé. En désaccord avec Gioberti, Balbo, d'Azeglio, avec tous les hommes en possession en ce moment de la faveur populaire, il ne partage pas leurs illusions, et il ose traiter leurs espérances de chimères : hier encore, nous aurions pu hésiter, mais aujourd'hui.... » (*Semeur.*)

JEANNE DE VAUDREUIL. 1 vol. in-8.   5 fr.

« *Jeanne de Vaudreuil* est un roman anonyme. L'auteur, ayant à faire un roman honnête, n'a pas voulu y mettre son nom. Est-ce crainte du ridicule? L'ouvrage n'y prête guère. Il est plein d'austérité et d'onction. L'histoire de Jeanne de Vaudreuil est celle de ces longs martyrs qui n'ont pas besoin, pour ouvrir la porte du paradis à leurs victimes, que le bourreau la pousse devant elles avec sa hache sanglante. Jeanne est jeune et riche; elle a tous les biens du monde, toutes les joies de l'âge, toutes les jouissances du cœur; elle n'est malheureuse que dans sa foi. M. de Vaudreuil, son mari, tombe successivement d'une piété aveugle dans une curiosité d'esprit ardente, d'un désenchantement maladif dans une intolérance tracassière et brutale, d'un scepticisme irrité dans une ambition mesquine. En fin de compte, et quand sa femme se meurt de consomption (peut-être d'ennui), Vaudreuil fait pénitence. C'est cette odyssée lamentable d'un esprit inconsistant à travers tous les systèmes qui peuvent successivement attirer et corrompre une âme humaine, qui est le fond de ce livre; et c'est la résistance de cette jeune et noble femme qui a livré son cœur, qui donne sa vie, mais qui défend sa conscience parce que sa conscience est à Dieu; c'est cette lutte héroïque et cachée, sans éclat mais non pas sans grandeur, qui est l'intérêt du roman. Peu de fracas, peu d'aventures, un très-petit nombre de personnages, la simplicité des ressorts, la vérité des sentiments, tel est ce livre estimable qui ne dépasse pourtant pas un certain niveau où il semble que l'auteur s'arrête plutôt par modestie que par impuissance. Le génie est quelquefois borné par la vertu. » (*Journal des Débats.*)

« Ce livre fera du bien. Ceux qui l'auront lu attentivement le reliront, et ils y trouveront du plaisir, car ce volume est semé de traits fins, de sentences spirituelles et profondes, qui appellent la méditation. *Jeanne de Vaudreuil* est un beau livre, bien nouveau dans notre époque, qui peut être utile à beaucoup de personnes, qui en a déjà consolé et rafraîchi quelques-unes, et qui fait aimer son auteur.» (*Semeur.*)

LA JEUNE ANGLETERRE, par *D'Israeli*. Traduit de l'anglais par mademoiselle *A. Sobry* et précédé d'une Notice sur l'auteur et de deux clefs explicatives des personnages de ce livre, par M. *Philarète Chasles*, professeur au Collége de France. 2 vol. in-8.   10 fr.

Ce roman politique souleva à son apparition un cri général de scandale, il se trouva bientôt dans toutes les mains, et cinq éditions successives furent rapidement enlevées. C'est qu'outre un manifeste de la jeune Angleterre, c'était aussi le tableau satirique et animé de la vie politique anglaise, des caractères qui s'y déploient. Sous chaque personnage imaginaire on devinait un personnage vivant, un des acteurs politiques dont les noms brillent à toutes les pages des journaux. Une traduction de cet ouvrage devait donc avoir du succès en France, et M. Chasles en y joignant deux clefs explicatives, a dévoilé aux lecteurs français les noms des acteurs, la vie politique et la vie littéraire qui dominent les salons anglais, les originaux qui s'y trouvent, les intérêts sérieux ou frivoles qui s'y débattent.

LÉON DE MÉRANGE, épisodes du temps de la Révolution, par la comtesse *Elfride de Malleraix*. 2 vol. in-8.   15 fr.

LETTRES ET INSTRUCTIONS DE LOUIS XVIII au comte de Saint-Priest, précédées d'une Notice par M. de *Barante*. 1 vol. in-8.   5 fr.

«La notice de M. de Barante vaut une histoire. » (*Journal des Débats.*)

« En racontant la carrière diplomatique si honorable et si bien remplie de M. le comte de Saint-Priest, M. de Barante a écrit la meilleure introduction qu'on pût placer en tête de ces lettres. En suivant M. de Saint-Priest tour à tour à Versailles, au milieu des intrigues de la cour, et à Constantinople, M. de Barante a pu étudier sous des aspects bien divers et peu connus la situation de la France et de l'Europe à la fin du xviiie siècle. Il a encadré dans une biographie un chapitre d'histoire politique où se retrouvent toute l'élégance de sa plume et toute l'élévation de son esprit. » (*Revue des Deux-Mondes.*)

« La notice de M. de Barante est un beau morceau d'histoire où les hommes et les choses de la révolution sont appréciés avec un tact exquis ; où la part est faite à toutes les opinions, à tous les regrets, à toutes les espérances, avec la modération du philosophe et l'expérience de l'homme d'État.» (*Revue Britannique.*)

« Cette correspondance, qui commence à Vérone en 1795 et finit à Milan en 1807, répand un jour nouveau sur les intrigues de l'émigration. A une époque où l'attention se reporte de nouveau sur les années brillantes et agitées de l'Empire, cette publication pouvait prétendre à un succès d'à-propos ; grâce à l'éloquente notice de M. de Barante, elle peut désormais compter sur le succès durable qui récompense les travaux de l'histoire. » (*Revue de Paris.*)

LETTRES DE MADEMOISELLE AISSÉ A MADAME CALANDRINI, avec une notice par M. *Sainte-Beuve*. 1 vol. in-18, jésus.   3 fr. 50 c.

LETTRES ET PIÈCES inédites ou rarissimes des personnages éminents dans la littérature et la politique, du xe au xviiie siècle, publiées et annotées par M. *Matter*, inspecteur général des bibliothèques de France, conseiller de l'Université. 1 vol. in-8.   5 fr.

Catalogue d'une collection de livres du xie siècle sur les sept arts libéraux ; Livres d'une maison d'études religieuses à la fin du xiiie siècle ; Collection de livres d'une femme du monde à la fin du xive siècle (Marguerite de Flandre) ; Bibliothèque d'une maison religieuse du xve siècle ; Bibliothèque d'un homme d'État du xviie siècle (cardinal de Richelieu). Lettres de Louis XI, Marguerite de Valois, Charles-Quint, de Brezé, Marie Stuart, Henri III, Henri IV, de Xylotectus, C. Peutinger, Casaubon, Louis XIII, Charles Ier, la reine Christine, Descartes, Ménage, mademoiselle de Scudéry, Isaac Vossius, Fouquet, Chapelain, Colbert, Louis XIV, mademoiselle de La Vallière, Scarron, madame de Maintenon, Louis XV, le roi Stanislas, Voltaire, Buffon, Diderot, Tronchin, Réaumur, Montesquieu, d'Alembert, Condillac, Malesherbes, La Condamine, d'Aguesseau, Fontenelle, etc., etc.

Dans un siècle où l'on ne sait plus écrire ni la lettre intime, ni la lettre utile, ni la lettre gazette ; dans un siècle où l'on n'écrit pas toujours avec soin même ce qu'on imprime, la correspondance familière a peut-être besoin d'étudier de nouveau ces lettres faites avec tant de dévouement, empreintes de tant de grâce et d'esprit, riches de tant d'instruction, que nos devanciers s'adressaient jadis d'un bout de l'Europe à l'autre.

LETTRES DE MADEMOISELLE DE LESPINASSE. Nouvelle édition complète, et précédée d'une introduction par M. *Jules Janin*. 1 gros vol. in-18, jésus.   3 fr. 50 c.

« Personne ne possède mieux que Jules Janin le sens de ce siècle si vif, si gai, si frivole et si profond ; il a, comme les beaux esprits de ce temps, encore près et déjà bien loin de nous, la verve intarissable, l'à-propos du mot, l'entrain paradoxal, la pensée hardie, l'activité incessante et la bonne humeur constante au milieu des mille tracasseries de la vie du monde et des affaires.... Il ne faut pas séparer cette biographie de mademoiselle de Lespinasse de sa correspondance ; elles se complètent l'une l'autre. C'est surtout quand il s'agit d'une femme, des lettres d'une femme, que la vie explique l'œuvre ; l'histoire est nécessaire pour faire comprendre le roman. » (*Moniteur.*)

« Ces lettres d'amour adressées à M. de Guibert furent publiées par la veuve même de M. de Guibert, assistée dans ce travail par Barrère, le Barrère de la Terreur, ni plus ni moins, qui aimait fort la littérature, comme on sait, et surtout celle du sentiment. Au moment où ces Lettres parurent, ce fut un grand émoi dans la société où vivaient encore, à cette date, quelques anciens amis de mademoiselle de Lespinasse. On déplora fort cette publication indiscrète ; on invoqua la morale et la pudeur ; on invoqua la renommée même de mademoiselle de Lespinasse. Cependant on jouissait ardemment de cette lecture qui passe de bien loin en intérêt les romans les plus enflammés, et qui est véritablement la *Nouvelle Héloïse* en action. Aujourd'hui la postérité indifférente aux considérations de personnes, ne voit plus que le livre ; elle le classe dans la série des témoignages et des peintures immortelles de la passion, et il n'en est pas un si grand nombre qu'on ne les puisse compter. » (*Constitutionnel.*)

LETTRES POLITIQUES ADRESSÉES A TIMON, par *Théophraste*.

Ire partie. 1 vol. in-18, jésus.   1 fr.

Lettre I. Introduction. — Lettre II. L'Idéal. — Lettre III. Voyage dans la planète Le Verrier à la recherche de la souveraineté du peuple.

IIe partie.   1 fr. 50 c.

Lettre IV. De la Nature politique en général et de l'Électeur en particulier. — Lettre V. Des Variétés principales de la nature électorale. — Électeur ordinaire. — Électeur spéculateur. — Électeur astucieux. — Électeur flottant. — Électeurs désintéressés. — Électeur influent.— Électeur de l'opposition. — Lettre VI. Incidents possibles dans un petit collège électoral. — Lettre VII. Précautions à prendre en cas d'élection dans une petite ville. — Lettre VIII. De la Nature parlementaire élective et d'un de ses types généraux ; le Député commissionnaire. — Lettre IX. Le Député viveur. — Le Député homme du monde.

LETTRES DE RANCÉ, abbé et réformateur de la Trappe, recueillies et publiées par M. *B. Gonod*, bibliothécaire de la ville de Clermont-Ferrand, auteur des *Grands Jours de Fléchier à Clermont*. 1 vol. in-8.   5 fr.

« Nous remercions M. Gonod, au nom de l'histoire philosophique, des soins qu'il a mis à recueillir cette correspondance pleine d'intérêt. C'est un coin de plus mis à découvert dans ce xviie siècle, digne de tant d'attention et objet, depuis deux années, de si belles études.»(*Revue bibliographique.*)

« Tout ce qui se rattache à la personne, et surtout à la vie intime du célèbre abbé de La Trappe, excite un vif intérêt ; un écrit récent de M. de Chateaubriand a ranimé cet intérêt dont les lettres publiées par M. Gonod ont fourni les principaux éléments. Il faut lire les nouveaux documents fournis au débat par ce précieux recueil. » (*Moniteur.*)

LETTRES SUR L'ANGLETERRE ET LA FRANCE, par M. *Nougarède de Fayet*. 4 v. in-8. 20 fr.

Londres, ses monuments, ses rues. — Habitations anglaises. — Promenades. — Visites. — Clubs. — Voitures publiques. — Spectacles. — Législation sur les successions et testaments. — Charité. — Taxe des pauvres. — Instruction publique. — Prêts sur gage. — Esprit religieux. — Observation du dimanche. — Histoire religieuse de l'Angleterre. — Courses. — Musée britannique. — Cimetières. — Lord maire. — William Pitt. — Médecine et chirurgie. — Journaux et revues. — Parlement anglais. — Souverain. — Sa prérogative. — Ministres responsables. — Liste civile. — Dotations. — Élections. — Bourse. — Réforme postale. — Chemins de fer. — Commerce. — Administration. — Police. — Finances. — Organisation judiciaire. — Duel. — Armée. — L'Irlande. — L'Inde. — Agriculture. — Vie de châteaux. — Noblesse, etc.

Cet ouvrage est peut-être le seul qui fasse bien connaître l'Angleterre. Il contient une foule de renseignements curieux sur les caractères et les mœurs de nos voisins, aussi bien que sur l'organisation politique, religieuse, administrative et judiciaire de la Grande-Bretagne. Le voyageur, le savant et l'homme du monde liront avec intérêt les comparaisons et les rapprochements faits par l'auteur avec les mœurs et les institutions françaises.

LETTRES SUR L'INDE, impressions de voyages. 1 vol. gr. in-8. 32 dessins gravés sur pierre, imprimés à 2 et 3 teintes. Carte de l'Inde. 15 fr.

LES LIONNES DE PARIS, par la comtesse *Merlin*. 2 vol. in-8. 10 fr.

Les lionnes de Paris ont enfin leur historien et leur histoire. Rien de plus facile, même pour les profanes qui n'ont vu que de très-loin les lions et les lionnes, que de reconnaître soit de profil, soit de face les portraits des plus belles héroïnes du Champ de Mars, des salons de la Chaussée-d'Antin, et des courses de Chantilly. C'est l'histoire d'un petit fragment de la société contemporaine, d'un monde à part, qui a sa grâce originale, son esprit et ses mœurs. Les dames de Rambouillet étaient des lionnes dans leur genre; les lionnes d'aujourd'hui ont autant d'esprit et plus de liberté. Ce livre restera comme un spécimen d'un type qui avait ses mystères, et dont les mystères sont enfin révélés.

LORD PALMERSTON, L'ANGLETERRE ET LE CONTINENT, par le comte de *Ficquelmont*, ancien président du conseil d'Autriche, etc., etc. 2 vol. in-8. 14 fr.

« Le nom de l'auteur suffit pour donner à ce livre une très-grande importance dans la société politique et diplomatique; nous pouvons ajouter que l'intérêt et la curiosité qu'il doit exciter seront amplement justifiés. L'ouvrage est écrit en français par l'auteur, et écrit en vraie langue française. » (*Journal des Débats*.)

« Nous n'avons pas besoin de faire ressortir l'importance de ce livre; le sujet et le nom de l'auteur l'indiquent suffisamment. » (*Assemblée nationale*.)

« Ni le sentiment de nos forces, ni l'occasion ne nous engagent à discuter le livre de M. de Ficquelmont; nous voudrions seulement le faire connaître et le faire lire, car aucune lecture n'est plus propre à graver dans les esprits les sévères leçons de l'expérience. C'est un mélange perpétuel de l'histoire contemporaine et de la philosophie, qui viennent s'éclairer et se contrôler l'une l'autre; ce ne sont pas des formes abstraites du gouvernement qui sont passées au creuset de la politique, ce sont les institutions mêmes que nous avons vues à l'œuvre, et tous les faits dont nous avons été témoins sont successivement appelés en témoignage pour confirmer les jugements de l'auteur. C'est une continuelle anatomie de tous les gouvernements européens. » (*Constitutionnel*.)

« En suivant, au milieu de l'Europe contemporaine, les mouvements de l'Angleterre et de sa politique démoralisatrice, M. de Ficquelmont nous dépeint avec le coup d'œil et le jugement de l'homme d'État, l'impartialité de l'historien ou du juge, et la haute sagacité du philosophe, les erreurs, les fautes, les calculs coupables, la convoitise sordide et la mauvaise foi du *Foreign Office*, durant le long ministère de lord Palmerston. Quoique ce dernier soit déjà tombé, vaincu par les événements et aussi par l'exagération intempestive de son propre système, la publication de ce livre écrit avant sa chute, n'en conserve pas moins son intérêt européen, comme le succès vient de le prouver. » (*Moniteur Parisien*.)

« Sous quelque point de vue qu'on examine les jugements portés par l'auteur sur les événements contemporains, sur la forme politique des gouvernements de l'Europe, sur les fautes et les erreurs qui ont été commises par ces gouvernements, il est impossible de ne pas rendre hommage à la fermeté avec laquelle il jette la lumière sur les points les plus délicats de l'histoire de notre temps. On ne peut s'empêcher de reconnaître que les causes des catastrophes dont notre génération a été le témoin et la victime, sont expliquées dans le livre qui nous occupe, avec une sûreté de vues que l'on rencontre rarement à un pareil degré chez les historiens les plus distingués; en même temps que les moyens de remédier à leurs funestes résultats s'y trouvent indiqués avec toute la netteté qu'on peut attendre d'un homme d'État instruit par une longue et utile expérience. L'apparition de ce livre a toute l'importance d'un événement. » (*Patrie*.)

LOUISE, par madame *Thellusson de Maussion*. 2 vol. in-8. 10 fr.

« *Louise*, par madame Thellusson de Maussion, est une œuvre pleine de délicatesse et de cœur. La passion y parle le langage de la bonne compagnie, et ne perd rien, pour cela, de sa force et de son entraînement. Il n'appartient peut-être qu'aux femmes de rencontrer ces expressions heureuses qui peignent tout un sentiment sans l'affaiblir et sans l'exagérer. Madame de Maussion appartient à l'école de nos meilleures romancières. Son livre est plein d'un intérêt vif et soutenu. » (*Journal des Débats*.)

MÉMOIRE SUR LA SITUATION politique et militaire de l'Europe à l'occasion des traités de 1831, 1833 et 1841, sur le droit de visite, par le lieutenant général Alexandre *de Girardin*. 1 vol. in-8.   5 fr.

Situation politique des puissances continentales européennes vis-à-vis de l'Angleterre. — Mode suivi par l'Angleterre pour constituer sa marine. — Force relative et comparative de toutes les marines européennes. — Chiffre et nom des colonies anglaises. — Colonies enlevées par l'Angleterre aux puissances européennes. — Colonies possédées par les différents États du Continent. — Différences entre la puissance maritime du droit commun et la marine exclusive. — Désignation et force des populations des puissances continentales frappées par l'Angleterre.

« L'ouvrage de M. de Girardin, en montrant, comme dans un tableau synoptique, les divers États de l'Europe s'affaiblissant graduellement par les causes mêmes qui accroissent la prospérité et l'influence de la *Grande-Bretagne*, aidera singulièrement tous ceux qui voudront se livrer à cette étude intéressante. » (*Presse.*)

MÉMOIRES DU DUC DE BELLUNE, mis en ordre par son fils. Tome Ier, in-8.   6 fr.

MÉMOIRES ET CORRESPONDANCE DE MALLET DU PAN, recueillis et mis en ordre par M. *Sayous*, ancien professeur à l'académie de Genève. 2 vol. in-8.   12 fr.

Mallet du Pan, publiciste célèbre, naquit à Genève en 1749. Nommé, à l'âge de vingt ans, sur la recommandation de Voltaire, professeur d'histoire et de belles-lettres à Cassel, il se fit déjà remarquer par son fameux discours *sur l'influence de la philosophie sur les lettres*. De retour à Genève, il travailla avec Linguet à la rédaction des *Annales politiques et littéraires*, qu'il continua après l'emprisonnement de ce dernier, sous le titre de *Mémoires historiques et politiques sur l'état présent de l'Europe*. En 1784, M. Panckoucke, ayant acquis le privilége du *Mercure de France*, chargea Mallet du Pan de la partie politique de cette feuille, qu'il rédigea jusqu'au 10 août 1792, époque à laquelle il émigra.

En 1793, Mallet publia à Bruxelles ses *Considérations sur la Révolution française*, qu'il composa sur des sollicitations supérieures et d'après un plan convenu avec les personnages placés alors à la tête des affaires de l'Europe. Puis en 1796, parut à Hambourg sa célèbre *Correspondance politique pour servir à l'histoire du républicanisme français*, dans laquelle il attaquait ouvertement et avec énergie les doctrines démocratiques de la révolution. Enfin, retiré à Londres en 1798, il fonda le *Mercure britannique*, qui fut recherché de quiconque voulait porter un jugement sain et éclairé sur les grandes scènes qui occupaient l'Europe.

En 1800, Mallet du Pan mourait à Londres, en possession de la plus honorable célébrité : son nom était européen ; ses écrits, traduits en toutes langues, étaient répandus au loin. Personne dans le monde politique n'ignorait que ce publiciste éminent avait mérité la confiance de Louis XVI dans ses derniers périls, et que ses conseils avaient eu l'accès des grands cabinets de l'Europe. On conçoit maintenant de quelle importance sont ces Mémoires, qui contiennent l'histoire en quelque sorte reflétée de la Révolution française depuis l'ouverture des états généraux jusqu'aux jours du consulat. Les matériaux dont ils se composent ont été choisis, sans parler des journaux et des écrits par Mallet du Pan, 1° dans un recueil ou sorte de journal intime, où Mallet, depuis qu'il était venu s'établir à Paris, notait ses observations historiques ; 2° dans une suite de mémoires ou de consultations politiliques qui avaient été demandés au célèbre publiciste par plusieurs souverains, par les princes français eux-mêmes, comme aussi par divers hommes d'État, pour leur instruction personnelle ; enfin, dans les restes encore considérables d'une riche correspondance entretenue par Mallet du Pan avec Malouet, de Pradt, Montlosier, Lally-Tolendal, Portalis, Sainte-Aldegonde, le chevalier de Gallatin, M. de Hardenberg et nombre d'hommes distingués.

« On a bien fait, dit M. de Sacy dans un remarquable article du *Journal des Débats*, de publier ces mémoires et d'arracher à l'oubli le nom d'un homme de talent et de cœur. Personne n'aurait été chercher, dans les recueils où ils sont enfouis, ces morceaux où brille un esprit si pénétrant, un talent d'observation si fin. La correspondance de Mallet du Pan n'était connue que de sa famille et de quelques amis dont bien peu survivent encore. La mémoire de Mallet aurait achevé de s'éteindre avec les derniers d'entre eux. Ces fragments la conserveront et ne la laisseront pas périr : Mallet reprendra la place qui lui appartient dans l'histoire de la Révolution française. »

MÉMOIRES DU GÉNÉRAL PEPE, sur les principaux événements politiques et militaires de l'Italie moderne, écrits par lui-même. 3 vol. in-8.   18 fr.

« Depuis la naissance du général Pepe, le royaume de Naples et l'Italie entière n'ont cessé de tressaillir à l'explosion de la Révolution française en 1789 ; au bruit des victoires de Napoléon en Lombardie, aux acclamations qui saluent la République parthénopéenne ; aux gémissements qui suivent la réaction sanglante du cardinal Ruffo ; à chaque retour meurtrier du roi Ferdinand dans ses États ; à l'avénement de Joseph ; à la chute de Murat ; enfin aux cris de liberté que poussent un moment Naples et le Piémont en 1821, mais qui bientôt s'affaiblissent et meurent devant les baïonnettes autrichiennes. Cette remarquable époque est celle qu'embrassent et que peignent les Mémoires du général Pépe. On le voit en tout temps, en tous lieux, penser, parler, souffrir, conspirer, combattre pour donner à Naples des institutions libres, et rendre à l'Italie son indépendance. » (*Journal des Débats.*)

MÉMOIRES DU BARON PORTAL, ministre de la marine et des colonies, et ministre d'État sous Louis XVIII et Charles X. 1 vol. in-8. 7 fr. 50 c.

Mémoires personnels. (Le ministère; les Jésuites; les Chambres; les Tribunaux; la liberté de la Presse; l'Armée; le Crédit public; politique de la France en Espagne et à l'égard de l'Europe; Révolution de 1830; Hérédité de la pairie.) — Mémoires politiques. — Mémoires sur la marine. (Plan d'organisation de la puissance navale de la France; Budget de la marine; De la marine considérée comme l'une des sources de la richesse nationale, etc., etc.)

« Descendant d'une vieille famille protestante de la France méridionale, M. Portal, de simple armateur de Bordeaux, devint deux fois ministre de la marine. Notre véritable restauration navale date de son passage aux affaires. La franchise et la persistance de son caractère lui donnèrent la confiance de Louis XVIII et vainquirent la résistance des Chambres. Et il raconte lui-même son triomphe avec autant de bonhomie que de fierté. » (*Correspondant.*)

MES LOISIRS, par madame la baronne de *Montaran*, auteur des *Bords du Rhin, Rome et Florence, Naples, Anselme, Marquise de Vivonne*. 2 vol. in-8. 15 fr.

MA MISSION A ROME, mémoire présenté au conseil d'État. Mai 1849, par M. *Ferdinand de Lesseps*. 1 vol. in-8°. 2 fr. 50 c.

Pour faire suite: **RÉPONSE AU MINISTÈRE ET AU CONSEIL D'ÉTAT.**

I. Récit des faits. — II. Griefs formulés à la tribune de l'Assemblée législative, par M. le président du conseil, et réfutation. — III. Résumé. — IV. Pièces justificatives contenant les instructions du ministère, les dépêches de M. de Lesseps, sa correspondance avec M. de Rayneval, le général Oudinot, les triumvirs, etc., etc.

UN MISSIONNAIRE RÉPUBLICAIN EN RUSSIE. 3 vol. in-8. 15 fr.

Cet ouvrage, publié sous le voile de l'anonyme, créa dès son apparition une sensation profonde. Toute la presse s'en préoccupa, et un de nos plus savants et brillants critiques, M. Saint-Marc Girardin, lui consacra quatre articles dans le *Journal des Débats*. C'est qu'en effet ce livre, composé d'éléments divers qui en font au reste l'originalité, a tout ce qu'il faut pour intéresser, au moment surtout où le colosse de la Russie se dresse silencieux et menaçant au-dessus de l'Europe et de l'Asie.

L'auteur en vrai missionnaire, aborde tous les grands problèmes qui agitent le monde politique; mais comme il est en même temps homme de bonne compagnie, ses idées de propagande ne l'empêchent pas de fréquenter la haute société russe, dont il nous donne la description la plus spirituelle et la plus vraie que nous ayons eue jusqu'ici. Au milieu du récit piquant des tentatives infructueuses que fait notre missionnaire pour répandre les idées républicaines, se déroule une délicieuse histoire d'amour qui donne un charme tout particulier au livre, et en rend la lecture aussi attachante que celle d'un roman. La mission de l'auteur se termine naturellement par un immense désappointement, qui a cela de bon qu'il nous aura valu une véritable révélation sur la Russie, et qu'enfin le voile derrière lequel ce pays inconnu se tenait caché jusqu'ici au reste de l'Europe, est aujourd'hui entièrement déchiré.

DES MOYENS D'ACQUÉRIR LE DOMAINE INTERNATIONAL, ou propriété d'état entre les nations d'après le droit des gens public, comparés aux moyens d'acquérir la propriété entre particuliers, d'après le droit privé; et suivis de l'examen des principes de l'équilibre politique, par M. *Eugène Ortolan*. 1 vol. gr. in-8. 4 fr.

« Cet ouvrage, qui a commencé par n'être qu'une savante dissertation en forme de thèse pour le doctorat, est devenu, par les développements que l'auteur a su lui donner, un véritable traité sur les acquisitions de territoire et l'équilibre politique international. Un tel sujet, touchant aux intérêts les plus graves, aux causes les plus fréquentes de l'ambition, des querelles et des grandes transactions entre les puissances, soulevait naturellement les problèmes les plus élevés du droit des gens. Il était curieux, d'un autre côté, à une époque où l'on a mis en question jusqu'au principe même de la propriété entre particuliers, de porter les investigations de la science sur la propriété territoriale d'État à État, que nul, que je sache, n'a osé contester encore, et qui n'est autre chose, en définitive, que le droit pour les nations de se fixer, de s'établir sur un certain territoire, et d'exiger que les autres nations les y respectent.

« L'auteur, nourri de fortes études juridiques, a traité son sujet en publiciste et en jurisconsulte. Quoique jeune, on peut dire qu'il l'a fait avec une fermeté, avec une autorité qui n'appartiennent qu'à la science de bon aloi, dégagée de toute prévention d'intérêt, et appuyée sur des vérités de raison. Il a pris pour donnée générale cette réflexion, que s'il y a de grandes différences entre la constitution individuelle de l'homme et la constitution collective des nations, néanmoins celles-ci n'étant autre chose que des réunions d'hommes vivant et agissant collectivement, au fond c'est toujours l'homme qui est le point de départ; d'où il suit que le droit privé est l'origine du droit international; que les principes de l'un sont en germe dans les principes de l'autre, et que les différences mêmes qui existent entre les deux lorsqu'elles sont exactement et nettement signalées, servent à mieux déterminer et à mieux faire connaître chacun de ces droits. En conséquence, c'est par la comparaison constante des problèmes du droit privé avec ceux du droit des gens public, que l'auteur s'avance, s'affermit dans ses solutions, et cette manière de procéder donne à son travail, comparé aux écrits ordinaires des publicistes, un caractère et un mérite particuliers.

« C'est un bon livre. » (*Rapport de M. Dupin à l'Académie des sciences morales et politiques.*)

NAPOLÉON ET MARIE-LOUISE. Souvenirs historiques de M. de *Meneval*, ancien secrétai[re]
de l'Empereur. *Pour faire suite :* Récit d'une excursion de l'impératrice Marie-Louise au
glaciers de Savoie en juillet 1814 , par *le même*. 4 vol. in-8.   25 f[r.]

> « De tous les ouvrages qui ont paru sur Napoléon, celui qui le fait le mieux connaître est , sans co[n]tredit, le livre de M. de Meneval. » (*Constitutionnel.*)

> « Les trois volumes de M. de Meneval contiennent à eux seuls plus de faits nouveaux, plus de déta[ils] intéressants, plus d'aperçus politiques que les cent volumes de ses devanciers. » (*Corsaire-Satan.*)

> « Mon récit, dit l'auteur dans sa préface, est destiné à peindre non le conquérant et le législate[ur] mais à faire connaître Napoléon dans son intimité, surtout comme époux et comme père. » Son rô[le] ainsi limité, M. Meneval l'a rempli avec une supériorité qui donne souvent à cette simple chroniq[ue] tout l'intérêt et la gravité de l'histoire. » (*Journal des Débats.*)

> « Ce qui doit surtout, à nos yeux, assurer à ce livre un succès plus général et en faire avant pe[u] nous osons le prédire, un des livres les plus populaires de notre époque, c'est ce cachet tout personn[el] dont il est, en quelque sorte, estampillé à chaque page ; c'est cette idée première , ce but particuli[er] unique, que s'est proposé l'auteur de peindre l'homme , et non plus le héros, Napoléon , et non pl[us] l'Empereur. » (*Moniteur.*)

> « Le livre de M. de Meneval joint à l'attrait sérieux de l'histoire tout le charme du plus ingénie[ux] roman. L'auteur, qui passe aisément de la sévère appréciation des événements diplomatiques aux ré[-] cits familiers du quartier général, attache constamment le lecteur par la sagesse de ses aperçus , [la] naïveté de ses tableaux. » (*Siècle.*)

SUR LA NÉCESSITÉ ET LES MOYENS de réduire les dépenses gouvernementales, par le gé[-]
néral de division *Alexandre de Girardin*. Brochure in-8.   50

NÉLIDA, par *Daniel Stern*. 1 vol. in-8.   .7 fr. 50

> « Ce roman de Daniel Stern a provoqué à son apparition les applaudissements légitimes de to[us] les juges désintéressés et compétents. » (*Courrier.*)

> « Il n'appartient qu'aux grands artistes de jeter dans le cœur humain de ces lueurs profondes [et] d'en exprimer les secrets par des touches aussi merveilleuses. » (*Artiste.*)

> « En somme, c'est un livre qui a été lu déjà et qui le sera encore davantage. » (*Presse.*)

> « Ce livre a été dans toutes les mains ; il a fait pleurer les femmes et penser les hommes, comm[e] toutes les choses qui éclairent d'un vif rayon les ténèbres du cœur. » (*Époque.*)

> « Ce roman est court, mais d'un intérêt vif et bien soutenu. » (*Revue Britannique.*)

> « Si la conception énergique des caractères, l'intérêt dramatique des situations, la finesse de l'ob[-] servation et la profondeur de l'analyse sont les qualités essentielles d'un bon roman, on ne peut man[-] quer de les reconnaître dans *Nélida*. » (*Galerie des poètes vivants.*)

> « Au point de vue de la fable, *Nélida* est un ouvrage qui se range même parmi les meilleurs. Ni *Del[-] phine*, ni *Valérie* même n'ont cette vérité de caractère, cette sincérité de dire, cette sagacité de voir [et] d'observer. » (*Messager.*)

> « *Nélida* est de la famille d'Indiana, de Valentine, de Juliette , de toutes ces sublimes et gracieus[es] filles de G. Sand. » (*Phalange.*)

LE NORD DE LA SIBÉRIE, voyage dans les peuplades de la Russie asiatique et dans la m[er]
Glaciale, entrepris par ordre du gouvernement russe et exécuté par MM. *Wrangell* (au[-]
jourd'hui amiral), chef de l'expédition, *Matiouchkine* et *Kozmine*, officiers de la marin[e]
impériale russe. Traduit du russe par le prince *Emmanuel Galitzin*, accompagné d'un[e]
carte et orné de *deux dessins*. 2 vol. in-8.   15 f[r.]

> « L'amiral Wrangell n'est pas seulement habile marin, courageux explorateur, négociateur adroi[t] homme éminent par son savoir, il est de plus narrateur attachant. Parlerai-je du livre sous le rappo[rt] des sciences ? La plus haute renommée du siècle , M. de Humboldt se plaît à dire : « *qu'il a pui[sé]* « *bien des renseignements dans l'excellent ouvrage de M. de Wrangell.* » Que dire de plus ? (*Journal des Débats.*)

> « C'est assurément un des livres les plus attachants qu'on puisse lire , et, chose rare, il joi[nt] l'utilité à l'agrément, la science au charme de la narration. » (*National.*)

NOUVELLES BASES d'une théorie physique et chimique. Constitution intime des corp[s]
Réunion en un même agent de l'électricité, de la lumière et de la chaleur, par M. *Nouge[-]
rède de Fayet*. In-8.   1 f[r.]

ŒUVRES COMPLÈTES DU COMTE ALEXIS DE SAINT-PRIEST de l'Académie française. 9 vo[l.]
in-8.   47 fr. 50

Histoire de la chute des Jésuites au XVIIIe siècle. 1 vol. (Voy. page 20.)   7 fr. 50
Histoire de la conquête de Naples par Charles d'Anjou. 4 vol. (Voy. page 20.) 20 f[r.]
Histoire de la Royauté. 2 vol. (Voy. page 25.)   10 f[r.]
Études diplomatiques et littéraires. 2 vol. (Voy. page 16.)   10 f[r.]

ŒUVRES DU BARON A. GUIRAUD. 5 vol. in-8.   25 fr.

   FLAVIEN, ou de Rome au désert. 2 vol. in-8. 10 fr. CÉSAIRE ET MÉLANGES. 1 vol. in-8. 5 fr.
   THÉATRE ET POÉSIE. 1 vol. in-8. 5 fr. LE CLOÎTRE DE VILLEMARTIN. 1 vol. in-8. 5 fr.

   « Les écrits de M. Guiraud méritent d'être classés parmi les livres devenus classiques dont les familles intelligentes et pieuses doivent orner leurs bibliothèques. Leur auteur est du petit nombre de ces écrivains pleins de conscience et de talent qui n'ont jamais séparé l'art de la morale. » (*Moniteur.*)

ŒUVRES POLITIQUES DE MACHIAVEL ; le Prince ; les discours sur Tite Live. 1 vol. in-18, jésus.   3 fr. 50 c.

ŒUVRES DRAMATIQUES de M. de *La Ville de Mirmont*. 4 vol. in-8 de 600 pages chacun.
                                                          30 fr.

DE L'ORDRE, des causes qui le troublent et des moyens de le rétablir, par M. *Gautier*, ancien député de la Gironde, ancien pair de France, sénateur. 1 vol. in-8.   5 fr.

But de la Société. — Des Révolutions. — Principe du pouvoir social. — Des Croyances religieuses. — Émancipation intellectuelle, ses causes, son but. — Émancipation politique, son caractère, ses conséquences. — La Restauration. — Le gouvernement de Juillet. — De la Souveraineté. — Liberté de la presse, répression de ses abus. — Des Régimes électif et électoral. — De la Famille. — Du Suffrage universel. — Du Gouvernement republicain.

   « M. Gautier a essayé de résoudre ces redoutables questions, pour éclairer de quelques lueurs la voie, pleine de ténèbres et de périls, où nous marchons, dans l'espérance et dans l'effroi, vers un but inconnu. C'est là un patriotique emploi des loisirs d'un esprit distingué ; et quel que soit le succès d'une telle entreprise, un grand honneur revient à celui qui a choisi cette tâche. Mais j'aurais à louer, dans le livre de M. Gautier, bien d'autres choses que l'entreprise elle-même. Il y a des chapitres, un surtout, celui consacré à *la famille*, qu'il faudrait bien plutôt mettre ici sous les yeux de nos lecteurs : ceux-ci seraient beaucoup moins touchés de nos éloges, quelque effort que nous fassions pour les proportionner au plaisir que nous avons ressenti, que du plaisir qu'ils éprouveraient eux-mêmes à voir M. Gautier défendre pieusement la famille dans des pages que le seul défaut d'espace nous empêche de reproduire. » (*Assemblée nationale.*)

DE LA PAIRIE ET DE L'ARISTOCRATIE MODERNE ; par M. *A. Cieszkowski*. 1 vol. in-8.   4 fr.

   « M. Cieszkowski discute successivement les trois systèmes qui, jusqu'ici, ont été généralement considérés comme les seuls qui pussent servir de base à la pairie. Il démontre sans peine qu'en lui appliquant le principe électif, on ne peut jamais obtenir qu'une doublure, une superfétation de la Chambre des Députés, et rejette ce système comme entravant la marche du pouvoir exécutif. Reste l'hérédité ; mais son abolition est un fait accompli sans retour. Il ne faut donc rien moins que l'introduction d'un principe nouveau, *reproduction de soi par soi* : l'élection des nouveaux membres par la Chambre elle-même. C'est le mode par lequel se recrutent les académies. Sans adopter entièrement les données de l'auteur, nous admettrons que les conséquences politiques et sociales de ce nouveau principe sont immenses : l'admission de la pairie deviendrait la plus insigne des récompenses nationales. Ce mode de cooptation est comme la synthèse du principe d'hérédité et de celui d'élection. Il réunit le caractère et les avantages de l'hérédité, qui sont d'assurer à l'assemblée aristocratique une existence indépendante et fortement constituée. « *C'est une hérédité selon l'esprit et non selon la chair.* » Il réunit également le caractère et les avantages du principe électif, qui sont de substituer le droit du mérite au privilège de la naissance, d'abolir les distinctions de caste. « *C'est une élection en dedans* au lieu d'être *en dehors.* » Après cette théorie tout au moins spécieuse, M. Cieszkowski expose le caractère et la mission de l'aristocratie moderne. Le style de M. Cieszkowski, trop amoureux de l'antithèse, est souvent d'une désinvolture un peu hardie qui ne manque pas de logique et d'une certaine originalité. » (*Correspondant.*)

PAQUES FLEURIES, par *Alfred Asseline*, avec une préface par *Jules Janin*. 1 vol. in-18, jésus.   1 fr.

PENSÉES, maximes et réfléxions du général *Auguste Petiet*, in-18.   2 fr.

   « Avec son recueil de pensées, le général Petiet vient naturellement à la suite des Charron, des Pascal, des La Rochefoucauld, des La Bruyère et des Vauvenargues. » (*Patrie.*)
   « Le défaut d'espace nous force de renvoyer au livre du général Petiet ; nos lecteurs se dédommageront en savourant à loisir une œuvre qui fait penser, rêver et souvent aimer. » (*Pays.*)

PENSÉES ET RÉFLEXIONS MORALES ET POLITIQUES de *L. J. C. marquis de Bouillé*, lieutenant général. 1 vol. in-12.   2 fr.

PLINE LE JEUNE ET QUINTILIEN, ou l'éloquence sous les empereurs, par M. *Jules Janin*. 1 vol. grand in-8 de 125 pages.   5 fr.

LA POLOGNE, LA RUSSIE ET L'EUROPE OCCIDENTALE, ou de la nécessité de résoudre la question russo-polonaise dans une conférence des grandes puissances, par le baron *Sirtema de Grovestins*. 1 vol. in-8.   4 fr.

LES POETES RUSSES, avec une Notice biographique sur chaque poëte, par le prince *E. Mestscherski.* 2 vol. in-8. 10 fr.

> Lomonossof. — Derjavinn. — Kheraskof. — Petrof. — Dmitrief. — Kapnist. — Neledinnski. — Karamsinn. — Voieikof. — Mersliakof. — Illitschefsky. — Vostocof. — Davidoff. — Glinka. — Princesse Volkonski. — Boutyrski. — Joukoffski. — Batiouschkof. — Pouschkinn. — Baratynski. — Princesse Viasemski. — Koslof. — Benedictof. — Comtesse Rostopchinn. — Mademoiselle Teplof. — Koukolnik. — Venevitinof. — Khomiakof. — Griboiedof. — Delwig. — Jasykof. — Jakoubovitsch. — Toumanski. — Tioutschef. — Delarue. — Tepliakof. — Baron Rosenn. — Jerschof. — Lermanntof. — Miatlef. — Podolinnski. — Sokoloffski. — Grebœnca. — Koltzof. — Soukhanof. — Slepouschkinn. — Tschernichef. — Timoteiof.

> Toutes les poésies des autres peuples de l'Europe sont à présent connues des lecteurs français par des traductions éminentes, la poésie russe était la seule dont la France ne connût que de courts et rares fragments. Cette lacune est comblée par les deux volumes que nous publions et dans lesquels le prince Elim Mestscherski donne en vers français la reproduction fidèle et élégante d'un choix des plus beaux morceaux tirés des poëtes de la Russie les plus estimés.

PRÉCIS politique et militaire de la CAMPAGNE DE 1815, pour servir de supplément et rectification à la vie politique et militaire de Napoléon, par le général *Jomini.* In-8. 7 fr. 50 c.

PRÉCIS DE L'HISTOIRE DE LA RÉVOLUTION et de l'Empire. France et Europe, par M. *Camille Rousset.* 1re partie : 1789 à 1799, in-8. 4 fr.

LE PREMIER BATAILLON DES VOLONTAIRES DE MAINE-ET-LOIRE, sa formation, son personnel, etc., etc., par M. *F. Grille*, 4 vol. in-8. 20 fr.

LA PRÉSIDENCE DU CONSEIL DE M. GUIZOT et la majorité de 1847, par un homme d'État. — Second tirage. 1 vol. in-8. 7 fr. 50 c.

> Cet ouvrage, publié dans les derniers mois de 1847, par M. Capefigue, souleva dès son apparition une vive polémique dans la presse et causa une grande sensation dans le monde politique. C'est qu'il indiquait clairement au parti conservateur l'écueil dans lequel il allait tomber en se désunissant, et lui montrait aussi le travail souterrain de la démagogie, qui menaçait d'engloutir la société. Les prévisions de M. Capefigue se sont réalisées, aussi cherchera-t-on avec curiosité et intérêt les causes de la révolution de 1848 dans ce substantiel écrit, qui devient forcément l'introduction nécessaire de l'ouvrage du même auteur sur *la société et les gouvernements de l'Europe depuis février.*

LES PRINCES MILITAIRES de la maison de France, contenant les états de services et les biographies de près de trois cents princes ; l'Histoire généalogique et héraldique des diverses branches de la dynastie capétienne depuis Robert le Fort jusqu'à la Révolution française, par M. *Amédée Renée*, continuateur de l'*Histoire des Français de Sismondi.* 1 beau volume grand in-8, avec plus de 150 écussons gravés sur bois et imprimés dans le texte. 15 fr.

> Le caractère militaire de la maison de France est un des traits frappants de notre histoire, et l'histoire devait à cette grande famille de recueillir ses titres glorieux. L'ouvrage que nous annonçons n'a pour but que de relater les services rendus dans nos grandes guerres par ces princes français, dont le courage chevaleresque donnait toujours l'élan et décidait souvent le succès. Cette publication n'est donc point une œuvre de parti, c'est une espèce de livre d'or de la valeur française ; c'est l'état des services de guerre de ces princes qui ont versé leur sang pour la gloire et la défense du pays, et dont la devise était : *tout pour la France.* Toutes les opinions trouveront dans ce volume de grands enseignements à méditer et de nobles exemples à suivre.
>
> Cette biographie des princes militaires est indispensable pour la connaissance parfaite de l'histoire de France, qui repasse sous les yeux du lecteur animée de détails individuels et de particularités peu connues. Figuré par ce jeu continuel des hommes, personnifié, pour ainsi dire, à chaque événement, le passé laissera une trace plus vive dans le souvenir. C'est l'histoire prise dans l'individualité. Ce livre sera en outre utile pour les études historiques par le tableau généalogique que l'auteur a placé en tête des diverses branches, car dans les faits entremêlés de l'histoire générale, le fils se confond avec le père et les princes vont se perdre tous sous le titre commun ; d'où il résulte une sorte de personnage vague et sans physionomie qui traverse les siècles sous le titre : duc de Bourbon, duc d'Alençon, duc d'Anjou. Enfin, comme accessoire curieux et souvent bon à consulter, l'on trouvera dans ce volume les armes particulières de chaque maison avec l'explication de ses armoiries, les devises connues, etc. Commencée à Robert le Fort, cette histoire s'arrête à la révolution française de 1789.

PROPRIÉTÉ ET COMMUNISME, par M. *Louis Morin*. In-8.   1 fr.

LES QUATRE PREMIERS SIÈCLES de l'Église chrétienne, par M. *Capefigue*. 4 vol. in-8. 20 fr

Première partie. — Le Monde romain à la naissance du Christ. — La Nation juive avant la prédication de Jésus-Christ. — Récit évangélique sur la vie et la mort du Christ. — Première Société chrétienne. — Enseignements de saint Pierre, saint Paul et saint Jean. — Rapports du monde polythéiste avec le christianisme. — Première prédications. — Formation du dogme chrétien. — Premières hérésies. — Opposition philosophique au christianisme. — Premiers apologistes. — Développement du christianisme dans l'Empire. — Deuxième période de la persécution. — Mœurs, coutumes, doctrines, hiérarchie du christianisme.

Deuxième partie. — Littérature chrétienne des trois premiers siècles. — Inquiétude du polythéisme. — Histoire géographique des progrès du christianisme. — Caractère politique de la dernière persécution. — Progrès de l'idée chrétienne dans le gouvernement. — Période constantinienne. — Situation de l'Église. — Fixation du dogme. — Concile de Nicée.

Troisième partie. — Lutte de la foi catholique contre l'arianisme et le polythéisme. — Réveil du paganisme. — Avènement de Julien. — Résistance du christianisme. — Saint Athanase, saint Basile, saint Grégoire de Nazianze. — Réaction chrétienne et arienne sous les empereurs Jovien, Valens et Valentinien. — Jean Chrysostome, Jérôme, Ambroise, Augustin.

Quatrième partie. — Décadence et dernières ruines du polythéisme. — Invasion des Barbares. — Organisation de l'Église du ive au ve siècle. — Influence des institutions chrétiennes sur les nouvelles sociétés d'Occident. — Littérature. — Doctrine. — Hérésie dans l'Église. — Régularisation des ordres monastiques par saint Benoît. — Le Christianisme en Orient.

Cet ouvrage n'est pas un livre de circonstance, écrit légèrement, au milieu des agitations du présent. c'est un travail sérieux, conçu dans la retraite; c'est le produit de longues études auxquelles M. Capefigue a journellement consacré plusieurs heures depuis vingt ans. Jamais jusqu'ici l'histoire de l'Église n'avait été écrite pour les gens du monde; M. Capefigue, à qui l'on doit déjà un très-grand nombre de travaux historiques importants, a cru qu'il n'était peut-être pas inutile qu'un laïque croyant s'occupât des questions ecclésiastiques; les habitudes, les idées, les formes du monde ne sont pas inutiles pour populariser, pour vulgariser, si l'on peut dire, les questions qui doivent s'étendre et s'enseigner à toutes les classes, aux petits et aux grands, aux humbles et aux superbes, pourvu que le laïque soumette d'avance ses idées et ses jugements à l'autorité de l'Église. Le succès a répondu à l'attente de l'auteur; les premiers volumes, épuisés en quelques mois, ont dû être réimprimés.

QUELQUES PENSÉES. Brochure in-18.   1 fr.

QUESTIONS ÉCONOMIQUES ET SOCIALES, par M. *Nougarède de Fayet*. Brochure.   5 c.

LE RADICALISME EN SUISSE. — Lettre sur les événements de novembre 1847. In-8.   75 c.

LES RADICAUX ET LE SONDERBUND. — Lettres écrites de la Suisse. 1 vol. in-8.   3 fr.

LE RATIONALISME CHRÉTIEN à la fin du xie siècle, ou Monologium et Proslogium de saint Anselme, archevêque de Cantorbéry, sur l'essence divine. Traduits et précédés d'une introduction par M. *H. Bouchitté*. 1 vol. in-8.   7 fr. 50 c.

Ouvrage couronné par l'Académie et adopté par le Conseil royal de l'instruction publique.

« Le *Monologium* et le *Proslogium* ne méritaient-ils pas d'être éclairés par la science moderne, et mis sous nos yeux dans une version intelligente qui rendît avec clarté le langage de ces temps où la pensée philosophique était souvent aussi subtile et aussi déliée que la vie commune était rude et barbare? C'est là, messieurs, la tâche qu'un homme de talent, nourri dans les lettres et l'histoire s'est proposée. L'Académie donne à M. Bouchitté la première médaille de traduction. » (M. *Villemain*, séance de l'Académie française du 30 juin 1842.)

RECHERCHES HISTORIQUES sur le procès et la condamnation du duc d'Enghien, par M. *Nougarède de Fayet*. 2 vol. in-8.   10 fr.

« Il vient de paraître un écrit excellent sur la catastrophe du duc d'Enghien, par M. Nougarède. Les recherches consciencieuses et pleines de sagacité qui distinguent cet ouvrage doivent lui mériter la plus grande confiance. » (*Thiers*, Histoire du Consulat et de l'Empire.)

RECHERCHES sur les moyens de prévenir le retour des crises en matière de subsistances et sur la possibilité d'obtenir une bonne statistique annuelle des ressources alimentaires de la France, par le baron *de Tocqueville*. In-8.   1 fr. 25 c.

RELATION DU VOYAGE DE PIE IX A GAETE, par la comtesse de *Spaur*, femme du ministre de Bavière à Rome. In-8.   1 fr. 50 c.

RÉPONSE DE M. DE LESSEPS AU MINISTÈRE ET AU CONSEIL D'ÉTAT, août 1849. Brochure in-8.   50 c.

RÊVERIES D'UN VOYAGEUR, par madame *Adèle Hommaire de Hell*. 1 vol. in-18, jésus. 4 fr.

LA RÉVOLUTION ET LES RÉFORMES EN ITALIE, par M. *J. Ferrari*. Gr. in-8. 1 fr.

RIMES GALANTES, par M. *Charles Coran*. 1 vol. in-8. 5 fr.

LE ROI DE NAPLES, sa vie, ses actes, sa politique, par M. *Albert de Dalmas*. 1 vol. in-8. 2 fr. 50 c.

> « Ce petit ouvrage est remarquable par l'exactitude des faits et l'excellent esprit dans lequel il est conçu. » (*Assemblée nationale.*)

ROMUALD, ou la Vocation, par M. le marquis de *Custine*. 4 vol. in-8. 20 fr.

> Cet ouvrage est un exposé complet de tous les systèmes qui ont agité depuis quarante ans la philosophie et l'Église, les beaux-arts et la liberté. Enfant d'une mère catholique et d'un père protestant, disciple des plus fameuses universités d'Allemagne, le héros de ce roman religieux reflète dans son âme ces deux tendances du pasteur protestant et du prêtre catholique. A la suite de rêves, de tentatives, Romuald arrive triomphalement à la proclamation du souverain pontife, comme représentant la seule et unique autorité qui soit placée au-dessus des disputes humaines. Cette nouvelle publication de l'auteur de *la Russie en 1839*, est le fruit de dix années de travail et de méditation.

LES ROSES NOIRES, par le prince *Elim Mestscherski*. 1 vol. in-8. 5 fr.

> « *Les Roses noires*, que le prince Élim avait nommées ainsi par un triste pressentiment, ont toute la couleur pittoresque, toute la fantaisie audacieuse et charmante des poésies du Nord. La poésie du prince est large, ferme, lumineuse, le vers habilement ciselé, la pensée profonde et souvent saisissante par sa nouveauté. Nous le disons avec conviction, le prince était un de nos premiers poètes français. »

M. ROSSI EN SUISSE de 1815 à 1833, par M. *Huber Saladin*. In-8. 1 fr.

LA RUSSIE EN 1839, par M. le marquis de *Custine*. 3ᵉ édition, revue, corrigée et considérablement augmentée. 4 vol. in-12. 14 fr.

(Il reste encore quelques exemplaires de l'édition in-8°, 4 vol. 40 fr.)

> La place nous manque pour citer ici tous les articles qui ont été publiés sur ce livre au moment de son apparition. Nous renvoyons nos lecteurs aux journaux de la France et de l'étranger qui sont tous tombés d'accord sur le mérite et la portée de cet ouvrage, dont trois éditions successives et rapidement épuisées, sans compter les cent mille exemplaires contrefaits vendus à l'étranger, constatent l'immense succès.

SCÈNES AMÉRICAINES, dix-huit mois dans le Nouveau Monde (1850-1851), par M. *Charles Olliffe*. 1 vol. gr. in-12. 4 fr.

L'Ohio — Le Mississipi. — Les Mormons, l'Icarie. — La Nouvelle-Orléans. — L'Alabama. — La Havane. — Matanzas. — Cuba. — La Floride. — La Caroline du sud. — La Virginie. — La Colombie. — Le Maryland. — La Pensylvanie. — Le fleuve Hudson. — Le Niagara. — Boston. — Le Canada.

> « Cette charmante relation nous fait connaître l'Amérique bien mieux et bien plus complétement que n'avaient réussi à le faire jusqu'ici une foule de livres savamment et pesamment écrits. Ce petit volume, plein d'*humour* et de verve, est un véritable kaléidoscope, où étincellent successivement toutes les splendeurs de ce ciel magnifique, tous les majestueux aspects de cette nature si riche et si féconde. Souvent aussi c'est une lanterne magique où passent tous les travers, toutes les excentricités de cette société si intelligente, si active, si originale. » (*Siècle.*)

LA SCIENCE DE LA VIE, ou Principes de conduite religieuse, morale et politique, extraits et traduits d'auteurs italiens, par M. *Valery*. 1 vol. in-8. 5 fr.

> « Dans cette nouvelle production d'un auteur qui s'est appliqué avec tant de zèle et de succès à reproduire sous ses faces diverses l'image de l'Italie, sept chapitres, empruntés à des moralistes, à des traités de morale italiens, les uns peu connus, d'autres aujourd'hui oubliés, embrassent dans toute son étendue le sujet promis par le titre. A un choix d'excellents préceptes se joint, pour recommander ce livre, le double mérite, ordinaire à l'auteur, d'une érudition ingénieuse et discrète et d'un style élégant. » (*Journal des Savants.*)

> « Dans l'analyse des divers traités dont se compose ce livre, l'auteur a peint les hommes qui les ont écrits : *Mathieu Palmieri*, le comte *Castiglione*, le frère *Passavanti*, *Pandolfini*, *Cornaro*, enfin *le Tasse*, dont la gloire apparaît ici sous un aspect nouveau et inconnu. » (*Constitutionnel.*)

SEPT ANNÉES EN CHINE, nouvelles observations sur cet empire, l'archipel indo-chinois, les Philippines et les îles Sandwich, par *Pierre Dobel*, conseiller au service de Russie, traduit du russe par le prince *Emmanuel Galitzin*. 1 vol. in-8. 7 fr. 50 c.

SUR LA SERBIE dans ses rapports européens avec la question d'Orient, par M. *L. de S. Bystrzonowski*. 1 vol. in-8.   **4 fr.**

LA SITUATION FINANCIÈRE et le budget de 1850, par M. de *Laval*. In-8.   **1 fr.**

DU SOCIALISME ET DES ASSOCIATIONS ENTRE OUVRIERS. Mesures à prendre à l'égard des ouvriers, par M. *Nougarède de Fayet*. Brochure.   **10 c.**

LA SOCIÉTÉ ET LES GOUVERNEMENTS DE L'EUROPE, depuis la chute de Louis-Philippe jusqu'à la présidence de Louis-Napoléon Bonaparte, par M. *Capefigue*. 4 vol. in-8. **20 fr.**

Première période. Causes diplomatiques, sociales et politiques de la chute de la monarchie de juillet, état de l'Europe, la société, les partis, les opinions, les pouvoirs, les élections, banquets, journées des 22 et 23 février, stratégie, hommes politiques, les généraux, la matinée du 24 février jusqu'à l'abdication de Louis-Philippe.

Deuxième période. Histoire du parti de la régence, son personnel, séance de la Chambre des députés, examen de la situation militaire, Hôtel de Ville, impression en Europe, l'Angleterre, la Belgique, l'Allemagne, l'Italie, la Russie, diplomatie de M. de Lamartine, les clubs, la presse propagande, histoire du gouvernement provisoire, Londres, Vienne, Berlin, Bruxelles, le peuple dans la rue, état des questions industrielles, diverses écoles qui s'agitent armées, 16 mars, 17 avril.

Troisième période. Réveil de la province, système électoral, manœuvres du pouvoir et des clubs, l'Assemblée nationale, ses partis, son personnel, esprit de ses premiers actes, la réalité sur le 15 mai, personnel des accusés et des accusateurs, commencement de la réaction en Europe; systèmes anglais, russe, autrichien, prussien; négociations, actes diplomatiques entre les grandes puissances, histoire de la commission du gouvernement et des ateliers nationaux, lutte inévitable, les journées de juin.

Quatrième période. Retentissement des journées de juin en Europe, dépêches des ambassadeurs, jugement des hommes d'État sur le général Cavaignac et les généraux de l'armée d'Afrique; la réaction militaire en Prusse, en Autriche; lutte contre l'esprit révolutionnaire et les assemblées, rapports et traités entre les grands cabinets, documents, la constitution républicaine, débats, jugement porté par ces divers cabinets, état et histoire des partis à l'occasion de la présidence, sens de l'élection du président, la question examinée par les documents européens.

« On y remarquera, comme nous l'avons remarqué nous-même, une entente merveilleuse de la politique générale, et une appréciation juste et relevée des événements et des hommes qui sont, en quelque sorte, toute notre histoire contemporaine. » (*Assemblée nationale.*)

« M. Capefigue, connu depuis longtemps par de nombreuses et recommandables compositions historiques, et par des éminentes qualités de publiciste, a su faire un livre piquant et utile. Ses nombreuses et hautes relations ont mis à sa disposition une foule de curieux documents qui jettent un grand jour sur les dernières révolutions qui ont ébranlé, si profondément, la société en France et en Europe. » (*Bulletin de Censure.*)

SOLUTION NOUVELLE DU PROBLÈME DE LA MISÈRE ou moyens pratiques d'améliorer la condition des ouvriers des manufactures et en général des classes laborieuses, par M. *Frégier*, auteur des *Classes dangereuses* et de l'*Histoire de l'administration de la police de Paris*. In-12.   **50 cent.**

SOUVENIRS DE VOYAGES ET D'ÉTUDES, par M. *Saint-Marc Girardin* de l'Académie française. 1 vol. in-18, jésus.   **3 fr. 50 c.**

Italie : Naples, Voyage aux enfers de Virgile. — Rome. — *Allemagne et Suisse :* Les Vosges, Colmar, Fribourg en Brisgau. — Bâle. — Cologne. — Munich. — Voyageurs en Suisse. — *Le Danube* depuis sa source jusqu'à la mer Noire.

« La lecture de ce volume entraîne. La plupart des morceaux qui le composent sont courts; ils le paraissent encore davantage par le plaisir avec lequel on les lit; on voudrait continuer la conversation; elle est si charmante, et l'esprit, pour se servir d'une vieille expression, *y est semé si dru.* Les réflexions délicates y abondent sous une forme sans prétention et avec un fonds solide d'études morales, politiques et littéraires. » (*Journal des Débats.*)

STEIN ET POZZO DI BORGO. Broch. in-18.   **1 fr.**

DE LA SUCCESSION DANS LA MONARCHIE DANOISE, considérée principalement sous le point de vue du droit public. — Brochure in-8.   **1 fr.**

LES SUÉDOIS DEPUIS CHARLES XII, par le vicomte de *Beaumont-Vassy*. 3ᵉ édition. 1 vol. in-18, jésus.   3 fr. 50 c.

« Ce nouveau volume est comme un complément de celui que M. de Beaumont-Vassy a consacré aux événements accomplis en Suède et en Norvége depuis le congrès de Vienne ; il explique le présent en le liant au passé ; il trace le tableau et donne le sens des faits du XVIIIᵉ siècle qui ont eu tant d'influence sur les destinées de l'empire scandinave, la révolution de 1772, le règne et la mort de Gustave III, la catastrophe de Gustave IV, ces avant-coureurs de l'avénement d'une nouvelle dynastie, glorieusement inaugurée par notre compatriote Charles-Jean XIV, et continuée sous de si heureux auspices par son fils Oscar Iᵉʳ. » (*Moniteur.*)

« M. de Beaumont-Vassy n'a pas fait uniquement une histoire politique ; il a suivi et constaté la marche de la civilisation, les progrès de l'industrie et du commerce, l'état des mœurs, de la religion et de la littérature ; il a adopté un cadre encyclopédique. En somme, nous pensons que l'*Histoire des Suédois depuis Charles XII* est la meilleure et la plus complète qui ait encore été faite sur ce pays ; elle comble une lacune. En l'accueillant avec faveur, le public a prouvé qu'il en reconnaît le mérite.» (*Siècle.*)

WEDENBORG, ou Stockholm en 1756, par M. de *Beaumont-Vassy*. 1 vol. in-8. 7 fr. 50 c.

DU SYSTÈME CONSERVATEUR. — Examen de la politique de M. *Guizot* et du ministère du 29 octobre 1840, par un homme d'État. 1 vol. in-8.   7 fr. 50 c.

TABLEAU HISTORIQUE DE LA DIPLOMATIE, ou exposé des faits accomplis de la politique générale, depuis l'origine de l'équilibre européen jusqu'à nos jours ; précédé des principales définitions de la science des rapports mutuels et des intérêts respectifs des États, par M. le comte *de Garden*, ancien ministre plénipotentiaire.

Une feuille grand aigle pliée et cartonnée.   5 fr.

—   collée sur toile.   7 fr. 50 c.

Dans ce tableau se trouvent dessinées à larges traits les variations nombreuses qu'a subies le *système politique de l'Europe.* Les phases diverses de la grandeur et de la décadence des empires, leurs guerres et les alliances qu'elles ont amenées ou rompues, les transactions qui les ont suivies ; tout cet ensemble de faits si compliqué est mis en lumière avec une grande puissance d'analyse et coordonné avec beaucoup d'art. Mais ce tableau de l'histoire au point de vue de la politique extérieure est encore précédé d'une introduction destinée à donner une juste idée de la diplomatie, telle que la comprennent es cabinets les plus éclairés des temps modernes, c'est-à-dire, de la plus élevée des sciences humaines, puisqu'elle a pour but d'atténuer les antipathies nationales et de maintenir la paix du monde. M. de Garden y expose avec méthode et clarté les notions fondamentales, touchant les forces des États, les combinaisons des cabinets, l'équilibre européen et les maximes de gouvernement. On y remarque une noble et digne appréciation des fonctions d'*Ambassadeur* et de *Ministre des affaires étrangères*, et ces caractères ainsi définis reportent naturellement l'attention du lecteur sur les noms de tous les illustres négociateurs qui sont cités à la fin de chaque période. Le cadre de ce tableau est enfin complété par l'esquisse d'un plan d'études qui révèle toute l'importance et l'étendue de la carrière diplomatique à ceux qui briguent l'honneur d'être appelés un jour à faire prévaloir au dehors la dignité nationale et les intérêts du pays.

TABLEAU politique et statistique de l'EMPIRE BRITANNIQUE DANS L'INDE, examen des probabilités de sa durée et de ses moyens de défense en cas d'invasion, par le général comte de *Biornstierna*, traduit avec des notes et un supplément historique, par M. *Petit de Baroncourt*. 1 vol. in-8. Carte.   8 fr.

Antiquité de la civilisation de l'Inde. — Théogonie. — Invasions. — Origine de la Compagnie anglaise. — Gouvernement. — Administration. — Population. — Impôts et revenus. — Armée. — Influence de la domination anglaise. — Ses chances de durée. — Chance d'une agression étrangère. — Précis de la lutte entre la France et l'Angleterre dans l'Inde. — Dupleix. — Clive et Lally. — Hyder Ali. — Hastings. — Suffren. — Tippo Saeb. — Cornwallis. — Wellesley.

Le lecteur trouvera dans cet ouvrage un tableau plus vrai, plus attrayant et plus profond, de l'état actuel de l'Inde et des peuples qui l'habitent, que dans aucun autre livre publié jusqu'à ce jour ; un tableau qui excitera au même degré la sympathie du savant, du philosophe, de l'ami de l'humanité, de l'homme d'État et du militaire. Le coup d'œil pénétrant de l'auteur paraîtra d'autant plus manifeste et donnera d'autant plus de poids à ses jugements, que beaucoup d'événements arrivés dans l'Inde depuis qu'il a écrit, sont venus confirmer une grande partie de ses prévisions. Telles sont les considérations qui nous ont déterminé à publier en français cet ouvrage auquel le traducteur a ajouté un supplément inédit qui amène l'histoire de la domination anglaise jusqu'à nos jours. Jamais question plus importante que celle de la possibilité d'une expédition militaire contre l'Inde anglaise ne fut traitée, et celle-ci l'a été avec un mérite transcendant. Outre cela l'auteur, ancien chef d'état-major général de l'armée suédoise, ministre de la guerre, puis envoyé extraordinaire de Suède à Londres, a eu l'avantage de puiser à des sources inconnues jusqu'à ce jour, et était ainsi à même plus que personne d'éclairer la discussion du plus grand problème qui puisse être proposé.

THÉORIES COMPLÈTES DU CHANT, par M. *Stéphen de La Madelaine*, ex-récitant à la chapelle et à la musique particulière du roi Charles X. 1 vol. in-8. 6 fr.

Description de l'appareil vocal. — Théorie du fonctionnement des organes. — De la voix. — Des registres. — Timbre. — Pose du son. — Pureté du son. — Mécanisme vocal. — Les quintes, gammes, gruppetti, sons filés, gammes chromatiques, trille. — Application du mécanisme au chant. — Prononciation. — Expression. — Accentuation. — Style. — Voix sombrée. — Hygiène du chanteur.

Ouvrage approuvé par l'Institut de France et le Conservatoire de musique.

« Voici un livre dont le titre promet beaucoup et dont l'exécution tient toutes les promesses. L'auteur, en dotant la vocale d'un traité qui réunit toutes les connaissances utiles aux chanteurs, a donc comblé une lacune immense dans les théories de l'enseignement, et il a rendu à la cause de l'art un service inappréciable. Grâce à lui, le chant, dont la science repose sur des données beaucoup plus certaines qu'on ne croit communément, a maintenant ses règles précises. Le beau travail de M. de La Madelaine restera comme l'expression la plus complète de l'art. » (*Journal des Débats.*)

« Cet ouvrage jette un jour très-vif sur l'état actuel de l'enseignement du chant, et demeure la plus complète et la plus savante exposition qui ait été faite jusqu'ici de cette branche si importante de l'art musical. » (*France musicale.*)

« Toutes les parties de ce livre sont traitées avec le plus grand soin. Ce que l'auteur dit à propos des registres, du timbre et de la classification des voix, de la pose du son, du style, est dicté par l'étude, l'expérience et le goût. Son chapitre de la *voix sombrée* contient les plus sages préceptes, et nous le recommandons aux jeunes chanteurs. » (*Gazette musicale.*)

« Le système adopté par M. Stéphen de La Madelaine ne saurait être analysé, car il est lui-même l'analyse complète de l'art. » (*Gazette des Théâtres.*)

« Ce livre est la réhabilitation de cette ancienne et pure école italienne, dont on s'est trop écarté quelque temps, même en Italie. » (*Bulletin de Paris.*)

« Le jour où l'on pourra dire avec raison : l'art du chant se meurt, ce jour-là, le livre de M. de La Madelaine sera là pour éloigner, pour conjurer la ruine; en attendant, il contribuera puissamment à porter cet art au plus haut point de perfectionnement qu'il puisse atteindre. » (*Illustration.*)

« Tous ceux qui ont l'intention d'apprendre ou d'enseigner le chant ne sauraient se passer de ce livre. » (*Constitutionnel.*)

« M. Stéphen de La Madelaine ne peut manquer de trouver la sérieuse récompense de ses courageux travaux, et il l'a déjà dans l'estime des vrais artistes. » (*Patrie.*)

« M. de La Madelaine a doté l'art d'un livre qui fera souche, qui simplifiera les difficultés de l'enseignement, et qui rendra les accès de l'art moins escarpés. C'est un beau livre et un beau succès. » (*Pays.*)

« Les Théories du Chant sont le *vade-mecum* indispensable à tout chanteur. » (*Estafette.*)

« Les Théories du Chant comblent tout un abîme. » (*Corsaire.*)

UN TOUR EN IRLANDE, par M. *d'Avèze*. (Paysages. — Antiquités. — Scènes de mœurs. — Coutumes. — Traditions. — Légendes. — Biographies, etc, etc.). 1 vol. in-8. 7 fr. 50 c.

LE TRIUMVIRAT LITTÉRAIRE, Juste Lipse, Joseph Scaliger et Isaac Casaubon, par M. *Charles Nisard*. 1 vol. in-8. 7 fr. 50 c.

« Au total, le livre de M. Nisard est assurément un très-agréable ouvrage et très-digne d'obtenir un brillant succès; j'invite de bon cœur ceux qui ne l'aurait pas encore lu à l'acheter et à le lire. Si nous n'avons plus de Scaliger, nous ne manquons pas d'hommes d'esprit, grâce à Dieu. Le livre de M. Ch. Nisard en est une preuve de plus. » (*Journal des Débats.*)

« Dans l'ouvrage de M. Nisard, la biographie marche de pair avec la philologie, et l'anecdote avec la critique. Au lieu de nous initier seulement à la vie particulière de ses trois personnages, l'auteur nous met en relation d'intelligence avec la plupart des autres savants du XVIe siècle, qui ont accepté de gaieté de cœur, ou subi avec plus ou moins de peine, le joug de leur triumvirat. Tout cela est largement fait et supérieurement compris. Au milieu des recherches les plus méticuleuses, on découvre çà et là d'assez grands aperçus : en un mot, non-seulement M. Charles Nisard a traité son sujet avec une rare abondance de faits; mais encore, sous ce rapport, nous croyons qu'il l'a complétement épuisé. » (*Athenæum français.*)

TROIS SIÈCLES DE L'HISTOIRE DE FRANCE. Monarchie et politique des deux branches de la maison de Bourbon (1548-1848), par M. *Capefigue*. 2 vol. in-8. 10 fr.

« Mon point de départ, dit l'auteur dans sa préface, c'est la doctrine de l'autorité, le respect pour le pouvoir, l'obéissance à la hiérarchie. L'idée que je veux combattre, c'est le libre examen, avec ses auxiliaires et ses conséquences; ses transformations aux diverses époques, dans la religion et la politique. La société s'abîme sous la licence; il faut que, pour la combattre, il n'y ait plus de partis. Ce livre s'adresse à toutes les opinions avec loyauté et franchise. »

LA VÉRITÉ SUR LA RÉVOLUTION DE FÉVRIER 1848, par M. *Auguste Nougarède de Fayet*. 1 vol. in-18, jésus. 1 fr. 50 c.

DES VICISSITUDES POLITIQUES DE L'ITALIE dans ses rapports avec la France, par M. *Anatole de La Forge*. 2 vol. in-8.   10 fr.

> « En résumé, quoi qu'il en soit des opinions de M. de La Forge et du mérite de ses solutions, il a fait un livre intéressant, nourri de faits curieux et instructifs. A une époque où la conscience et le courage sont rares, il a émis courageusement et consciencieusement son opinion ; il a abordé franchement et loyalement des questions délicates ; il a flétri les mauvaises passions et les petits hommes, et n'a eu que de nobles et généreuses paroles pour Pie IX, pour Charles-Albert et pour la gloire de l'Italie. » (*Opinion publique*.)

> « Ce livre vient à propos ; c'est un mérite incontestable. Écrit par un homme qui a occupé un poste diplomatique en Italie pendant les dernières années qui ont précédé la révolution de 1848, il a un caractère d'autorité qu'on ne saurait méconnaître sans injustice. Il est donc utile de le parcourir pour apprécier sérieusement la moitié du siècle qui vient de s'écouler, et chercher à découvrir le rôle que la péninsule est appelée à jouer dans l'avenir. » (*Assemblée nationale*.)

VIE D'OLYMPIA MORATA, épisode de la renaissance et de la réforme en Italie, par M. *Jules Bonnet*. 2ᵉ édition augmentée. 1 vol. in-8.   3 fr.

VOLTAIRE ET ROUSSEAU, par lord *Brougham*, ouvrage accompagné de lettres entièrement inédites de Voltaire, d'Helvétius, de Hume, etc., et orné de *deux portraits* gravés sur acier, à Londres. 1 vol. in-8.   7 fr. 50 c.

> « L'ouvrage de lord Brougham doit réussir, surtout en France, ne fût-ce que par les curieuses révélations qu'il contient sur le séjour de Voltaire en Angleterre, ses rapports avec certains personnages du temps, et enfin sur le degré de foi que l'on doit ajouter aux différentes opinions touchant ses connaissances de la langue de Shakspeare et Newton. Le point était tout spécial, et lord Brougham l'a traité de manière qu'on n'ait plus besoin d'y revenir. » (*Revue des Deux-Mondes*.)

> « Lord Brougham analyse les nombreux écrits de Voltaire d'une manière fort remarquable ; ses appréciations sont en général pleines de goût et de sagacité ; il a cherché dans ce livre à se mettre au-dessus de l'esprit de parti, qui n'a que trop souvent dicté les appréciations qu'on a faites de Voltaire et de Rousseau. » (*Revue de Genève*.)

VOYAGES. — Ouvrages divers :

Une année en Russie, par *Henri Mérimée*. In-12. (Voy. page 1.)	3 fr. 50 c.
La Bible en Espagne, par *G. Borrow*. 2 vol. in-8. (Voy. page 2.)	10 fr.
Curiosités et Anecdotes italiennes, par M. *Valery*. In-8. (Voy. page 7.)	7 fr. 50 c.
Le Dauphiné, par *C. Lebrun*. In-8. (Voy. page 8.)	7 fr. 50 c.
L'Égypte, les Turcs et les Arabes, par M. *Gisquet*. 2 vol. in-8. (Voy. page 12.)	10 fr.
Eothen, l'Orient. In-8. (Voy. page 12.)	5 fr.
La Havane, par la comtesse *Merlin*, 3 vol. in-8. (Voy. page 18.)	15 fr.
L'Improvisatore ou la Vie en Italie. 2 vol, in-12. (Voy. page 26.)	7 fr.
Lettres sur l'Angleterre, par M. *Nougarède de Fayet*. 4 vol. in-8. (Voy. page 29.)	20 fr.
Lettres sur l'Inde. In-8. (Voy. page 29.)	15 fr.
Un Missionnaire républicain en Russie. 3 vol. in-8. (Voy. page 31.)	15 fr.
Le Nord de la Sibérie, par l'amiral *Wrangell*. 2 vol. in-8. (Voy. page 32.)	15 fr.
La Russie en 1839, par le marquis de *Custine*. 4 vol. in-12. (Voy. page 36.)	14 fr.
Scènes américaines, par M. *Charles Olliffe*. In 8. (Voy. page 36.)	4 fr.
Sept Années en Chine, par *Pierre Dobel*. In-8. (Voy. page 37.)	7 fr. 50 c.
Souvenirs de Voyages, par M. *Saint-Marc Girardin*. In-12. (Voy. page 37.)	3 fr. 50 c.
Un tour en Irlande, par M. *d'Avèze*. In-8. (Voy. page 39.)	7 fr. 50 c.

VOYAGE EN ARMÉNIE ET EN PERSE, fait dans les années 1805 et 1806, par le chevalier *Amédée Jaubert*, pair de France, accompagné d'une *carte* des pays compris entre Constantinople et Teheran, dressée par M. le chef d'escadron *Lapie*, suivi d'une Notice sur le Ghilan et le Mazenderan, par M. le colonel *Trézel*, et orné de planches lithographiées. 1 vol. in-8.   8 fr.

FIN DU CATALOGUE PAR ORDRE ALPHABÉTIQUE.

TABLE DES AUTEURS.

FIN.

DE L'IMPRIMERIE DE CH. LAHURE (ANCIENNE MAISON CRAPELET),
rue de Vaugirard, 9, près de l'Odéon.

CODE DIPLOMATIQUE D[...]

Le Code diplomatique formera 4 volumes in-8°, qui seront publiés en huit parties.

La haute réputation de M. DE GARDEN nous dispense de faire ressortir toute l'importance et tout le mérite de son nouveau livre qui égalera en valeur et en intérêt l'**Histoire générale des Traités de Paix**. Nous nous bornerons donc à indiquer sommairement les matières qui seront traitées dans cet ouvrage, destiné à devenir le **Vade mecum** de tout homme politique et à réunir, avec l'**Histoire des Traités de Paix**, tous les renseignements utiles aux Diplomates et aux hommes d'État, ainsi que les connaissances générales nécessaires à ceux qui se destinent à la carrière diplomatique.

Le Code est divisé en dix parties, savoir : un Titre préliminaire et neuf Livres subdivisés en titres, sections et articles.

TITRE PRÉLIMINAIRE. **DROIT DES GENS** ou **DROIT INTERNATIONAL.** — Sa formation, ses progrès, ses autorités — **DIPLOMATIE** — Ses définitions — Caractère des agents politiques — Aperçu des principales époques de la diplomatie européenne — Système d'Études diplomatiques comprenant : 1° Conseils à un élève du ministère des relations extérieures ; 2° Conseils à des surnuméraires ou Instruction pour le service de la Chancellerie du même département ; 3° Conseils à un jeune diplomate, chargé d'une mission au Brésil.

LIVRE I. **ORGANISATION SOCIALE.** — Généralités sur les sociétés civiles, le Gouvernement, l'Administration, la Souveraineté, les États héréditaires et électifs, la Liberté, la Propriété, l'Esclavage, les pouvoirs de l'État, la Loi, le Droit de faire grâce, la Police, la Force publique, l'Armée, la Population, les Impôts, l'Agriculture, l'Industrie, le Commerce, l'Instruction, la Religion, etc.

LIVRE II. **DROITS DES NATIONS DANS LEURS RAPPORTS MUTUELS.** — Considérations sur les États souverains, notices statistiques — **Droits absolus des États souverains** — **Droit de propre conservation** — Système de l'équilibre — Droit de nécessité — **Droit d'indépendance** — Droit d'intervention — Lois et privilèges — Juridiction — Extradition — Police — Douanes — Droits d'étape — Droits d'aubaine, de retraite, de détraction — Monnaies — Postes — Mines, forêts et chasse — Droit littoral — Droit de naufrage et de sauvement — Protection territoriale — Instruction publique, presse, propriété littéraire — Religion — Commerce — Traités de commerce — Consulats — **Droit d'égalité** — Cérémonial diplomatique — Préséance — Relations personnelles des Souverains — Notifications — Présents et décorations, etc., etc.

LIVRE III. **DROIT DE PROPRIÉTÉ D'ÉTAT.** — Moyens de l'acquérir — Territoire de l'État — Frontières — Accessions et dispositions du territoire — Admission des Étrangers — Servitudes — Aliénation, engagement, déréliction du territoire — Prescription — Océan — Liberté des mers — Cérémonial maritime, etc., etc.

LIVRE IV. **DROIT DES TRAITÉS.** — Traités et conventions, leur effet, leur inviolabilité — Articles — Alliances offensives et défensives — Exécution des traités — Otages — Gages et engagements — Garantie — Conformation et renouvellement des traités — Bons offices et médiation — Arbitrage — Accession — Protestation — Interprétation des traités — Cessation de la validité des traités — Rédaction et forme des traités et conventions — Ratifications — Cartels — Capitulations — Suspension — Transactions par écrit entre les Puissances — Style diplomatique, correction, pureté, cérémonial, faute contre l'étiquette — Actes publics — Déductions — Manifestes, exposés de motifs — Lettres patentes, etc., etc.

LIVRE V. **DROIT DES NÉGOCIATIONS.** — Du ministère des Affaires étrangères et des ambassades — Diplomates illustres des temps modernes — Agents diplomatiques en général — Ministres du premier ordre ; ambassadeurs, cardinaux, légats — Ministres du second ordre ; envoyés extraordinaires, ministres plénipotentiaires, internonces du pape — Ministres du troisième ordre, ministres résidents — Chargés d'affaires — Résidents, agents, commissaires — Détermination de l'ordre des ministres ; caractère de la personne du ministre ; ambassadrices ; luxe et magnificence des ambassadeurs — Conseillers et secrétaires d'ambassade et de légation — auditeurs de nonciature ; attachés d'ambassade et de légation, aumôniers, chanceliers, directeurs de chancellerie ; secrétaires interprètes ; secrétaires particuliers ; courriers, officiers de la maison du ministre — Cérémonial d'ambassade ; audiences des ambassadeurs ; cercle diplomatique — Discours des ambassadeurs — Réponses des Souverains — Audiences des ministres du second et du troisième ordre — Visites

---

les ministres ; dé[...] fiques ; Titre d'**Exc**[...] Lettres de créance — Ple[...] ples inédits développant la [...] — **Instructions inédites** [...] — Lettres de rappel ; lettres [...] ministres ; devoirs généraux d[...] **d'influence** ou moyens de séd[...] Reconnaissance et défense de[...] ports ; présentations à la Co[...] affaires d'État ; négociations [...] conférences ; protocoles — [...] — Transgression des ordres [...] du Souverain et de celle de l'[...] — Secret de la poste ; **Cabi**[...] pratique et maximes à l'usage d[...] aux fonctions diplomatiques [...] Contre-mémoires — Correspo[...] relations — Du chiffre ; art de [...] système d'un chiffre diplomatique [...] lèges des ministres ; inviolabilité [...] de la juridiction civile — **Ex**[...] délits privés ; crime[...] munités des imm[...] d'asile — Du culte religieux dans l[...] missions diplomatiques — Mi[...] nistres — Changement dans le cara[...] — Rupture entre les puissances — [...] des agents diplomatiques dans les [...]

LIVRE VI. **DROIT DE LA GUE**[...] néral — A qui appartient le droit de [...] préalable — Des divers moyens de d[...] sailles — Embargo — Guerre dé[...] justificatives de la guerre — Causes [...] proclamation de la guerre — Lettre[...] — Loi de la guerre — Raison de g[...] l'ennemi — Ruse et force — Hostil[...] — Des prisonniers — De la personne et d[...] rain ennemi — Hostilités relatives aux bie[...] conquête, loi de la guerre — De la propriété [...] mis — Droit de postliminie — Des opéra[...] sièges et bombardement ; reddition e[...] Conventions et arrangements militaires [...] ces et trêves ; cartels ; sauve-garde[...] tion ; manière de traiter avec l'en[...] alliées — Des alliances — Casus [...] sances belligérantes à l'égard des [...] mune — Des auxiliaires — Des [...]

LIVRE VII. **DROIT DE NEUTRA**[...] générales — Obligations re[...] neutres — Du commerce des [...] — Droits des belligérants à l'[...] — Contrebande de guerre — C[...] des pavillons — Du commerce [...] — Des biens ennemis sous pavi[...] sous pavillon ennemi — Des na[...] Des visites ou recherches ; droi[...] — Des escortes militaires — Des [...] ment des prises, etc., etc.

LIVRE VIII. **DROIT DE LA PAIX** [...] — Démarches conciliatrices — De la paix [...] paix définitive — Modes de négociation — C[...] observées — Conclusion de la paix, bases [...] possidetis ; status quo ante bellum [...] ment de la paix ; articles généraux et [...] protestation — Exécution des traités — [...] la paix générale — Bases du n[...] l'Europe, etc., etc.

LIVRE IX. **BIBLIOGRAPHIE** [...] naturel — Droit des gens — Droi[...] Droit public intérieur — Histoire [...] des traités — Mémoires des amb[...] Politique générale — Histoire [...] tistique — Économie politique [...] — Biographies — Journaux [...]

Le Code diplomatique est [...] dressée suivant l'ordre alpha[...] articles où se trouve un [...] un fait historique, de manière à [...] un véritable Répertoire de la [...]

IMPRIMERIE ERNEST MEYER, 5, RUE DE L'ABBAYE, A PARIS.